LA VIE DES FRANÇAIS SOUS L'OCCUPATION
(Tome 2)

Henri Amouroux, journaliste, membre de l'Institut, est né le 1er juillet 1920 à Périgueux (Dordogne). Etudes : collège Saint-Joseph à Périgueux.

Carrière : secrétaire général de la rédaction (1959), rédacteur en chef adjoint (1963), rédacteur en chef (1966), puis directeur général (1968-1974) du journal *Sud-Ouest*, directeur de l'hebdomadaire *Les Années 40* (depuis 1970), directeur du quotidien *France-Soir* (1974-1975), codirecteur du journal *Rhône-Alpes* (1977)

Vice-président du prix Albert-Londres (depuis 1972), membre des jurys du prix Théophraste-Renaudot et du prix littéraire de la ville de Bordeaux, membre du Conseil supérieur des lettres et du comité de direction du Centre national des lettres (depuis 1974), membre de la Commission de développement économique régional (Coder) d'Aquitaine (1968-1973), membre de l'Académie des sciences morales et politiques, élu le 27 novembre 1978 au siège de Jacques Chastenet. Œuvres : grands reportages sur le Vietnam, les Indes, le Canada, l'U.R.S.S., la Yougoslavie, Israël, la Jordanie, etc. Ouvrages : *Israël, Israël* (1951), *Croix sur l'Indochine* (1955), *Le Monde de long en large* (1957), *Une fille de Tel-Aviv* (roman), *J'ai vu vivre Israël* (1958), *La Vie des Français sous l'Occupation* (1961), *Le 18 juin 1940, Quatre années d'histoire de France (1940-1944)* (1966), *Pétain avant Vichy* (1967), *Le Ghetto de la victoire* (1969), *La Bataille de Bordeaux* (1970, en collaboration avec Pierre Sainderichin), *La Grande Histoire des Français sous l'Occupation* (tome I : *Le Peuple du désastre*, 1976; tome II : *Quarante Millions de pétainistes*, 1977; tome III : *Les Beaux Jours des collabos*, 1978; tome IV : *Les Passions et les Haines*, 1981). Décoration : Croix de guerre 39-45. Distinctions : grand prix littéraire de la ville de Bordeaux (1962), second prix Gobert de l'Académie française (1962) pour *La Vie des Français sous l'Occupation*, prix Pierre-Mille (1974). Secrétaire général de la Société des amis de François Mauriac (depuis 1973), membre de l'Académie nationale des sciences, belles-lettres et arts de Bordeaux.

ŒUVRES DE HENRI AMOUROUX

Histoire :

LA GRANDE HISTOIRE DES FRANÇAIS SOUS L'OCCUPATION :
1. Le peuple du désastre (Robert Laffont).
2. Quarante millions de pétainistes (Robert Laffont).
3. Les beaux jours des collabos (Robert Laffont).
4. Le peuple réveillé (Robert Laffont).
5. Les passions et les haines (Robert Laffont).

LA VIE DES FRANÇAIS SOUS L'OCCUPATION (Fayard).
LE 18 JUIN 1940 (Fayard).
PÉTAIN AVANT VICHY (Fayard).

Romans :

UNE FILLE DE TEL-AVIV (Del Duca).
LE GHETTO DE LA VICTOIRE (Grasset).

Reportages :

ISRAËL... ISRAËL (Domat).
CROIX SUR L'INDOCHINE (Domat).
LE MONDE DE LONG EN LARGE (Domat).
J'AI VU VIVRE ISRAËL (Fayard).

Critique littéraire :

LOUIS EMIÉ (Seghers)
(en collaboration avec Albert Loranquin).

Albums :

QUATRE ANS D'HISTOIRE DE FRANCE (Hachette).
AQUITAINE (Réalités, Hachette).

17

HENRI AMOUROUX

La vie des Français
sous l'occupation

Tome II

FAYARD

CHAPITRE PREMIER

CLASSE 40 :
DES CHANTIERS DE JEUNESSE AU S. T. O.

Le 4 juillet 1940, le général de la Porte du Theil est convoqué à Royat, où le ministère de la Guerre a provisoirement trouvé refuge.

De la Porte du Theil quitte Bourganeuf où il a regroupé les éléments de son 7e corps d'armée, qui s'est courageusement battu, pour s'entendre dire que le ministre lui confie le commandement des 100 000 garçons de 20 ans, convoqués les 9 et 10 juin, mais que personne n'a eu le temps d'instruire, d'armer, d'encadrer et qui errent sur les routes, moins à la recherche d'un fusil que d'un morceau de pain.

« Que faudra-t-il en faire ?

— Le ministre vous le dira demain. »

Le 5 juillet, de la Porte du Theil pose la question au général Colson.

« Ces garçons, en nombre indéterminé, répartis

sur des points indéterminés, que vais-je en faire...
puisque l'armistice nous interdit de les mobiliser ?

— Ce que vous voudrez, je vous fais confiance !

— Où prendrai-je les cadres ?

— Vous choisirez qui vous voudrez, où vous
voudrez. Les écoles d'aspirants sont à votre disposition. Dépêchez-vous. La tâche est urgente. »

Cette étrange mission ne prend pas de court le
général. En 1928, à 44 ans, cet officier au visage
de guerrier gaulois est devenu chef scout et,
depuis cette époque, il fait alterner son professorat
à l'Ecole de Guerre et la charge des jeunes troupes de Paris-Centre. Il a toujours rêvé de donner
une mystique patriotique ou religieuse aux jeunes.
Comment refuserait-il ce poste où tout est à inven-
ter, alors que les jeunes réfugiés déracinés, dans
l'impossibilité de trouver du travail, puisque
800 000 ouvriers au moins sont en chômage, errent
au milieu des armées défaites ?

De la Porte du Theil téléphone immédiatement
à Bourganeuf. Il convoque à Clermont-Ferrand
quatre officiers et 116 hommes du 9e groupe
de reconnaissance, quelques soldats des transmissions, un détachement du quartier général.

Le général explique aux officiers que l'œuvre
dans laquelle ils se lancent n'a rien de commun
avec le service militaire aux strictes disciplines,
rien de commun avec le scoutisme, dont les membres sont uniquement recrutés parmi des volontaires.

C'est un compromis en somme. A la mesure de
toutes les difficultés de l'époque.

Le 7 juillet, de la Porte du Theil présente son
plan au ministre.

« Pas d'unités comprenant plus de 2 000 hommes. Je les ferai camper loin des villes, en pleine
nature, au milieu des bois, loin de toute cause de

trouble ou d'agitation. Ils travailleront pour le pays et s'instruiront. »

Le ministre accepte le projet que le maréchal Pétain fait triompher en Conseil des ministres. Le général de la Porte du Theil part à la recherche de ses premiers chefs et, le 10 août, les jeunes gens incorporés en juin apprennent qu'ils sont relevés de leurs obligations militaires mais versés, pour une durée de six mois, dans des groupements de jeunesse constitués sous l'autorité du ministère de la Famille et de la Jeunesse.

Satisfaits ? Ah ! certes non, ils ne sont pas satisfaits ceux qui rejoignent les premiers camps.

Tout leur déplaît dans le programme des chantiers. L'éloignement des villes, des bistrots, des cinémas, des casernes où l'armée cuve sa défaite.

Les perspectives de travail manuel.

Les feux de camp et les chansons idiotes dont ils prévoient qu'on les régalera.

Le désastre de juin a brisé tous les ressorts, souillé toutes les âmes. Pourquoi s'habiller correctement, enrouler des bandes molletières, saluer les officiers ? Les jeunes ne croient plus au vocabulaire de leurs aînés. Qu'iraient-ils faire dans les camps de jeunesse ces garçons qu'un mois de fuite, de peur et parfois d'héroïsme a terriblement mûris.

Ils prennent cependant le train. Mais ils ne se font pas faute de gueuler des chansons obscènes, de briser des vitres, de boire sec. Lorsqu'ils arrivent au lieu du rendez-vous, leur colère, loin de s'apaiser, redouble. Rien n'est en place pour les accueillir.

Les Eaux et Forêts ont été chargés de désigner

les emplacements des camps, mais ont choisi plus souvent en fonction des arbres à abattre que des nécessités du ravitaillement et du logement. Les transports sont assurés par des chevaux ou des mulets rescapés d'une défaite dont, autant que les soldats, ils portent les traces. Pas de pelles ni de haches pour défricher, assainir, construire des huttes. Peu de vivres, et les voleurs ne manquent pas. Peu de matériel, il faut écraser le grain à l'aide d'une bouteille, peu de vêtements de rechange.

Les hommes mangent à des heures saugrenues, s'habillent comme ils peuvent : culottes de cheval et pantalons de golf, calots, chéchias et chapeaux mous.

Ils dorment mal, à même le sol ; on a voulu les éloigner des villes, ils n'ont pour s'abriter que des granges pourries, des maisons noires et dégradées comme des chicots. Ils se révèlent malhabiles à construire des cabanes pour lesquelles ils manquent d'ailleurs de bois et d'outils.

Pas de camions, bien sûr, mais une « araba » dont les roues enfoncent dans la boue des chemins de terre.

Pas d'électricité. Ici et là, des lampes à huile, mais, le plus souvent, des bougies.

Les plus dynamiques des garçons se débrouillent comme ils se sont débrouillés pendant l'exode. Ils volent et certains d'entre eux partent en permission avec trois chemises, envoient chez eux chaussures et chandails.

Ils sabotent. Dans certains groupements, les pneus sont tailladés à coups de couteaux. Ailleurs, on coupe au chalumeau la barre de direction de l'ambulance, on attaque les chefs...

Exagération ? Faisant le bilan d'un an de commandement des chantiers, le général de la Porte du Theil devait écrire : « *Il n'est pas exagéré de dire que la plupart de nos hommes sont arrivés à peu près complètement démoralisés... Rassemblés dans les centres de regroupement, ils y ont attendu plus d'un mois sans rien faire et n'ont pu être répartis dans les camps qu'entre le 15 août et le 10 octobre, fort mal équipés et à peine vêtus. Il est vrai que quelques-uns avaient tout vendu à des receleurs ou, plus simplement, envoyé à leurs parents. Le pillage du matériel appartenant à l'Etat a été malheureusement généralisé, le pillage tout court trop fréquent. »*

Avec le temps, tout s'arrange cependant.

Certains chefs, qui ont compris que la discipline était surtout nécessaire au cœur du désastre, accueillent les garçons sèchement :

« Ici, pas de casquettes sur le coin de l'œil, ni de pattes à la maquereau. Et pas de tire-au-flanc. Vous êtes venus pour travailler ! »

Les nombreux porteurs de colliers de barbe sont invités à se présenter d'urgence chez le coiffeur. Pas de journaux, au moins dans les premiers mois, pas de T. S. F., pas de cinéma.

Les fortes têtes sont expédiées au chantier disciplinaire 40, établi près de Murat, et, sous la direction du chef Le Fouest, répartis en trois groupes de travail [1].

Le 31 août 1940, 5 groupements, de 2 500 hommes chacun, sont définitivement constitués ; le 2 septembre, 9 ; le 14 septembre, 24... Petit à petit, avec bien des grincements, la machine se met en marche. L'enthousiasme de la jeunesse aide à vaincre les difficultés.

---

1. Premier groupe, celui des durs : meurtriers, voleurs, souteneurs ; second groupe : les mous, antimilitaristes, communistes, indisciplinés ; troisième groupe : les fautifs occasionnels.

★

On a dit aux garçons qu'ils étaient là pour travailler. Quel travail ?

Le plus simple, le plus rude, le plus sain. Fils d'un inspecteur général des Eaux et Forêts, le général de la Porte du Theil les a installés dans toutes les forêts de zone libre, au flanc des montagnes, sur les crêtes d'où l'on domine les villages abandonnés.

Eveillés à 6 heures, les garçons, après la toilette et le salut aux couleurs, passent la matinée au camp dans des travaux d'aménagement et partent dès le début de l'après-midi abattre les arbres marqués.

Que vaut leur travail effectué parfois dans des conditions acrobatiques, le plus souvent sans aucun souci de rentabilité ?

Tout dépend des groupements, donc des chefs. En septembre 1941, un groupement a 79 équipes (soit 948 garçons sur 2 000) employées aux travaux de forestage, d'autres n'en comptent que de 15 à 20. Au mois de janvier 1942, les chantiers produisent 882 527 kilos de charbon de bois, 84 094 stères de bois de chauffage, et le général de la Porte du Theil met à l'honneur les trois provinces d'Auvergne, des Alpes et de Provence.

Tous les garçons ne travaillent pas dans les forêts. Certains sont employés dans des fermes et 18 000 d'entre eux participent ainsi aux vendanges de 1940. D'autres campent, au-dessus de Banyuls, dans une métairie abandonnée.

Dirigés par un ancien lieutenant de vaisseau, dormant dans des hamacs, se réveillant au cri de « Branlebas, là-dedans », disant « aller à terre » pour aller au village, ils ouvrent leur « hublot » sur la mer dont ils s'efforcent de vivre.

Le travail, ce travail payé 1 franc 50 par jour au jeune équipier, n'est certes pas la raison essentielle des chantiers.

Les chefs, du commissaire général de la Porte du Theil installé à Châtelguyon, au chef d'équipe qui commande 13 garçons, en passant par les commissaires régionaux, les chefs de groupement et de groupe, les chefs se préoccupent davantage des résultats moraux que de la « récolte » du charbon de bois [1].

Ils veulent, depuis le début, que les chantiers soient une école où les corps se durcissent, où se transforment les âmes.

Le général de la Porte du Theil sait bien que huit mois de vie en montagne constituent pour tous un profitable entraînement physique. Aux parents sensibles qui plaignent leurs rejetons, leur envoient de la nourriture et de trop nombreux mandats [2], de la Porte fait connaître ses statistiques : le taux de mortalité ne dépasse pas 0,69 pour 1 000 ; 72 p. 100 des jeunes accusent une augmentation de poids dépassant souvent 5 kilos ; 10 p. 100 seulement ont maigri.

---

1. Il y a 5 commissariats régionaux pour la zone libre et 1 pour l'Afrique du Nord. Les groupements rassemblent en général 10 à 12 groupes, soit 1 500 à 2 000 hommes, puisque chaque groupe est fort d'une dizaine d'équipes de 14 hommes chacune. Le groupe a son P. C., sa cuisine, ses transports, son infirmerie. A l'échelon du groupement, se situent les différents services : de Santé, des Travaux, des Transports, de l'Assistance Sociale, des Cultes, des Foyers, de la Bibliothèque, de la Presse, le Service postal et le Service vétérinaire.

2. Le montant des mandats reçus par un seul groupement entre le 1er octobre et le 1er janvier atteint 1 million pour 1 000 bénéficiaires, ce qui représenterait aujourd'hui environ 300 F par bénéficiaire.

Il sait que les jeunes se piqueront très vite au jeu du bûcheronnage, au jeu des cabanes construites par les plus habiles, des couchettes faites de morceaux de bois recouverts de branchages sur lesquels reposent les paillasses, au jeu de l'équipe, aux chants, aux feux de camp, qui renouvellent les plaisirs et l'émulation du scoutisme, moins vite au jeu de la douche froide ou de la toilette faite, le torse nu, au ruisseau voisin.

Il sait aussi que les jeunes seront très vite pris au jeu d'une revanche dont les chefs ne précisent ni la date ni les modalités, mais pour laquelle ils préparent les corps et les âmes.

Le 11 novembre 1940, par un temps détestable de grand vent et de neige tourbillonnante, plusieurs équipes font l'ascension du massif de la Chartreuse. Les garçons ont emporté bottes de paille et fagots qu'ils allument au sommet pour bien marquer que la France continue et que les défaites sont le plus sûr moyen de ranimer le souvenir des anciennes victoires.

Que dit encore de la Porte du Theil aux jeunes qui s'en vont le 16 janvier 1941 ?

« *Bénissez la souffrance qui vous a menés là, vous en recueillerez les fruits... Au milieu des ruines du pays, ce que vous avez fait est grand... On vous a souvent parlé de redressement ; mais, ce qui est mieux, on vous l'a fait vivre par le travail et par l'effort ; ne vous abandonnez jamais plus. Rappelez-vous ce que vous avez fait parce que vous étiez en équipes, et la joie de la réussite, et l'intimité des soirs, et comment, à certaines heures, vos poitrines se sont soulevées, peut-être aussi comment des larmes vous sont venues aux paupières. N'en rougissez pas, ces émotions sont saines... Il faut que votre vie entière réponde à ce commencement et monte plus haut encore. Entrez-y hardiment... Attachez-vous à tout ce qui*

est beau et grand, ne regardez jamais à vos inté-
rêts personnels. »

La leçon est dans la droite ligne des *Messages*
du maréchal Pétain.

Ce pétainisme viril s'exprime par des raids en
forêt effectués par des garçons en short, chemise
kaki et béret vert ; par des manifestations publiques face à d'immenses francisques de carton
peint ; par des chants :

> *O Drapeau de notre patrie*
> *Tu représentes tout pour nous*
> *Nos valeurs, notre joie, notre vie,*
> *L'honneur d'être Français surtout.*

Il s'exprime sous la plume de tous ces journalistes d'occasion qui éditent *Le Mistral, Pourquoi
Pas, Le Téméraire, La Cognée,* minces feuilles dans
lesquelles on parle de « l'an I du renouveau français », dans lesquelles on apprend à méditer les
paroles du Maréchal, mais aussi dans lesquelles
on peut lire les textes de Karl von Clausewitz qui
constituent, depuis 1812, la profession de foi de
tous les vaincus n'acceptant pas leur défaite.

Tous les huit mois, 90 000 garçons sortent des
Chantiers de jeunesse. Ils sont entrés mécontents
et frondeurs, craignant les vaccinations obligatoi-
res, l'effort manuel, la mauvaise nourriture, le
froid, le temps perdu. Au fil des jours, ils ont
découvert l'amitié, la nature, la joie de l'effort,
le plaisir du bricolage, la fierté du drapeau, le goût
de la revanche possible. Les Chantiers ne sont pas
un service militaire camouflé, mais cependant
presque tous les groupements sont dirigés par
de jeunes et anciens soldats décorés, héroïques et
dont beaucoup encadreront, dans quelques mois,
des maquis recrutés parmi leurs anciens équipiers.

★

Dès les premières semaines de son existence, le gouvernement du maréchal Pétain cherche donc à prendre appui sur la jeunesse.

Cette jeunesse d'après la défaite donne parfois d'elle-même une définition trop sommaire pour être exacte. Transformée en quelques jours, du moins elle le croit, elle se veut pure, loyale, charitable, dévouée et oppose son nouveau visage au visage d'hier.

« *Avant* 1940 : *le jeune cherche à se défiler, le jeune brutalise les animaux, le jeune n'obéit qu'à ses instincts, etc. Après* 1940 : *le jeune n'a qu'une parole, le jeune aime tous les Français, le jeune a confiance dans ses chefs, le jeune est propre dans ses pensées, ses paroles, ses actions* [1]. »

Cette jeunesse, le maréchal Pétain aime la recevoir et la flatter ; en elle il place volontiers l'essentiel de sa confiance et, si l'on en croit l'écho des manifestations populaires de zone libre, les adolescents, autant que les anciens combattants l'accueillent avec émotion et cordialité.

Les jeunes acceptent donc, assez aisément, les disciplines du service civique rural qui les conduit pour quelques jours, avec plus de bonne volonté que de science, à biner les betteraves, rentrer la moisson, décharger des tourteaux, sulfater le vignoble [2].

1. Numéro 3 de *France-Montjoie* organe du 22e groupement des Chantiers de jeunesse.
2. Il faut d'ailleurs noter qu'Albert Sarraut, ministre de l'Education nationale, avait, le 2 juin 1940, lancé un appel pour que les jeunes gens donnent « leurs vacances pour la patrie » et pour que les jeunes filles « qui, depuis quelques années, dans le dessein de se créer une carrière indépendante, se donnent une éducation trop exclusivement intellectuelle, remettent à leur vraie place l'éducation ménagère et les travaux de la maison ».

Mis en goût par le désir de renouveau, le plaisir de grandes vacances originales et bien ravitaillées, l'esprit d'entraide aussi, beaucoup plus que par les tracts qui invitent à revenir pour quelques semaines aux travaux des champs : « *Étudiant qui clos tes livres, les champs réclament le secours de tes bras ; à la ville à ton retour, si la misère décroît, si l'attente est moins longue aux portes des boutiques, pendant que tu te penches sur tes livres, tu pourras dire que c'est un peu grâce à toi* », ils sont assez nombreux à jouer, pendant l'été, de la fourche et du râteau.

Pendant quelques mois, les jeunes, surtout en zone non occupée, qu'ils appartiennent ou non aux Chantiers, sont sensibles à un climat moral nouveau, en partie élaboré par les jeunes hommes de l'école des cadres d'Uriage.

Au fil des veillées d'Uriage, dans ce château où la Renaissance corrige les rigueurs du XIIᵉ siècle, Dunoyer de Segonzac et les siens, en discutant des conférences de la journée, rêvent d'une révolution éloignée des mollesses et des maladresses de Vichy, éloignée de toute influence nazie comme des excès du communisme, une révolution idéale basée sur la fraternité des classes, fraternité qu'ils découvrent à l'occasion de stages où bourgeois, ouvriers et paysans font mutuellement, profondément et superficiellement connaissance.

Jeunes du Centre d'Uriage, du Centre du Mayet de la Montagne, du Mouvement Compagnon, dirigé par Guillaume de Tournemire qui fut le plus jeune capitaine de France[1], des Equipes et Cadres de la France Nouvelle, plus ou moins ralliés à la politique du Secrétariat général à la jeunesse, tous sont fidèles à la personne morale et à l'image du maréchal Pétain, et constituent, pendant une année ou deux, les cadres plus ou moins désintéressés d'une Révolution dont l'avenir est suspendu au déroulement des hostilités.

A l'image des jeunes officiers des Chantiers, ces garçons animent une tentative de rénovation paysanne et morale. Georges Lamirand, secrétaire d'Etat à la Jeunesse, parcourant ces hameaux abandonnés, en Corrèze ou ailleurs, que des jeunes réveillent, dont ils redressent les vieilles pierres et réchauffent les cheminées centenaires, assiste à leurs fêtes, écoute leurs chansons et ce chœur « Confiance », « *visiblement inspiré*, dit le chroniqueur, *de l'esprit des messages du maréchal Pétain et du style des appels de l'amiral Darlan à la Marine française et du général Huntziger à l'armée* ».

Des fêtes ont lieu dont la plus importante est

1. Voici les formules que le Compagnonnage propose aux jeunes :
   « Compagnon, au service de la France,
   « Uni à tes compagnons,
   « Loyal à tes chefs,
   « Tenace au travail,
   « Entraîne chaque jour ton corps,
   « Entreprends hardiment, achève la tâche commencée,
   « Prête la main à tous,
   « Sache que l'argent est corrupteur,
   « Parle franc, tiens parole,
   « Sois gai, sobre et propre, chevaleresque à l'égard des femmes,
   « Respectueux envers ta famille,
   « Approfondis ta foi, éclaire ta conviction,
   « Ecoute, cherche à comprendre,
   « Sans pitié pour la mollesse ou la lâcheté,
   « Combats pour être un homme. »
Après avoir inspecté les Compagnons à Randan, le 1er septembre 1941, le Maréchal leur adresse un message de confiance.

cette journée des jeunes du 12 juillet 1942. Pourquoi une journée des jeunes, demande le rédacteur de la brochure de 64 pages qui indique des thèmes de jeux mimés et de discours ? « *Parce que le Maréchal aime les jeunes et qu'il compte sur eux. Parce qu'ils représentent, en puissance toutes les possibilités de l'avenir* [1]. »

Peut-on, cependant, parler de réussite, à propos de ces mouvements de jeunesse, à qui le temps sera étroitement mesuré ?

La presse de zone occupée va dénoncer rapidement le « conformisme » de ces équipes dont les chefs, à Vichy, se battent pour les places, tandis que les doctrinaires se refusent à toute précision sur les problèmes brûlants de l'heure : question juive, lutte contre le capitalisme, contre le communisme et, pour ne pas se prononcer sur l'essentiel, se perdent dans des généralités, préfèrent le verbe à l'action [2] ?

A son tour, la presse de la résistance dénoncera les jeunes des Chantiers, les Compagnons de France, ceux qui poursuivent des études et des

1. Les grands jeux proposés sont consacrés, l'un à « 300 ans de gloire de la Marine française », l'autre à la vie de Jeanne d'Arc. Les textes, très modérés, discrètement antianglais (le sujet même invite à l'anglophobie) s'achèvent toujours par une allusion au maréchal Pétain. Voici, par exemple, comment s'achève le texte sur la vie de Jeanne : « Pourvu que chacun de nous comprenne le sacrifice de Jeanne, comprenne l'exemple du Maréchal. Pourvu qu'il les imite de son mieux. Pour la France. Vive la France. »
2. Cf. l'enquête de Marcel Glass dans *Je suis Partout* (janvier 1943) : « La jeunesse depuis trois ans. Espérances et faillites en zone sud. » Parlant des « Compagnons de France », Marcel Glass écrit : « Par quel miracle espère-t-on transformer en un organisme révolutionnaire un mouvement qui comprend 90 pour 100 d'attentistes, de revanchards et de gaullistes purs. »

rêves d'avant-guerre, alors que, partout, la guerre s'étend.

Dès le mois de novembre 1940, à la jeunesse de zone libre, en général sensible à la mystique du Maréchal, s'opposera donc, par-delà la ligne de démarcation, celle de zone occupée, celle qui trouve sur les bancs des facultés des tracts invitant à manifester activement contre les Allemands :

Etudiant de France,
Le 11 novembre est resté pour toi jour de
Fête Nationale.
Malgré l'ordre des autorités opprimantes, il sera
Jour de recueillement.
Tu n'assisteras à aucun cours,
Tu iras honorer le Soldat Inconnu 17 h. 30.
Le 11 novembre 1918 fut le jour d'une grande
  victoire.
Le 11 novembre 1940 sera le signal d'une plus
  grande encore.
Tous les étudiants sont solidaires pour que
Vive la France.

Bientôt, les dépôts d'uniformes verts, d'outils, de chaussures, de vivres constitués pour les Chantiers de Jeunesse serviront aux maquisards démunis.

Ainsi, dans bien des villes, la Libération sera l'œuvre de garçons habillés aux couleurs de la Révolution Nationale.

Il restera au moins à ceux qui sont passés par Uriage, par Mayet de la Montagne, par Randan, la mélancolie des rêves irréalisables, un certain goût d'absolu (n'ont-ils pas été les apôtres d'une France idéale et chimérique ?), beaucoup de passion pour les veillées, les feux de bois, les chorales, les longues discussions, les camaraderies inattendues, ainsi que le tenace souvenir de cette vie rude où les intellectuels se donnaient l'illusion de bâtir leur maison et de pétrir leur pain.

★

Les Allemands ne laissent pas, en effet, bien longtemps, au gouvernement de Vichy, la disposition de la jeunesse française.

En France, dès le mois d'août, l'Allemagne recrute quelques milliers de volontaires, c'est-à-dire essentiellement des chômeurs. De grandes affiches font leur apparition sur les murs : « *L'Allemagne vous offre du travail* », des offices de placement ouvrent leurs portes, de petits convois quittent la France et, au milieu de travailleurs de vingt nations différentes, Français et Françaises vont prendre place dans les usines de guerre allemandes [1].

Combien de Français volontaires ? Nul n'arrive à se mettre d'accord sur des chiffres qui, pour l'année 1941, oscillent entre 40 000 et 72 000 personnes.

C'est peu alors qu'un million et demi d'étrangers travaillent déjà en Allemagne.

C'est assez tant que la guerre se limite à la bataille aérienne contre l'Angleterre ; mais, dès les premiers mois du conflit contre l'Union Soviétique, dès les premiers jours de cette campagne d'hiver qui met fin aux espoirs de guerre éclair, l'Allemagne a besoin d'hommes en grand nombre pour ses usines, ses aérodromes, ses bases sous-marines.

Un homme : métal précieux. La même Allemagne, qui fera mourir tant de millions de juifs dans les camps de concentration, n'hésite pas à réclamer la libération d'André G..., condamné à cinq ans de prison pour complicité d'infanticide et détenu à Clairvaux !

1. 115 chômeurs partent de Bordeaux en novembre 1940.

N'a-t-il pas manifesté le désir de s'engager pour le travail en Allemagne [1] ?

Les hommes que le volontariat ne lui procure pas, elle les obtiendra par n'importe quel moyen : par le chantage, la réquisition, les menaces, la violence.

Très vite, le Service du Travail obligatoire deviendra l'ennemi numéro un des Français de 18 à 50 ans.

Très vite, le S. T. O. deviendra le principal pourvoyeur du maquis.

Parce qu'ils se sentent menacés, parce qu'ils sont ce gibier que l'on traque à la sortie des cinémas, à la sortie de l'usine, qu'il leur faut se camoufler et ruser, beaucoup de Français engagés, un peu malgré eux, dans l'action antiallemande, prennent parti et contribuent à miner de l'intérieur, à saper de l'extérieur la gigantesque et fragile forteresse allemande.

★

Les Français ne veulent pas travailler en Allemagne.

Et cependant la propagande multiplie brochures, affiches, émissions, dans l'espoir de vaincre leurs préjugés.

On fait appel à la solidarité. Les ouvriers qui partent permettront à des prisonniers de rentrer. Un prisonnier pour un ouvrier ? Non, un pour trois spécialistes. C'est la Relève, source de discours ministériels, d'articles délirants, de louanges pour l'Allemagne, mais de peu d'enthousiasme dans le pays. La Relève n'a pas la vie longue. L'Allemagne, bientôt, ne fournira même plus de contrepartie.

1. Dans les Ardennes, en novembre 1942, 84 travailleurs sont fournis par la prison. En février 1943, les Allemands signalent qu'ils reçoivent couramment des pétitions de prisonniers de droit commun demandant à s'enrôler pour l'Allemagne.

Dès le 2 octobre 1942, commence le recensement de tous les Français de 18 à 50 ans, de toutes les Françaises célibataires de 21 à 35 ans [1]. A ces hommes inquiets de leur sort, bien décidés à repousser sans cesse leur départ, on s'efforce de présenter la vie en Allemagne sous le jour le plus favorable.

Les ouvriers français sont mal payés en France, d'autant plus mal payés que l'Allemagne bloque les salaires et organise le chômage de nos usines [2] ; eh bien, en Allemagne, ils gagneront des sommes appréciables.

Les brochures de propagande affirment qu'un « *spécialiste de la grosse industrie qui fait beaucoup d'heures supplémentaires, travaille la nuit de temps à autre et est sérieux, peut envoyer jusqu'à 3 000 francs chez lui... Un manœuvre simple qui fait des heures supplémentaires et dépense peu d'argent de poche, peut faire en moyenne 500 francs d'économie* [3] ».

1. Il est tenu compte des campagnes militaires pour les hommes ; chaque trimestre aux armées majore d'un an l'âge réel. Les anciens prisonniers de guerre ne sont pas recensés, non plus que les pères de famille ayant 3 enfants à charge au moins.
2. Dès le mois de juin 1942, le gouvernement français, sous la pression du gouvernement allemand, envisage la fermeture de 1 400 entreprises et procède à la concentration des entreprises. Le personnel ainsi licencié devrait être mis alors à la disposition de l'Allemagne. De nombreuses circulaires émanant des différents comités d'organisation invitent les directeurs d'usine à solliciter immédiatement des volontaires pour le départ en Allemagne, dans l'espoir que ces volontaires, en nombre suffisant, satisfairont les exigences allemandes et permettront de repousser les mesures de débauchage massif.
3. 3 000 francs 1942 représentent, en 1970, l'équivalent de 75 000 anciens francs. Les travailleurs eurent droit pour la plupart, à titre d'indemnité d'éloignement, au maintien de la moitié du salaire qu'ils percevaient en France ; les versements étaient effectués par l'ancien employeur, soit à la famille, soit à un compte ouvert au nom de l'intéressé, et étaient ensuite remboursés par un fonds de compensation.

Les ouvriers français mangent mal... On leur explique que les rations allemandes sont supérieures aux leurs. Ils toucheront hebdomadairement 3 250 grammes de pain contre 2 450, 750 grammes de viande contre 180, 125 grammes de beurre contre 70, 62 grammes de fromage contre 50.

Dans leurs camps, des cuisiniers français prépareront à leur intention d'appétissantes fricassées de veau, de la sauce au raifort et de la semoule à la cannelle !

Les ouvriers français craignent de s'éloigner trop longtemps des leurs ? Leur correspondance ne sera nullement limitée et, tous les dix mois, les hommes mariés auront droit à une quinzaine de jours de congé payé en France.

Sont-ils victimes des bombardements ? Les assurances allemandes verseront une rente à leur veuve, une indemnité à leurs orphelins...

Les journaux publient obligatoirement déclarations (vraies ou fausses), lettres de travailleurs (vraies ou fausses) qui, toutes, rendent le même son trop enthousiaste.

Le millième travailleur envoyé en Allemagne par l'office de placement de Grenoble est un chauffeur de camion, père de six enfants.

« En raison de mes charges de famille, je n'ai pas fait la guerre, déclare Jacques G... au journaliste qui l'interroge. Aussi, je considère de mon devoir de participer à la grande Relève et de contribuer ainsi au retour des prisonniers dans leurs foyers. Je quitte ma famille et je lui viendrai en aide, grâce au salaire qui m'est assuré pour la durée de mon séjour en Allemagne. »

En peu de mots, voilà un bon reflet des brochures de propagande.

« *Monsieur le Commandant*, écrit un travailleur,

le 29 octobre 1942, *je vous envoie cette lettre pour vous dire que nous sommes bien arrivé et nous avont une bonne vie car ici la vie va mieux quand France car nous avons toucher les cartes d'allimentation et tabac. La Firme est très bonne car nous avons une très bonne camaraderie entre allemand et français* [1]... »

Une femme affirme qu'à son retour on ne la reconnaîtra plus « tellement elle aura grossi » !

Un homme qui signe Alphonse V..., et qui a été envoyé à Kiel, évoque la « nourriture de rêve », les chambres spacieuses, la cuisine-bijou et les cabinets de toilette étincelants.

Chambres, cuisines, cabinets de toilette que neuf journalistes parisiens et deux photographes, accompagnant pour quelques jours des convois d'ouvriers, partageant leur vie, leur nourriture et leurs baraquements, sont chargés de visiter, de dépeindre et de photographier.

Leur reportage [2] est trop séduisant pour convaincre ceux qui restent en France et qui ne sont pas davantage sensibles à ce « concours de la plus belle lettre de Noël » organisé par l'Association nationale des amis des travailleurs français en Allemagne.

Plus de 100 000 lettres d'enfants sont reçues au siège de l'Association, 149, rue de Grenelle. Le premier prix (5 000 francs) est décerné à Ginette Davin, 8 ans 1/2, qui écrit à son oncle, travailleur en Allemagne, la lettre suivante, bon document sur une époque difficile :

1. Publié par une brochure de propagande : *Travailler en Allemagne, c'est gagner sa vie dans de bonnes conditions, voyez par vous-même.*
2. Publié sous le titre : *Images de la vie de ceux qui sont partis.*

*Gérard y demande à papa Noël un canon de
D. C. A. avec des petits bouchons y fera pan-pan
sur les avions. Y veut aussi un sifflé pour joué au
chef dilo et crié :* Lumière... *On fétera Noël quand
papa et tous les tontons seront revenus. On ache-
tera un poulet au marché noir. Maman sait pas
ou qu'il est le marché noir et elle dit « on se
débrouillera ». Y a deux bouteilles Nicolas cachés
sous le buffet pour le retour de papa et des tontons. Cette année maman fera un jus national...*

Le deuxième prix est pour Jacques Robin, 7 ans,
précoce chroniqueur politique :

*Je trouv qui oré pas du avoir la guère si le
Maréchal avé ét la plus vit il seré mit bien avé
hitlère.*

Le 20 décembre 1943, une fête réunit, au Grand-
Palais, plusieurs centaines d'enfants et quelques
pères de famille qui ont bénéficié, pour la circonstance, d'une permission exceptionnelle. Discours,
toasts, distribution de jouets, lecture, encore, de
missives optimistes : « *Je continue à gagner beaucoup d'argent. J'ai une chambre avec un lit épatant
et une grande armoire et une espèce d'anticham-
bre avec bureau, bibliothèque, divan, table, eau
courante...* » Le paradis, quoi ?...

Mais il est bien possible que, parmi les permissionnaires du Grand-Palais, les hommes, après
avoir comparé leurs salaires et leurs rations,
racontent une de ces histoires dont on ignorera
toujours l'origine, mais qui circulent de France en
Allemagne, d'Allemagne en France, à la vitesse des
express.

« Tu la connais, toi, celle-là ? Voilà, y a Hitler
qui fait avec le gros Gœring une tournée dans les
usines. Il prend quelques ouvriers pour les interroger. Au premier, il demande :

— Tu aimes ton Führer ?

— Ja mein Führer, qu'il dit le gars.

— Tu ferais n'importe quoi pour lui ? Tout ce qu'il te demanderait ?

— Ja, ja, mein Führer.

— C'est bien. Alors tiens, voici une mitraillette, tire sur tes camarades. »

L'homme hésite, fait la grimace, refuse poliment. On peut tout de même pas lui demander ça.

Hitler passe à un autre. Même réponse. A un autre encore. Il n'a pas davantage de succès.

Enfin, il arrive devant un grand gaillard déluré, la casquette sur l'œil.

« Tu aimes ton Führer ?

— Ja mein Führer.

— Tu ferais n'importe quoi pour lui. Alors, prends cette mitraillette... »

Le gars, il attend même pas qu'Hitler ait fini d'causer. Il prend la mitraillette, il descend tous les types.

« Voilà, dit Hitler à Gœring, voilà un bon Allemand. Comment t'appelles-tu ? »

Alors, le gars, il se redresse et il dit :

« Bébert d'Ménilmontant. »

★

Que se cache-t-il, en effet, derrière la satisfaction officielle, derrière ces titres de journaux qui annoncent tous, sous une forme ou une autre, que « le rythme des départs s'accélère » ?

« *Dans un des centres les plus importants de Paris, on enregistre sur les chiffres de la semaine dernière une augmentation de 55 % dans la métallurgie et de 50 % dans le bâtiment* », annonce *Le Petit Parisien* du 25 juillet 1942.

« *De toute la France, des trains spéciaux de volontaires partent pour les usines allemandes, les demandes d'emplois affluent chaque jour dans les bureaux d'embauche* », déclare le 9 août la radio de Vichy.

Vérité ? Mensonge ? Mensonge pour l'essentiel, et les Allemands ne sont nullement satisfaits.

Avec les mois qui passent, la guerre devient plus coûteuse en hommes, plus exigeante en machines. Les pressions sur le gouvernement français s'intensifient.

Les volontaires n'ont pas été assez nombreux, la Relève a pratiquement échoué, les journaux parisiens, sous influence allemande, dénoncent donc les « réticences », les « bobards malfaisants », les « sabotages sournois » qui contrarient les départs, et Marcel Déat laisse prévoir de nouvelles et plus sévères mesures.

Entre le gauleiter Sauckel, grand maître allemand de la main-d'œuvre, et le peuple français s'engage alors une dramatique partie de cache-cache.

Au début — et sans doute parce que la victoire alliée paraît lointaine encore — les réquisitions se déroulent suivant les plans prévus.

Sauckel réclame 250 000 hommes pour le dernier trimestre de 1942. Il en partira 240 000.

Mêmes exigences pour le premier trimestre de 1943. Même chiffre de partants.

La machine commence à se détraquer au printemps de 1943.

Les Allemands ne reçoivent que 189 000 hommes, alors qu'ils en réclamaient 220 000. Dans les mois qui viennent, à l'instigation de l'administration et du gouvernement français, mais aussi de l'organisation Todt qui a besoin d'hommes pour ses chantiers du littoral atlantique, ils ralentissent sensiblement leurs demandes.

En 1944, appels massifs. De janvier à juin, époque à laquelle Laval prévient ses préfets qu'en raison « des bombardements anglo-saxons et des destructions provoquées notamment par la tentative d'invasion », les autorités d'occupation ont décidé de suspendre les réquisitions de travailleurs pour l'Allemagne[1], les Allemands exigent 855 000 hommes.

Malgré recensements, chômage, chasse aux oisifs, « commissions de peignage » dans les usines, gendarmes, ils n'en obtiendront que 36 000.

La défaite de l'Allemagne est une certitude qui encourage les timides, fortifie les courageux.

De 1940 à 1944, l'Allemagne a réclamé ainsi 1 575 000 travailleurs. Elle en a reçu 785 000. Un sur deux.

Un homme sur deux prend le train en direction du Reich, de ses usines et de ses villes bombardées.

Un homme sur deux refuse...

Les ouvriers savent par les permissionnaires (qui le plus souvent ne repartent pas, ce qui entraîne notamment la suspension des permissions du 12 septembre au 15 octobre 1943), savent par les lettres, que les conditions de vie en Allemagne sont souvent difficiles, parfois tragiques.

Ils savent que les Allemands, dans l'usine, n'occupent plus que les postes de maîtrise. Que le travail est effectué par une véritable légion étrangère sans idéal ni langage commun. Ils savent que les Français côtoient Polonais, Belges, Hollandais, prisonniers russes, Tchèques, Yougoslaves et grosses Ukrainiennes affectées aux cuisines. Ils savent que la nourriture est mauvaise et stric-

---

1. Communication en date du 23 juin que les préfets ne pouvaient faire imprimer, mais dont ils pouvaient faire usage dans la conversation.

tement rationnée, que le marché noir règne en
maître sur le petit peuple des camps.

« Avec une plaque de chocolat, mon vieux, tu as
tout ce que tu veux. Même une fille ; devant le
chocolat, elles peuvent pas résister. »

Ils savent que les « chambres spacieuses » ne
sont que des chambrées mal chauffées où l'on s'en-
tasse à dix ou vingt autour d'un poêle où mijotent
d'étranges cuisines.

Ils savent que, pendant le travail, les malins
vont fumer aux « Abort » et que les cabinets collectifs servent non seulement de fumoir mais aussi
de parloir et de salle de lecture.

Ils savent que le travail est distribué au petit
bonheur la chance : l'agriculteur est placé devant
un four Martin ; l'électricien devant une recti-
fieuse ; l'étudiant doit affûter les scies, le sémi-
nariste et le clerc de notaire décharger les
wagons.

Ils apprennent — fût-ce en lisant *Je suis Partout* — que les Français en Allemagne se plaignent
du « manque de pinard », du « manque de gon-
zesses », des cigarettes à 120 francs le paquet, des
choux rouges trop abondants, des « Kartoffels » de
mauvaise qualité [1].

S'ils ignorent que le Commissariat général à la
main-d'œuvre française en Allemagne a déjà
envoyé, à la date du 2 septembre 1943, 30 000
couvertures, 48 000 costumes et 78 000 chemises
pour les ouvriers français sinistrés, ils savent
enfin que les villes allemandes sont bombardées
chaque jour, chaque nuit, que les usines sont
détruites, les camps de travail incendiés. Ils savent

---

1. « Avec les ouvriers français dans les usines d'Allemagne »,
reportage de Pierre Villette, *Je suis Partout*, 16 avril 1943. Pierre
Villette signale également que les employeurs sont en général
satisfaits des ouvriers français et que ceux-ci trouvent les
cadences de travail assez lentes.

que, lorsque les armées anglo-saxonnes débarqueront en France, les travailleurs subiront le sort des prisonniers, qu'ils connaîtront, comme eux, l'absence de nouvelles, la privation de colis, les risques multipliés de guerre.

La radio anglaise et les journaux clandestins répètent les slogans qui renforcent leur décision :

« *Un homme qui part est un otage aux mains de l'ennemi. Un homme au maquis est un soldat contre l'ennemi.*

Si vous ne voulez pas subir les brimades et mourir sous les bombes anglaises, ne partez pas en Allemagne. »

Les voilà décidés à ne pas partir. Ce n'est pas facile.

Ce n'est pas facile, en 1942, lorsque la Relève entoure les départs en Allemagne d'une auréole de solidarité.

Ce n'est pas facile lorsque les ouvriers subissent, sur les lieux mêmes du travail, la visite médicale d'incorporation (visite effectuée par un médecin français sous contrôle allemand[1]), lorsque l'Inspection du travail désigne, pour chaque entreprise, le nombre des « volontaires », lorsque le chantage s'exerce (« si tu ne pars pas, c'est ton camarade d'atelier, plus âgé, qui partira »), lorsque la police s'en mêle.

À Rouen, en mars 1943, le préfet régional Parmentier dit au secrétaire général à la Jeunesse qui lui rend visite :

« Monsieur le Secrétaire général, vous pouvez vous promener dans la ville de Rouen et rechercher les zazous, vous ne les trouverez pas pour la simple et bonne raison qu'avec l'aide de mes ser-

---

1. Le médecin touche 20 francs par homme, 60 francs par femme.

vices de police j'en ai fait le recensement pour les envoyer travailler en Allemagne [1]. »

Le même Parmentier s'enorgueillit de voir la Seine-Inférieure et le Calvados fournir, grâce à ces méthodes de recrutement, plus d'hommes qu'il ne leur en a été réclamé. Observe-t-il que bon nombre de travailleurs répondent à la convocation, touchent une prime de 1 000 francs, mais omettent de se présenter à la gare, il constitue un centre d'hébergement-souricière où les ouvriers sont logés, nourris, où ils peuvent acheter bleus de travail et galoches, mais, aussi, d'où ils partent directement, sans reprendre contact avec leur famille, en direction de l'Allemagne.

La police arrête les jeunes hommes dans la rue, organise des rafles dans les cinémas et les cafés, comme à la sortie des usines et des gares. A la carte d'identité, à la carte de ravitaillement, il faut joindre, à partir du 16 mars 1943, un certificat de travail et bientôt une carte de travail.

« La convocation est arrivée ! »

La convocation suit de quelques jours la visite médicale. C'est une circulaire sur papier de mauvaise qualité. Une circulaire à en-tête de l'Inspection du travail.

Objet : Affectation au Service du Travail obligatoire.

J'ai l'honneur de vous faire connaître que la

1. En mars 1944, ces méthodes sont généralisées. Le 24 mars 1944, le délégué en zone nord du secrétaire général au maintien de l'ordre recommande des rafles « dans les lieux publics et établissements de plaisir aux jours et heures de travail ». Les suspects doivent être immédiatement conduits devant une commission de vérification composée d'un représentant de l'Office allemand du travail, d'un représentant du Commissariat général à la main-d'œuvre et de deux médecins.

commission mixte franco-allemande, prévue pour prononcer les affectations des jeunes gens recensés au titre du Service du Travail obligatoire, vous a désigné pour aller travailler à l'organisation Todt (ou en Allemagne).

En conséquence, suivant les instructions de la Feldkommandantur, j'ai l'honneur de vous inviter à bien vouloir vous présenter au bureau de Placement allemand, rue..., le mardi 23 mars 1943, à 9 h 30, pour y prendre connaissance des conditions de travail ainsi que des dates et heures de départ.

Je vous précise que la non-exécution de votre part de cet ordre d'affectation est susceptible des peines prévues par la loi du 15 février 1943.

L'homme tourne et retourne le papier entre ses doigts.

« Qu'est-ce qu'il faut faire ?

— Ben, tu pourrais écrire. Si tu pars, comment la boulangerie va-t-elle marcher ? »

La boulangerie, ou l'épicerie, ou la ferme, ou...

Ecrire, c'est d'abord gagner du temps. En 1943 et 1944, alors qu'augmentent les prétentions allemandes, les préfectures sont submergées de lettres inquiètes.

La commune de Vrigny (Loiret) et les communes voisines manqueront de pain si le seul boulanger de la localité abandonne le fournil.

Le village de Dommarie-sur-Loing va perdre son maréchal-ferrant, celui de Courtenay son boulanger, celui de Châtillon-sur-Loire son charcutier. Lettres à la direction du Service du travail. Lettres à la préfecture. Dans toute la France, les mêmes mesures engendrent les mêmes réactions d'autodéfense.

Roger B..., qui possède une petite ferme, s'efforce d'apitoyer les autorités. Son frère, lui-même et ses ouvriers agricoles appartiennent tous à ces classes 40, 41, 42 entièrement mobilisées pour le

S. T. O. Le père est mort en novembre. La mère toujours malade. Doit-il semer cette année, alors qu'il n'est pas assuré de récolter la moisson ? « *Nous sommes prêts*, écrit-il aux autorités, *à donner à la terre les semences nécessaires pour les emblavements de cette année, mais, avant, je voudrais savoir ce que l'on va faire de moi d'abord et de nos ouvriers ensuite ; nous ne pouvons point confier à la terre de pareilles sommes en semences et supporter les frais élevés des ensemencements si après il ne reste plus personne pour donner à ces récoltes les soins culturaux qu'elles demandent...* »

Les autorités administratives françaises s'efforcent généralement d'entraver les exigences allemandes qui désorganisent toute la vie sociale, ruinent la production, menacent l'agriculture.

Les médecins qui font passer les visites d'incorporation se montrent sensibles à tous les certificats médicaux et exemptent grand nombre de jeunes. Les délégués de l'Office du travail, qui assistent aux séances de ces « commissions de peignage » au cours desquelles les employeurs sont convoqués avec leur personnel, s'efforcent d'obtenir des sursis pour les partants, expliquent la situation critique des boulangers (à Orléans, 23 ouvriers boulangers sur 64 sont prélevés), des patrons d'usines, des petits cultivateurs, signent parfois de faux certificats de travail, falsifient des cartes d'identité, versent à l'organisation Todt celui qui devait partir pour l'Allemagne, se montrent, surtout à partir de 1944, sensibles aux influences, à la pitié, à la raison, à la peur du lendemain, au patriotisme.

On a écrit, ce n'est pas assez, car il faut de trop fortes raisons pour qu'une lettre soit efficace. Du moins, le temps gagné, le sursis parfois accordé, permet-il de changer de profession, de découvrir un de ces métiers-refuges qui offrent une protection plus ou moins efficace contre le départ en Allemagne.

La police, par exemple. La police tellement sollicitée qu'elle est bientôt mise dans l'impossibilité d'accepter les ouvriers spécialisés [1].

Les sapeurs-pompiers. La Défense passive [2]. La S. N. C. F.

Fonctionnaires, étudiants, cultivateurs bénéficient assez longtemps d'exemptions. On s'inscrit à la Faculté, on s'embauche dans une ferme amie. On sollicite un emploi dans une mine...

Plutôt que de partir pour l'Allemagne, les Français préfèrent encore provoquer les sollicitations de ce service de surveillance des voies que l'activité du maquis rend nécessaire, que la passivité des requis rend inutile.

Porteurs d'un brassard blanc à bande bleue, munis d'un gourdin ou d'un fusil de chasse, munis également d'une lampe de poche, d'un sifflet, d'une note de service bilingue qu'ils doivent présenter à toute réquisition, touchant un salaire de 31,50 francs pour une garde de nuit, 28 francs

---

1. A Orléans, le 5 février 1943, sur l'ordre de la Feldkommandantur.
2. Pierre Taittinger, président du Conseil municipal de Paris, intervient à plusieurs reprises pour mettre à l'abri de toute réquisition les 7 ou 8 000 membres de la Défense passive parisienne. Sont également exemptés de tout départ, les Alsaciens et Lorrains, les anciens prisonniers de guerre, les anciens combattants de la L. V. F.

pour une garde de jour [1], ayant droit à des tickets supplémentaires de pâtes alimentaires et de charcuterie, les requis montent, deux par deux, tous les kilomètres, une garde débonnaire.

Certes, ils doivent patrouiller, veiller à ce qu'aucune personne étrangère ne circule sur les voies, ne stationne ou ne se dissimule sous les ponts et dans les fossés, mais incapables, la plupart du temps, de tenir tête aux garçons du maquis, ils préfèrent s'éloigner discrètement ou, pour détourner les soupçons, se laisser étroitement ligoter.

Dans chaque département, des centaines d'hommes (400 pour le seul groupe de Limoges) requis pour la garde des communications évitent ainsi — ou retardent — leur départ pour l'Allemagne et préparent leur passage au maquis.

O. T. Organisation Todt.

L'occupant est rapidement devenu, en France, le principal employeur. A son service, pour construire les bases sous-marines de la côte atlantique, pour agrandir les pistes d'aviation, pour édifier les blockhaus destinés à stopper l'invasion, des centaines de milliers de Français, volontaires ou non.

En août 1941, 217 000 ; en avril de la même année, 450 000 ; 558 000 en 1944. Beaucoup d'étudiants, de cultivateurs, de pères de famille échap-

1. Il s'agit, à la date du 15 avril 1944, du salaire des gardes dans les localités de moins de 5 000 habitants. Pour les villes de plus de 5 000 habitants, la rétribution passe à 37 francs 95 et 33 francs 75 ; pour les villes de plus de 20 000 habitants, 43 francs 55 et 38 francs 85. La garde des communications sera créée le 23 janvier 1942. Les salaires cités ci-dessus correspondent, en 1970, à 5 NF (31 francs 50), 6 NF (37 francs 95), etc.

pent ainsi au départ pour l'Allemagne. On leur fait démolir les villas de la Côte d'Azur, poser ces « asperges de Rommel » chargées de faire culbuter les planeurs anglo-saxons, creuser des tranchées, barrer des routes, couper des arbres.

Vivant dans des baraquements installés en pleine campagne, mêlés à des oùvriers étrangers, réquisitionnés en grand nombre, réduits le plus souvent, par leur incompétence et leur paresse volontaire, au rôle de manœuvres, espionnant parfois pour le compte des réseaux de résistance ce mur de l'Atlantique dont ils sont les terrassiers, profitant des rivalités qui existent entre les différents services allemands, les travailleurs de l'organisation Todt occupent une situation particulière : à mi-chemin entre France et Allemagne, à mi-chemin entre liberté et captivité [1].

Ceux qui restent.
Ceux qui partent.
« Gare de l'Est, une heure de l'après-midi, des flèches, des écriteaux. Une foule dense et agitée, chargée de paquets divers, hommes en blousons,

1. L'organisation Todt était appelée ainsi du nom de son inventeur (mort en 1942), l'ingénieur Fritz Todt, qui eut l'idée, pour combattre le chômage, d'entreprendre en Allemagne, à partir de 1933, la construction d'un vaste réseau d'autostrades. L'organisation Todt entreprit ensuite l'édification de la ligne Siegfried, qui exigea jusqu'à 342 000 hommes, puis la création, en Europe occupée, de nombreuses lignes de défense (murs de l'Atlantique et de la Méditerranée ; en Italie, ligne Gustav, Hitler, Gothique).

Lors de ses plus grands travaux, l'organisation Todt groupa jusqu'à 2 000 000 de travailleurs, dont à peine un cinquième d'Allemands.

Les Français travaillant en France sous contrôle allemand ne connaissaient guère que l'organisation Todt... Cependant, la Kriegsmarine, la Luftwaffe, l'armée employaient également bon nombre d'ouvriers requis au titre du S. T. O.

ceinturés de musettes... Un petit wagonnet passe
devant chaque compartiment distribuant à chacun
les provisions du départ : deux saucissons et un
grand pain.

« *Les portières se referment une à une. Et le*
long convoi doucement s'ébranle, hérissé de visa-
ges, de mains tendues, de mouchoirs agités. »

La description est incomplète. Ce que ne dit
pas le journaliste de 1942, ce sont les réflexions
et parfois les manifestations qui accompagnent le
départ du train, les chants (*Internationale* et *Mar-*
seillaise), les larmes des familles, les provisions
déballées dans les wagons, les bouteilles brandies,
les poings levés, les inscriptions à la craie, sur
les portières : « Laval assassin, Laval au poteau,
Vive de Gaulle », les ouvriers qui descendent de
wagon — comme à Montluçon — et s'enfuient, protégés par la foule et par les cheminots, qui ont
retardé le départ du train.

A Lyon, en mars 1943, les manifestations, au
départ des trains pour l'Allemagne, sont si violen-
tes que la police interdit l'approche de la gare
aux familles. Mesure vite généralisée, sur ordre
du ministère de l'Intérieur qui envoie à tous les
préfets régionaux de zone occupée un télégramme
prescrivant : « *Interdire accès gares et environs*
immédiats des gares à public et à familles moment
départ ou passage train relève. »

Les partants ont souvent été arrêtés le matin
même. A Villeurbanne, la police allemande cerne
ainsi, à l'aube, tout le quartier dont la place de
l'Ancienne Mairie est le centre[1]. De 6 heures du
matin à 19 heures, les perquisitions se poursuivent. Les Allemands cherchent des armes. Ils cher-

---

[1]. D'après l'accord Bousquet-Oberg, la police française ne
devait pas se faire l'auxiliaire de la police allemande dans la
recherche des réfractaires. L'accord ne fut pas toujours respecté.

chent également des hommes, ces réfractaires qui leur glissent entre les doigts, ces garçons en faveur desquels, dans toute la région, des grèves de solidarité éclatent [1]. Trois cents d'entre eux sont finalement rassemblés, encadrés, conduits à la gare de la Part-Dieu, où on les enfourne dans les wagons qui partent immédiatement pour l'Allemagne.

Pour eux, ni discours, ni pain, ni saucisson, ni familles.

Les réfractaires, qu'ils se dissimulent dans une administration française, dans les fermes, dans le maquis, dans les gardes des communications ou parmi les ouvriers de l'O.T., les réfractaires sont, à partir de janvier 1944, de plus en plus nombreux. Presque insaisissables, car protégés par la complicité de la population. Semblables à l'eau courante.

Les journaux clandestins donnent des chiffres incontrôlables, exagérés parfois, mais qui encouragent à la résistance.

On se passe ces feuilles qui annoncent 25 partants pour 850 appelés dans le Jura ; 31 pour 3 700 en Saône-et-Loire ; 34 pour 1 010 en Savoie...

A Vesoul, sur plus de 400 jeunes gens convoqués en juin 1943, il s'en présente trois.

« T'as entendu Londres ? Ils ont dit que la palme revenait au Loir-et-Cher. Pour 2 000 inscrits, il n'y a eu que 64 départs [2]. »

Dans les Ardennes, du 8 au 15 mars 1943, pour

1. Grève dans trois usines de Vénissieux, le 14 octobre 1942 ; chez Berliet, le 15 octobre ; dans une usine de Calluire et de La Croix-Rousse, le 16 octobre, etc.
2. Le 14 octobre 1943. Pour le Loir-et-Cher, le chiffre des réfractaires des classes 40, 41, 42 s'éleva à 3 800.

53 garçons qui partent, on compte 430 défaillants.
Les commissaires de police signalent un peu partout des hommes qui plantent des pommes de terre « afin de pouvoir se nourrir dans le cas où on ne leur donnerait plus de tickets d'alimentation ». Les femmes d'ouvriers préviennent leur mari dès qu'un gendarme tourne le coin de la rue, et l'homme gagne immédiatement les champs ou la forêt.

Est-il arrêté ? Il trouve souvent encore le moyen d'échapper.

Le 29 janvier 1944, à 20 heures, les gendarmes de Charleville remettent ainsi Omer Collignon, cafetier à Rocroi, à la garde d'un agent de police. Avec Collignon, un autre réfractaire. Les deux hommes doivent être embarqués à l'aube pour l'Allemagne. Les heures passent. A minuit, le compagnon de Collignon demande l'autorisation de se rendre aux cabinets.

Embarrassé, le gardien de la paix hésite quelques secondes, puis se résigne à accompagner le réfractaire. Collignon a l'air de dormir si profondément !

Lorsque les deux hommes reviennent, dix minutes plus tard, Collignon s'est enfui !

En route pour le maquis, comme des milliers d'autres.

CHAPITRE II

LA VIE QUOTIDIENNE AU MAQUIS

Parfois l'on s'attriste
Le cœur se souvient
Le passé existe
Et vers nous il revient
Mais aussitôt nous le chassons
En fredonnant une chanson
Dans le groupe à Phiphi (bis).

Tous de joyeux drilles
Aimant s'amuser
Nous blaguons les filles
Nous regardant passer
Et nous savons que le chagrin
Se noie dans un bidon de vin
Dans le groupe à Phiphi (bis).

Chanson d'un maquis de Dordogne, chanson moins « officielle », moins noble, moins poétique

que le *Chant des Partisans* ou que *La Maquisarde*,
mais chanson dont l'on imagine très bien la
naissance modeste, tout à la fois mélancolique
et joyeuse, devant un feu de bois (interdits les
feux, mais tout de même...).

Les garçons se sentent en sécurité, moins à
cause des veilleurs lointains et de leurs pauvres
armes qu'à cause de la profondeur des forêts
périgourdines. Hier encore étudiants, apprentis,
cultivateurs, ils évoquent le passé, les repas à la
table familiale, la décision qu'ils ont prise le
jour où ils ont reçu leur convocation pour le
S. T. O.

> *Nous blaguons les filles*
> *Nous regardant passer.*

Y a-t-il vraiment des filles pour contempler ces
guerriers imberbes, ces guerriers aux mains nues ?
Non, mais ils imaginent les lendemains de libération... Espoirs. Souvenirs. Tout a commencé...

Tout a commencé difficilement [1].

Raymond Bredèche décide, en juin 1943, d'abandonner les sapeurs-pompiers de Paris, où il est
cependant à l'abri du S. T. O., pour rejoindre le
maquis. Il va embrasser ses parents, achète une
boussole, garnit son sac à dos de lainages et de
provisions, quitte la ville, enfin, en compagnie
d'un camarade aussi décidé que lui.

Arrivée à Grenoble le 10 juin. Le chemin qui
conduit au maquis, hier encore, était parcouru

---

1. Il ne s'agit pas là d'un chapitre consacré aux batailles livrées
par le maquis, batailles racontées à plusieurs reprises, mais d'un
essai de reconstitution de ce que fut la vie quotidienne dans le
maquis.

de touristes. Comment l'oublier ? Cartes postales aux parents. Halte près de Vizille. Les deux garçons montent leur tente. Une bonne femme leur promet un litre de lait. Et, pendant plusieurs semaines, l'aventure se poursuit de la même manière bucolique.

Il faut manger. Les maquisards achètent des pommes de terre et des œufs à des fermiers réticents. Le 13 juin, Bredèche tue une couleuvre qui, cuite, ma foi, se révèle succulente. Ils dorment dans les granges. Mangent dans les fermes ou bien sous les arbres, dévorant une marmotte prise au piège.

Pour ces garçons de bonne volonté, il n'est pas encore question de se battre, mais de vivre. Leur argent s'épuise, les voici embauchés par une vieille femme qui leur fait biner des pommes de terre, par le père Joubert qui, tout l'été, les emploie à la fenaison, à la moisson, aux labours.

Des armes ? Il n'est pas question d'autres armes que la fourche, la pelle et la pioche.

C'est seulement au mois de septembre 1943, quelques jours après la capitulation italienne, que Bredèche et son camarade, en suivant une colonne italienne en retraite qui se débarrasse de tout son armement pour franchir plus vite le col de la Muzelle, font main basse sur deux fusils, des grenades, trois caisses de munitions, quelques mouchoirs et plusieurs paires de chaussettes.

Les voilà armés. Il leur faudra attendre le 7 octobre pour rejoindre un camp de trente hommes installé dans la région de Bessey.

Ils ont quitté Paris le 9 juin.

Toutes les aventures ne sont naturellement pas aussi complexes que celle de Raymond Bredèche. Mais, en 1943 du moins, la naissance d'un maquis ressemble beaucoup plus à la naissance d'une colonie agricole qu'à celle d'une petite armée.

Les premiers maquis datent du milieu de l'hiver 1942-1943. Ils n'ont pas encore de noms[1], ni de chefs, ni d'argent lorsqu'ils se constituent dans les Alpes, rassemblement de garçons de la région parisienne qui n'ont, pour l'instant, qu'un seul objectif : fuir le Service du travail obligatoire et l'envoi en Allemagne.

Réfractaires, ils ne sont pas encore combattants.

Il faudra bien du temps et des efforts avant que les mouvements de résistance, véritables responsables des maquis, ne réussissent à organiser ces hommes dont la plupart savent à peine se servir d'une arme.

A l'origine donc, un recrutement de citadins et de jeunes ouvriers : les garçons que les Allemands mobilisent les premiers pour leurs usines.

Un encadrement très divers. Des officiers, chassés de leurs casernes par l'armée allemande, le 27 novembre 1942, et qui ne se résignent pas à chausser leurs pantoufles, ni à commenter les opérations dans quelque *Café du Commerce*. Le commandant Vallette d'Osia, chef de la subdivision d'Annecy, le capitaine Romans, le capitaine Pommiès, le lieutenant Geyer, qui sort de sa caserne lyonnaise pour gagner en uniforme, et à cheval, le maquis, sont de ceux-là. Ils ont étudié les guerres de Vendée et d'Espagne, ils savent qu'ils ne peuvent heurter de front l'armée allemande, que leur action sera limitée, de peu d'importance stratégique, mais, qu'en attendant le débarquement allié, ils peuvent, dans l'ombre, jouer un rôle moral

---

1. C'est le comité directeur de *Combat* qui, dans l'hiver 1942-1943, appellera « maquis » ces groupements de réfractaires.

considérable auprès d'une population qu'il s'agit, de gré ou de force, de détourner des séductions de la puissance allemande.

Avant que le mot ne soit inventé, ils ont l'ambition de mener « la guerre psychologique ».

« *Sur* 550 000 *km² de territoire*, dit un projet de directives aux chefs de secteur, *les troupes allemandes n'occupent pratiquement pas plus de* 150 000 *km². Elles tiennent les* 400 000 *autres km² par leurs agents, par les miliciens et les fonctionnaires de Vichy.*

Le premier but à atteindre par l'Armée secrète et le maquis n'est pas de chasser les Allemands des 150 000 *km² qu'ils occupent réellement, cela est l'affaire des Anglo-Américains, mais de leur enlever le contrôle des* 400 000 *autres km².* »

Tel est l'objectif : politique autant que militaire.

Les chefs du maquis veulent créer un climat d'insécurité, retirer à l'ennemi des collaborateurs, constituer, enfin, des centres de résistance que rallieront, à partir de juin 1944, des foules semblables par leur masse (8 000 hommes dans le maquis Saint-Marcel, de 3 à 4 000 dans celui du mont Mouchet), leur enthousiasme et leur impréparation, à celles qui ralliaient la Vendée victorieuse.

Dans les premiers mois, très peu d'armes, on le verra.

En Dordogne, l'un des chefs de la résistance occupe plusieurs réfractaires à mettre sous enveloppe les journaux clandestins qu'il reçoit de Lyon. Installés dans des granges, près de Château-Lévêque, du Bugue, de Bordas, munis d'annuaires téléphoniques et d'enveloppes, les garçons plient, toute la journée, des journaux de format réduit, collent des timbres volés à Condat-le-Lardin, recopient des adresses...

Ont-ils l'impression de combattre ? Ils combattent cependant.

Comme combattent ceux que le hasard ou la passion politique a conduits vers des maquis F. T. P. F.[1] à direction communiste, groupés autour d'anciens miliciens de la guerre d'Espagne, autour de militants communistes dont certains se cachent depuis 1939. Chefs qui n'ont souvent qu'une maigre formation militaire et intellectuelle, parmi lesquels les sous-officiers sont plus nombreux que les officiers, chefs qui font aisément de leur ignorance vertu, mais se montrent — de l'aveu même de l'Armée secrète — plus dynamiques, plus entreprenants... plus brutaux également. De tous leurs objectifs, on se demande, en effet, parfois, si la guerre civile et la prise du pouvoir au moment de la Libération ne sont pas les plus importants.

Ils impriment aux troupes qu'ils dirigent, et dont le dénuement est souvent immense, car les maquis F. T. P. F. ne bénéficient guère des parachutages, alliés, une allure qui terrorise bien des villageois.

Il y aura donc, presque dès le début de l'aventure, un « bon » et un « mauvais » maquis. Division arbitraire, injuste peut-être, division qu'enregistrera cependant l'histoire et qui n'a pas fini de troubler, encore aujourd'hui, certaines de nos provinces. On verra donc les deux maquis, provisoirement unis, fondamentalement divisés, se disputer les armes parachutées, l'argent, les hommes et, bientôt, les postes et le pouvoir.

Les hommes d'abord.

1. *Francs-Tireurs* et *Partisans Français*.

Combien de « soldats » ?

Les chiffres varient avec les saisons. L'hiver, les camps diminuent d'importance. Dans les régions les plus rudes, celles que le maquis choisit naturellement, par souci de sécurité, les jeunes paysans regagnent souvent la ferme familiale, les citadins se dispersent par petits groupes dans quelques greniers amis.

Par contre, l'annonce du débarquement jette des milliers d'hommes vers ces camps sans adresse, mais dont les premiers arbres des forêts, les premières croupes des montagnes indiquent la frontière.

En juin 1943, on évalue le nombre des maquisards à 3 000 dans le Jura. Ils sont 350 dans l'Ain, 1 200 en Haute-Savoie, 1 000 en Savoie. En Corrèze, 3 000 hommes (y compris les F. T. P. F.) sont enregistrés le 7 décembre 1943. Beaucoup d'entre eux ont rejoint après la destruction du vieux port de Marseille.

Le 31 janvier 1944, il y a 145 maquisards des Mouvements Unis de la Résistance dans huit camps de la Creuse. Un mois plus tard, le chiffre est de 233 hommes. Un mois plus tard encore, de 503.

Le maquis de Maubourguet (Hautes-Pyrénées) compte 12 hommes en 1941, 190 en 1944, celui du Vercors de 300 à 400 hommes en mars 1944, 3 000 en juin, de 4 à 5 000 quelques semaines plus tard.

Les chiffres n'ont d'ailleurs qu'une signification relative puisque, presque jusqu'au débarquement, l'activité militaire sera, la plupart du temps, limitée par le manque d'armes et de munitions.

Parler de 30 à 40 000 maquisards en mars 1944 (malgré la pression du S. T. O. et le chiffre élevé des réfractaires), est-ce donner un chiffre trop faible ? Il ne le semble pas [1].

Le recrutement se fait, le plus souvent, de bouche à oreille. On « contacte » des jeunes menacés par le S. T. O., des sous-officiers et des officiers démobilisés, des paysans déjà compromis et à qui l'on propose de faire « davantage ».

Le recrutement s'opère aussi fortuitement.

Rapatrié sanitaire d'Allemagne en novembre 1943, Jules Rosier s'essaie à faire du ski, en compagnie de deux parentes, au-dessus de Saint-Jean-d'Aulph. Il photographie les jeunes femmes lorsque, venus de chalets voisins, quelques hommes le prient de leur remettre la pellicule.

Ce premier contact avec le groupement A. S. du secteur de Thonon portera fruit, puisque Jules Rosier rejoint, quelques jours plus tard, le maquis. La route qu'il aura eu à parcourir a été courte.

Il n'en est pas de même pour les garçons qui, par exemple, viennent de Paris. En possession de mots de passe, guidés de village en village, ils se rendent à Annecy, puis gagnent Annemasse et Thonon avant de rejoindre Saint-Jean-d'Aulph.

---

1. Avec le temps, la confusion tend à s'établir entre les garçons des maquis, hommes des bois, par définition armés et encadrés sommairement, mais soumis à une discipline militaire, et les combattants des groupes de résistance, citadins voués à l'action clandestine, saboteurs, diffuseurs de tracts, agitateurs, agents de renseignements ou, plus simplement, antiallemands poursuivant leur tâche quotidienne.

D'après l'étude faite par Marie Granet et Henri Michel sur le mouvement « Combat », l'ensemble de l'Armée secrète, c'est-à-dire les grands mouvements de résistance plus le maquis, les Groupes Francs et les équipes de sabotage Fer auraient compris entre 130 000 (chiffre allemand sans doute excessif) et 75 000 hommes.

On le voit, l'incertitude est grande. Quoi qu'il en soit, d'après Guillain de Benouville, seuls, au cours de l'automne 1943, 10 000 hommes sont armés.

Les hommes pour le plateau des Glières « montent » en compagnie de Paccard, le fondeur de cloches, qui, même lorsque l'encerclement sera effectif, poursuit son travail de passeur, de ravitailleur et de facteur d'un maquis qu'il atteint après dix ou douze heures de marche dans la neige.

Ceux qui partent de Grenoble pour le Vercors prennent les cars Glénat qui vont à Pont-en-Royans et ils ont ordre de s'arrêter devant le *Café du Nord*, à Saint-Quentin-sur-Isère.

Chaque maquis a ainsi sa filière qui le met, en principe, à l'abri des mauvaises surprises.

En principe seulement. Louis Jourdan, qui a narré le drame du maquis des Glières, raconte que les maquisards stationnant près de Thones accueillirent un jour un jeune Belge, prodigue en détails sur l'assassinat de toute sa famille par la Gestapo.

Tant de malheurs, si ardemment racontés, mirent-ils les maquisards en éveil ? Quoi qu'il en soit, quelques jours plus tard, on trouva sur le Belge une carte de S. S.

L'homme ne voulant pas parler, on se décida à l'exécuter : « *Ses camarades se récusèrent l'un après l'autre. Il fallait pourtant un volontaire pour tuer l'espion. On en désigna un : « Toi, « Blanc-Blanc, tu as déjà tué un Boche ; c'est à toi « de le faire. » Blanc-Blanc dut céder. Il prit sa mitraillette et regarda son ancien camarade : « Tu « me pardonnes ? lui demanda-t-il. — Bien sûr. » Et les deux hommes s'embrassèrent. « Alors, dit « Blanc-Blanc, je ne puis pas le tuer. » Ils étaient tous là, désemparés. « Ce n'est tout de même pas « à moi, dit le condamné, à vous donner du cou- « rage. Dépêchez-vous. » Le lieutenant intervint alors ; il tira, mais il manqua la poitrine et la balle atteignit l'épaule. Le blessé prit sur lui une pochette, demanda qu'on l'envoyât à sa mère,* teintée de son sang. *Une balle au cœur l'acheva.* »

Toutes les exécutions ne sont pas précédées de dialogues aussi dramatiques. Mais de nombreux agents de la Gestapo et de la police de Vichy tentent de s'infiltrer dans les maquis.

Découverts, ils sont abattus sans pitié — l'un d'eux, un résistant, nommé Aline, qui, après avoir été martyrisé, a trahi ses camarades, sera cousu dans un sac et jeté vivant dans la rivière — tandis que le jugement est inscrit sur le tableau d'affichage de chaque compagnie, l'original et les pièces du flagrant délit étant parfois mis à la disposition de tous les gradés des compagnies : « *Ceci*, ajoute un chef F. T. P. F., *pour leur montrer que nos jugements sont justes, mais implacables vis-à-vis des traîtres.* »

Quel spectacle attend le garçon qui rallie le maquis ? Il est intercepté par un premier guetteur, généralement sans armes, puis par un second guetteur casqué, armé et muni d'un brassard tricolore à large croix de Lorraine noire.

Devant lui, le camp, difficile à deviner, parmi les broussailles. Il s'agit, le plus souvent, de huttes semblables aux huttes de bûcherons et qui servent de dortoir, de cuisine, parfois même de prison. Le P. C. du chef est installé dans une hutte divisée en deux pièces : une chambre à coucher qui, le jour, se transforme en salle à manger et un « bureau » où un secrétaire règne sur les « archives » du maquis.

Ailleurs, sur le plateau des Glières, par exemple, les maquisards ont aménagé des chalets destinés à abriter les troupeaux pendant l'été. Ailleurs encore, des parachutes servent de toiles de tente, des grottes et des rochers d'abris.

Si le réfractaire rejoint le maquis pendant l'hiver, il se trouve en présence d'une organisation qui s'efforce de suivre les conseils qu'une petite brochure de huit pages prodigue aux maquisards : « *L'expérience de 1914-1918 prouve qu'on n'a pas froid dans un abri enterré où vivent une dizaine d'hommes.* » Donc, abri enterré, bien pourvu en litière, avec un escabeau par homme, un râtelier d'armes et même, si possible... des chaussures d'intérieur !

Dans les jours calmes, la vie quotidienne se développe suivant le même rythme.

Réveil à 6 h 30, toilette, couleurs, saluées dans certains camps, faute de clairon, par un accordéon, mais qui sont toujours prétexte à cérémonies émouvantes, surtout en montagne, lorsque, dans la neige et la tempête, les hommes mettent une heure ou deux pour rejoindre le P. C. où a lieu la cérémonie, nettoyage et corvées générales, voilà pour les premières heures de la matinée.

Déjà, les cuisiniers s'affairent depuis l'aube. On leur a recommandé de bien faire attention à la fumée, de n'utiliser que du bois très sec, mais plusieurs maquis seront cependant dénoncés par la fumée des cuisines !

Comment nourrir tous ces hommes, qui ont rompu avec le monde des cartes de pain, de viande, de sucre, avec le monde du travail régulier et du gagne-pain quotidien ?

Les maquisards vont vivre sur le pays. Les fermes des environs et les épiceries de village constituent les premiers objectifs.

On s'y présente en amis ou en adversaires suivant les groupes, les besoins, l'époque, l'humeur du fermier et du boutiquier. Parfois, d'ailleurs, munis des tickets, car fausses ou vraies, capturées dans les mairies, fabriquées par la résistance, les cartes de ravitaillement ne manquent pas dans certains maquis où leur distribution est assurée mensuellement par l'intendant régional du maquis... presque aussi exactement que par le Ravitaillement général dans les villes !

Mais, en 1943, l'organisation est loin d'avoir atteint cette relative et tout de même très incertaine perfection. On n'est pas encore à l'époque où les responsables des maquis allouent aux chefs de groupe 30 francs par jour pour la nourriture de chaque homme, où tous les cars de Villard-de-Lans seront « mobilisés » pour porter du ravitaillement au maquis de Saint-Nizier.

Tous les chefs de maquis ne peuvent réussir des opérations de l'envergure de celles que mène le capitaine Romans. A Bourg, occupé par les Allemands, l'Intendance française possède un immense dépôt de vivres. Ce dépôt, Romans va le déménager en totalité, évitant, grâce à une reconnaissance minutieuse, grâce à une complicité intelligente, toute effusion de sang. En pleine nuit, neuf camions du maquis, que les Allemands n'arrêtent pas, car, ainsi que devait l'écrire Romans : « Neuf camions conduits par des hommes en armes, cela ne peut être qu'un convoi officiel », se présentent devant l'Intendance dont les gardes sont rapidement maîtrisés.

En vingt minutes, 200 hommes chargent 45 tonnes de nourriture ! Quelques jours plus tard, la même opération est répétée par les mêmes hommes sur l'Intendance d'Ambronay [1].

Sur le plateau des Glières, le ravitaillement est amené par des convois de traîneaux, puis, lorsque

1. Cité par Guillain de Benouville : *Le Sacrifice du Matin*.

les résistants seront étroitement cernés par les forces de l'ordre, à dos d'homme, entreprise difficile et qu'il sera impossible de poursuivre jusqu'au bout.

Ce que des officiers comme le capitaine Romans, comme le lieutenant Bastian, aux Glières, réussissent sur une grande échelle, des chefs maquisards le tentent avec de plus faibles moyens.

Dans la nuit du 23 au 24 juillet, le groupe F. T. P. F. Herreros, qui opère dans les Ardennes, réquisitionne, dans un camp de jeunesse, pâtes alimentaires, chaussures, vestes et chemises.

Le lendemain, les mêmes hommes s'emparent des titres d'alimentation à la poste de Levrezy, ils arrêtent ensuite le petit train départemental de la Semoy, prennent dans les sacs postaux les tickets de ravitaillement destinés aux communes de Thilay, Tournavaux et Haut-Riviers.

Le surlendemain, ils enlèvent 150 kilos de tabac dans une voiture des Contributions indirectes...

Mais bien des maquisards doivent se contenter de ce que les fermiers leur donnent, de plus ou moins bonne grâce. En Corrèze, par exemple, le menu du maquis de Roquecourbine est longtemps le suivant : pour le petit déjeuner, soupe de pommes de terre écrasées ; à midi, un plat de pommes de terre bouillies ; au dîner, une purée de pommes de terre.

Les menus sont souvent améliorés, il est vrai, grâce à des expéditions contre des paysans soupçonnés, à tort ou à raison, de marché noir et trafic clandestin.

Alors, il n'est plus question de payer le ravitaillement, plus question de donner des bons de réquisition payables après la libération. Les trois ou quatre hommes qui attaquent la ferme font main basse, non seulement sur la volaille, sur les conserves, les confitures, les jambons, mais, également, sur les bijoux et sur l'argent dissimulés par les paysans, et que les mitraillettes font surgir de leurs cachettes.

Devant ces raids et ces pillages — qui n'ont pas tous l'excuse du patriotisme — l'exaspération paysanne est telle que les responsables du maquis doivent réagir.

Decroix, qui dirige les maquis M. U. R.[1] de Haute-Vienne, insiste, au cours de l'hiver 1943, sur la nécessité d'un renforcement de la discipline sous peine de voir les jeunes transformés « *en révoltés ingouvernables et prêts à tout pour satisfaire leur besoin d'action et de vengeance. C'est une question de vie ou de mort* », ajoute-t-il dans son rapport.

Doublemètre, chef F. T. P. F., signale qu'il doit opérer ses « récupérations » en Charente et en Gironde, la partie de la Dordogne où il stationne « étant sucée jusqu'à la moelle ».

Et une note du 20 janvier 1944, adressée à tous les maquis du Centre, insiste longuement sur la discipline nécessaire : « *Notre région est trop fertile en incidents graves pour que nous ne cherchions pas à remédier à cela. Il ne faut pas que des expéditions aient lieu sans l'assentiment du chef départemental maquis. Nous ne sommes pas des contrôleurs du marché noir, nous ne sommes pas des justiciers, ce rôle incombera au Comité d'épuration qui fonctionnera lors de la libération du pays.* »

Le rédacteur de la note ajoute que la rafle des

---

1. Mouvements Unis de Résistance (*Combat, Libération, Franc-Tireur*).

tickets devra avoir lieu chaque mois dans une seule mairie par département, que le tabac, pris au cours de trois ou quatre expéditions, devra être payé au débitant et que le produit en sera envoyé à l'intendant départemental pour distribution. Il recommande, enfin, de désigner « *pour les opérations habillement des éléments ayant du sang-froid et de la correction* ».

Opérations pommes de terre, opérations tabac menées chez les débitants campagnards, rafles de savon, de graisse à chaussures chez les épiciers, réquisitions de voitures et d'essence, à moins que les Allemands ou la police ne fassent les frais de l'opération.

Un peu avant le débarquement, autos et camions à gazogène ou à essence sont réquisitionnés dans tous les villages proches du maquis ; rapidement, les voilà transformés ; le pare-brise est enlevé pour laisser passage à un fusil mitrailleur, la carrosserie couverte d'inscriptions vengeresses ; sur chaque aile, un voltigeur armé d'une mitraillette est dangereusement installé.

Le carburant ne manque en général pas ; on se le procure dans les dépôts clandestins de l'armée, grâce aux bons subtilisés dans les mairies, aux faux déplacements d'entreprises ou d'agents de l'Etat, à des raids chez les pompistes, raids au cours desquels les maquisards se déguisent parfois en soldats allemands [1], ou bien encore à la suite de véritables opérations de guerre contre les dépôts de la Wehrmacht.

1. Par exemple, à Vic et à Condom, dans le Gers, où les faux agents de la Gestapo s'étaient munis de bons de réquisition allemands et avaient obtenu la complicité de la gendarmerie locale.

Quant aux vêtements, les maquisards mal habillés, coiffés de bérets, de chapeaux mous, chaussés légèrement, les obtiennent en pillant les magasins des Chantiers de jeunesse et, dans l'Ain, le capitaine Romans réussit une opération exemplaire. Lorsque son expédition est achevée, ses hommes ont récupéré un millier de tenues, autant de paires de chaussures, des sacs de montagne, des ustensiles de cuisine : bref, le chargement de cinq camions.

Pas une goutte de sang n'a coulé. Neutralisés dès le début de l'entreprise, parfois chloroformés, les gendarmes qui gardent le dépôt ne donnent l'alerte qu'avec un immense retard qui rend toute poursuite inutile [1].

On peut avoir une bonne idée de ce qui fait défaut au maquis, comme de la façon dont il s'en empare, en parcourant certains « rapports sur les sabotages » émanant de la S. N. C. F.

Voici, par exemple, des extraits d'un rapport sur la ligne Périgueux-Limoges-Pau pour le mois de juillet 1944, lorsque les gares ressemblent à des diligences immobiles et sans défense, arrêtées en pleine campagne.

« Bugeat à Limoges. Gare à gare. Cette nuit, vers 3 h 20, huit individus armés m'ont réveillé et sommé de remettre la caisse de la gare. Ils se sont emparés de la somme de 355 francs, un drapeau rouge, deux jaunes et deux blancs. »

Dans la gare de La Celle, les maquisards pren-

---

1. Souvent les sous-officiers, chargés de garder les stocks de vêtements de l'armée française, complètent volontairement l'habillement de la Résistance. A la Libération, on verra un régiment qui opère en Dordogne, le 50e R. I., compter un bataillon habillé en kaki, un autre en vert billard et le troisième en bleu chasseur.

nent les coffrets à pansements ; dans celle de Mavaleix, 30 000 francs ; dans celle de La Meyze la recette est moins bonne : 500 francs seulement. A Saint-Sulpice, ils emportent, non seulement de l'argent, mais également une lessiveuse ; à Saint-Pardoux-la-Rivière, quatre sacs de pommes de terre ; à Uzerche, 940 francs, deux vélos, 70 litres d'alcool, 72 litres de pétrole, une lampe et deux verres de lampe ; à La Coquille, le 21 juillet, contre un bon de réquisition, une lanterne à carbure, ainsi qu'un drapeau tricolore...

L'argent fait naturellement défaut. L'abbé Pierre rapporte que les responsables des maquis de Savoie disposaient de 1 000 francs par mois et par homme.

Somme misérable sur laquelle il faut payer les soldes des maquisards : 20 francs par jour pour les chefs de camp, 15 francs pour les sergents-chefs, 9 francs pour les sergents, 5 francs pour les hommes [1].

D'où vient l'argent ? Parfois des gares, des fermes, des bureaux de poste où, en juin 1944, dans le seul département du Lot-et-Garonne, 44 prélèvements rapportent près de deux millions.

Les maquis attaquent également les banques, et les F. F. I. de l'Ain lancent, contre la Banque de France de Saint-Claude, une attaque qui leur rapporte cent millions.

Plus « modestement », d'autres s'en prennent à

---

1. Naturellement, ces sommes variaient suivant l'époque et le département. Il s'agit ici des soldes payées en janvier 1944 dans les maquis A. S. de la Dordogne. Plus tard, la solde fut portée à 10 francs pour les hommes, 20 francs pour les sous-officiers. 20 francs par jour, cela représente, en 1970, une somme de 3,2 nouveaux francs environ.

des perceptions, à des employés chargés du transport des fonds. Le 10 juin 1944, le capitaine Roger Belligat s'empare ainsi, avec trois hommes, des 213 000 francs destinés aux ouvriers qui travaillent à l'aérodrome d'Aulnat.

Ces actions sont rendues indispensables par l'augmentation du nombre des maquisards, inflation qui n'entraîne pas une augmentation parallèle des fonds envoyés de Londres ou Alger.

D'ailleurs, cet argent parachuté, livré par avion (80 millions sont débarqués ainsi, près de Châteauroux, en mars 1944), ou rassemblé difficilement parmi des sympathisants, cet argent doit couvrir bien d'autres besoins que ceux des maquis.

Du 1er janvier au 31 mai 1943, Jean Moulin, à qui est confié le soin de subvenir aux besoins financiers de la Résistance, distribue 71 millions qui seront inégalement répartis entre *Combat, Libération, Franc-Tireur.* Somme (elle représenterait, en nouveaux francs 70, plus de quatorze millions) qui paraît importante, mais qui n'en est pas moins toujours inférieure aux besoins des mouvements.

Il faut de l'argent pour acheter le matériel des imprimeries clandestines, de l'argent pour se procurer le papier sur lequel seront imprimés par millions tracts et journaux, par milliers fausses cartes de travail, d'identité et d'alimentation, de l'argent pour les timbres, bien que la Résistance ait réussi à éditer de faux timbres à l'effigie du maréchal Pétain [1]...

Entièrement voués au service de la Résistance, des hommes ont dû abandonner leur gagne-pain,

---

1. Cf. « Etude sur le timbre émis par la Résistance française 1,50 brun. Faux pour servir. Type Pétain », par W. A. Biemans et B. E. de Pelenkine. Le but de ce timbre, utilisé du 25 janvier au 30 mai 1944, était d'assurer à moindres frais la distribution des journaux et tracts clandestins. Comme le gommage avait posé des problèmes compliqués, les réalisateurs de ces timbres décidèrent de ne pas les gommer.

d'autres sont en prison et leur famille mérite quelque secours, il faut louer des appartements, acheter des voitures, parfois des complicités — l'évasion de Malraux coûtera quatre millions —, faire traverser la France à tous ceux (pilotes ou patriotes) qui cherchent à s'évader, payer les passeurs pyrénéens...

A parcourir la liste bien incomplète des besoins, on ne s'étonnera pas que les financiers de la Résistance soient toujours en déficit. Quant au maquis, il est longtemps le parent pauvre de l'organisation. En zone sud, on lui alloue 7 millions par mois à la fin de l'année 1943. Il lui en faudrait 25[1]. Il est vrai que cette période d'austérité est traversée de périodes d'abondance.

A Chamalières, près de Clermont-Ferrand, en février 1944, sept F.T.P. attaquent un wagon destiné à la Banque de France et enlèvent un milliard et demi. A Neuvic, cinq mois plus tard, 200 hommes s'emparent, le plus simplement du monde, de la somme de 2 milliards 280 millions... Somme énorme. Elle correspondrait, en 1970, à 37 milliards d'anciens francs !

Au mois de juillet 1944, Léonie est inquiet. Pour assurer le ravitaillement et la solde des 45 à 50 000 maquisards, épars dans les huit départements de la R. 5[2], il n'a presque plus de capitaux.

1. Marie Granet et Henri Michel, « Histoire d'un mouvement de Résistance — *Combat* ». Devant la modicité des sommes envoyées de Londres, Frenay accepta l'aide américaine. L'argent était transporté entre Lyon et Genève par Guillain de Benouville (Cf. *Le Sacrifice du Matin*).
2. Haute-Vienne, Corrèze, Dordogne, Indre, Creuse, Cher, Charente, Vienne.

« C'est embêtant, dit-il au délégué militaire régional Ellipse, les gars commencent à « piquer ».

— Eh bien, faisons fabriquer des billets.

— Vous n'y pensez pas, nous serions des faussaires. »

Les deux hommes préparent le plan de l'attaque de la Trésorerie générale de Limoges, puis y renoncent, car l'opération entraînerait la mort de quatre ou cinq employés.

Léonie en est là lorsqu'il reçoit un message envoyé de Thonon par Roux, « préfet clandestin » de la Dordogne.

En quelques mots, Roux lui indique que la Résistance vient de réussir une opération portant sur plus de deux milliards et lui demande de venir d'urgence.

Voici Léonie à bicyclette, pédalant sur les routes ensoleillées, à travers une région où maquisards, Allemands et miliciens se tendent les dernières embuscades. De commune en commune, il est renseigné par des hommes de la Résistance.

« Oui, la route est libre. »

A Cendrieux, où se trouve la préfecture du maquis et où règne une agitation extraordinaire, Léonie est conduit devant une véritable meule de billets de banque. Il y a là, sous plusieurs bâches, 2 milliards 280 millions. Pas tout à fait d'ailleurs, il manque deux millions perdus pendant le trajet de retour...

Léonie écoute le récit de l'opération.

Pour les hommes du groupe Roland et du groupe Valmy, tout a commencé le 26 juillet lorsque le chef départemental explique l'étonnante mission qui va être la leur.

Un train blindé, sans doute, quitte Périgueux

pour Bordeaux. Il emporte plus de deux milliards destinés aux Boches. Il ne faut pas que ce train dépasse Neuvic, où il sera à 6 heures du soir. Les groupes Roland et Valmy sont chargés de l'opération. Blindé ou non, le train sera certainement défendu. Si le coup réussit, il y aura une prime de 1 000 francs pour tous les participants.

Le lieutenant Gandoin, qui commande le groupe Valmy, bondit.

« Valmy n'accepte pas de prime. Nous sommes des combattants et non des pirates ! »

Une heure plus tard, les garçons du groupe Valmy, avec l'aide d'autres résistants, occupent Neuvic, neutralisent la poste, barrent les routes d'accès à la gare, disposent quelques mines et un mortier — avec trois obus — placent sous bonne garde la population curieuse, sympathisante et bavarde, accueillent le groupe Roland et s'installent dans les fossés.

Le train approche enfin. Train blindé ? Non, paisible convoi, transportant des voyageurs téméraires car, en ce mois de juillet 1944, où avions anglo-américains et maquisards se relaient pour mieux détruire les voies, prendre le train réclame du courage ou beaucoup d'inconscience.

« Nous sommes refaits, souffle Gandoin à l'oreille du docteur Denis. C'est un inoffensif train de voyageurs. »

Tout de même, les hommes se dressent, s'avancent vers le train qui vient de stopper.

« Que personne ne descende, ordonne Roland qui pense, lui aussi, que les renseignements étaient faux. Deux milliards, cela vaut bien, tout de même, une escorte sérieuse. »

Le chef de train s'est approché, avec un demisourire d'homme renseigné. Il murmure :

« Fourgon de tête. »

Quelques hommes se précipitent, ouvrent brus-

quement la porte et découvrent quatre inspecteurs de la Banque de France, qui songent d'autant moins à faire usage de leurs armes que toute
l'opération a été minutieusement préparée du côté
F. F. I. par le lieutenant-colonel Gaucher[1], du
côté officiel par le préfet Collard et par M. La-
tappy, trésorier-payeur général de la Dordogne.
On convient avec eux d'une mise en scène : les
maquisards simulent une attaque, les convoyeurs
tirent en l'air et le fourgon est poussé sur une
voie de garage. En moins d'une demi-heure, les
sacs plombés vont du wagon aux camions à gazogène.

Il ne reste plus qu'à regagner le camp sous un
violent orage, sous une pluie diluvienne qui trempe
les garçons assis sur des sacs, qu'ils devront bientôt porter à dos d'homme pendant un kilomètre,
car les camions patinent et ne peuvent avancer
davantage.

La première partie de l'aventure est terminée.
Les maquisards vont se coucher après avoir
mangé deux sardines et une tranche de pain[2].

Vivres, tabac, argent. Et les armes ?

Les mitrailleuses, les fusils et les munitions
amoureusement camouflés par l'armée de l'armistice, ont été découverts quelques jours après
l'invasion de la zone libre.

Sauf exception, les maquis se constituent donc

---

1. Alias Martial. Chef F. F. I. de la Dordogne, Martial avait
préparé de longue date toute l'opération. Une première fois
cependant la résistance n'avait pu intercepter des fonds envoyés
de Périgueux à Sarlat, les convoyeurs ayant pris peur et modifié un itinéraire qui les conduisait vers les F. F. I.
2. Les sardines provenaient d'un wagon de sardines destiné à
l'armée allemande et capturé à Vergt.

autour d'un armement ridicule. On voit des groupes munis de trois revolvers, de six grenades ou de trois fusils de chasse.

Le 31 janvier 1944, le maquis M. U. R. de la Dordogne-nord a, pour armement, trois mitraillettes disposant de quatre-vingt-douze coups, sept revolvers, vingt-trois fusils, un F.M. 1919 qui ne peut tirer par rafale, un F.M. 1929 à qui il manque la plaque de couche, la béquille et la tige-guide du ressort récupérateur.

A la même date, les 145 hommes des maquis M. U. R. de la Creuse sont armés de trois mitraillettes, six grenades, trente-cinq revolvers, treize fusils.

« *Ce tableau se passe de commentaires*, écrit le responsable. *Nous sommes incapables de nous défendre, même contre une poignée de boches. Or, nous avons maintenant* 400 *Géorgiens, encadrés par des Allemands, qui patrouillent sans cesse dans la nature.* »

Dans l'Eure, si le maquis « Surcouf » est honorablement armé, certains cantons sont presque totalement démunis : neuf fusils pour le canton d'Ecos, trois pour celui de Beaumesnil.

Ce dénuement explique d'ailleurs, en partie, la nature de beaucoup d'opérations du maquis. S'attaquer aux Allemands est une impossibilité physique, donc l'action militaire s'exercera d'abord au détriment des « collaborateurs ».

Tout change, cependant, à partir de février 1944. Les grands parachutages d'armes effectués par les avions anglais ont été souvent racontés[1] : avion tournant bas au-dessus d'un terrain soigneusement repéré, dont l'indicatif « passé » par la radio anglaise, « on gave les oies sans les étouffer », « la poule n'a qu'un poussin », « aimez-vous

---

1. Notamment par Bergeret, *Messages personnels.*

le vieux kirsch », « le charcutier de Machonville est un rigolo », a rassemblé les résistants locaux. Feux allumés. Containers se balançant par centaines (540 entre Nantua et Oyonnax, 680 le 11 mars sur le plateau des Glières) au bout de ces parachutes dans lesquels on taillera fièrement des chemises de couleur. Camions ou charrettes de paysans rapidement chargés des colis compromettants (un container pèse de 200 à 250 kilos, mais peut se diviser en quatre charges individuelles). Emotions nombreuses. Il y a l'avion qui s'abat sur le terrain et les hommes d'équipage qu'il faut cacher, les attentes inutiles dans le mauvais temps, l'arrivée d'Allemands ou de miliciens...

Emotions, mais joie, après la réussite de l'opération, joie de fumer quelques cigarettes anglaises, de lire la « notice d'emploi » qui accompagne toutes ces armes nouvelles : grenades Gammon, grenades Mills, plastic, crayons explosifs à retardement, fusils antichars qui transformeront, dans bien des endroits, les conditions de combat des maquisards.

Tandis que les parachutages s'intensifient, les raids contre les gendarmeries et les dépôts de ce qui fut l'armée de l'armistice se multiplient, grâce à mille complicités locales.

De Grenoble, occupé, et combien sévèrement, cinq hommes réussissent à sortir un plein camion d'armes (dont 100 000 cartouches et six mitrailleuses) ; le maquis Bir-Hakeim fait main basse sur toutes les armes de l'Intendance de police de Montpellier [1], dans la même nuit les F.T.P.F., commandés par le capitaine « Alain », F.T.P.F. qui réussissent d'ailleurs, de temps à autre, à s'emparer des parachutages destinés à l'Armée secrète, désarment six gendarmeries du Puy-de-Dôme, puis,

---

1. 400 revolvers, 150 mousquetons, 3 500 cartouches.

en juin 1944, 150 G.M.R. stationnés dans le château de l'Oradou, à Clermont-Ferrand et ramènent 22 fusils mitrailleurs, 7 mitrailleuses, 60 fusils de chasse à canon coupé, 110 mousquetons dans les trois camionnettes également capturées.

L'efficacité de ces parachutages et de ces opérations de « récupération » est telle que le maquis de Dordogne-sud — misérable au début de l'année — possède, en juin 1944, 2 800 mitraillettes, 450 fusils, sans compter les fusils de chasse et les armes de 1914-1918, 500 revolvers, 8 fusils antichars, de 8 à 9 000 grenades, 15 mitrailleuses, 100 fusils mitrailleurs, plusieurs tonnes d'explosifs, bref de quoi armer plus de 4 000 hommes[1].

Ces armes, si difficiles à se procurer au début, les chefs de groupe en expliquent longuement le mécanisme aux jeunes soldats.

De 9 heures à 10 ou 11 heures, et encore l'après-midi, ils entraînent leurs hommes dans des clairières pour l'exercice et, lorsque la chose est possible, pour des concours de tir, leur apprennent à bondir, à monter à l'assaut, à se camoufler, à manœuvrer en utilisant au maximum le terrain, allié naturel du maquisard.

Des écoles de cadres « inventées » par Robert Soulage, situées naturellement loin des villes, dans l'Isère, le Forez, le Périgord, l'Indre, « sortent » tous les quinze jours de petites promotions de garçons — étudiants, anciens des Chantiers — qui connaissent l'armement anglais aussi bien que l'armement français, savent opérer des destruc-

---

1. Les fusils de chasse avaient été réquisitionnés, en zone libre, en 1942, après l'arrivée des Allemands. En Dordogne, 4 000 d'entre eux furent entreposés au château de Hautefort. Ils en sortirent naturellement le 6 juin 1944.

tions à l'aide des explosifs parachutés, ont appris non seulement l'art de la guérilla, où la défensive joue un rôle plus important que l'offensive, mais encore tout ce qui concerne le mécanisme de la sizaine — unité tactique du maquis —, de la trentaine, chiffre que chaque camp ne devrait pas dépasser, toute inflation étant périlleuse...

Une fois repartis pour le maquis, les instructeurs insistent auprès des hommes sur l'absolue nécessité du camouflage, du silence, de la discrétion. Consignes difficiles à faire observer par un peuple qui croit n'avoir rien fait s'il ne peut faire connaître son action.

Les « hommes des bois » ont aisément, d'ailleurs, un complexe d'invulnérabilité. Difficilement repérables, protégés par les broussailles qui dissimulent leurs maisons de branchages ou leurs toits de parachutes, sans rapports avec l'extérieur — les maquisards n'ont pas la permission de sortir du camp — vivant à l'écoute de la radio anglaise et dans l'ambiance entretenue par les petits journaux clandestins, prêtant à leurs faibles armes une puissance exagérée, combien d'entre eux seront surpris et massacrés pour avoir fait preuve d'insouciance ou de témérité ?

Un responsable des maquis expédie, sous le titre : « S. O. S. Maquis », un récit de l'anéantissement, le 14 février 1944, du maquis de Beyssenac *« encerclé et massacré dans sa quasi-totalité en moins de six heures par des S. S. venus de Limoges, sans qu'un seul Allemand ait été blessé. »*

Les hommes, tous du pays, connaissant les bois, connaissant la rivière et les fermes, c'est-à-dire n'ayant aucune difficulté de ravitaillement, pèlent des pommes de terre, tandis que quatre autocars s'arrêtent à deux kilomètres de là. Autocars d'où surgissent une centaine de soldats allemands qui ont vite fait de s'avancer vers le moulin joli où les hommes vont laver leur linge, de « boucler » un camp que nulle sentinelle n'alerte, de saisir les hommes près des lebels inutiles, de tuer ceux qui font mine de résister ou de fuir — trente-quatre morts, trente-quatre gamins défigurés par les balles, le coude levé comme s'ils voulaient éviter une gifle — de brûler, dans un grand feu de joie et de tristesse, les armes, les papiers, les chers journaux de la Résistance et ces proclamations fièrement calligraphiées que l'on préparait pour le jour de la Libération.

A 18 heures, les Allemands se retirent, entraînant avec eux treize prisonniers chargés des vivres de réserve !

« *Ces trente-quatre morts — probablement ces quarante-sept morts — auraient pu être évités*, poursuit le chef responsable de ce S. O. S. *Comment ?*

— *Un maquis ne doit jamais avoir un effectif supérieur à 15 et inférieur à 10.*

— *Un maquis ne doit s'installer que dans un lieu d'où il peut voir sans être vu. Il ne doit jamais vivre, manger, dormir qu'entouré de guetteurs. Il ne doit pas pouvoir être surpris.*

— *Un maquis doit être mobile. Dès qu'un recensement, une incorporation lui amène de nouveaux éléments qu'il ne peut connaître, il doit déménager. Dès qu'un de ses membres l'a déserté, il doit s'en aller sur l'heure. C'était peut-être un traître.*

Réfractaires, votre devoir n'est pas de mourir inutilement... »

Si les maquisards pouvaient connaître les rapports allemands, ils verraient d'ailleurs que les précautions de silence, lorsqu'elles sont respectées, surprennent toujours l'adversaire qui tend à mettre son ignorance sur le compte de complicités locales.

Après avoir attaqué le maquis de Souesmes, les

officiers allemands font une description au cours de laquelle éclate leur surprise :

« *Il y avait 20 à 30 cabanes, construites d'une double rangée de branchages. Un remplissage de feuilles assurait l'étanchéité. Les cabanes communiquaient entre elles par une tranchée de 1 m 50 de profondeur. La cabane du chef était très bien installée. Le camp était protégé par une tranchée circulaire. Assez vaste pour abriter 500 à 600 hommes, ce camp disposait d'une grande cuisine et de provisions considérables (viande, vin, chocolat).*

Sur place, on a trouvé 60 à 70 bicyclettes, 5 à 6 motos, dont quelques-unes toutes neuves. Il n'y avait pas de voiture automobile...

Les tués sont âgés de 17 à 40 ans (le rapport note aussi qu'ils ne portent pas de papiers), *leur tenue négligée laisse supposer qu'il s'agit de bandits de la plus vulgaire espèce.*

Le Feldkommandant s'est rendu sur place, mais la nuit et l'incendie ont empêché une enquête approfondie.

Il est surpris qu'il n'ait jamais été avisé de l'existence de ce camp, dont l'installation a dû demander un certain temps[1]. *Il comprend que des terroristes isolés puissent passer inaperçus ; mais une activité, telle qu'elle résulte de l'existence d'un camp de cette importance, doit se faire remarquer... Il a dû y avoir des vols et des incidents. Rien n'a été signalé ; le moins que l'on puisse dire, c'est que les maires ont observé une attitude neutre.* »

Le soir vient. Les hommes se regroupent pour

---

1. L'abbé Paul Guillaume, qui fait mention de ce rapport allemand, signale que le camp, contrairement à ce qu'imaginaient les Allemands, a été installé en deux jours.

la « soupe », mangée avant la nuit, car aucune lumière ne doit paraître. Bavardages au cours desquels voltigent ces mots nouveaux, nés souvent avec le maquis et dont quelques-uns lui ont survécu.

On parle de « contacter », ce qui se comprend tout seul, de « boîtes à lettres », de « point de chute ». La mitraillette est pour les uns « sulfateuse », pour les autres « miquette » ; le plastic, pour les gars du Sud-Ouest, devient du « foie d'oie » et il est fait grand usage de ce verbe « piquer », frère noble, en quelque sorte, du verbe « voler ». Piquer, c'est voler pour le bon motif.

— Léontine a piqué la lessiveuse de culs terreux.

Cela ne signifie nullement que le groupe héberge un représentant du sexe faible. Il faut comprendre, plus simplement, qu'un garçon du maquis a dérobé leurs économies à des paysans, à tort ou à raison jugés trop fidèles partisans du maréchal Pétain, ou à des profiteurs du marché noir.

Léontine, Léonie, Alberte, Annick, Christine, Hélène... Pour des raisons de sécurité, les prénoms féminins fleurissent au maquis et, dans ce domaine, les amateurs n'ont que l'embarras du choix.

Mais beaucoup d'autres s'appliquent à choisir un nom de guerre qui ait valeur de symbole. Que de Bayard dans toutes les régions de France ! Que de Carnot ! de Murat ! de D'Artagnan !

Ceux qui ont des lectures ou des souvenirs y font appel au moment de choisir un nom nouveau. Le général Bernard, ancien officier colonial, s'appellera Brousse ; tel maquisard, qui vient de lire Giono, Regain, et l'écrivain André Malraux deviendra Berger... d'une nombreuse troupe.

Dans presque tous les groupes, enfin, on trouve

des Doublemètre, Fil-de-Fer, Frisé et autres Lelong, Lebreton, Périgord, Loustic.

Il y a un Soleil. Un Boyaux-Rouges, l'ancien gardien-chef de la prison de Bergerac qui rêve de massacres. Et puis, au hasard des emplois occupés, des Toubib, des Archives, des Potard !

Lorsque la nuit est tombée, des patrouilles s'éloignent pour tendre des embuscades, aller chercher du ravitaillement, effectuer des sabotages, ou ce qu'il est convenu d'appeler des « attentats idéologiques [1] », inquiéter l'ennemi allemand et ses collaborateurs français.

L'accord est loin d'être fait d'ailleurs sur la tactique militaire à appliquer avant le débarquement.

Certains maquis sont résolument hostiles à « l'action qui coûte » : déraillement de trains de voyageurs par des coupures effectuées au petit bonheur, assassinat de soldats allemands qui entraînent d'atroces représailles, exécution de personnalités locales dont le seul tort est d'avoir donné leur adhésion à la Légion des Combattants [2].

Le capitaine Romans, qui dirige les maquis de l'Ain, réussit sur les dépôts français les opérations de « récupération », à la fois les plus fructueuses

1. Les Mouvements Unis de Résistance signalent, au cours d'une synthèse trimestrielle, faite le 14 mars 1944, qu'il y a eu dans les trois mois (décembre, janvier, février), 352 attentats idéologiques, exécutions, avertissements, soit une moyenne de 20 par jour. Ce chiffre, qui représente le quart de l'activité des M. U. R., ne semble pas comprendre les attentats communistes. *Je suis Partout* signalait, en effet, pour février 1944, 1 200 attentats dans la Seine et 500 à Lyon.

2. Note M. U. R. en date du 31 mars 1944 (C. M. à tous régionaux).

et les moins sanglantes, ce qui ne l'empêche nullement de multiplier les opérations de harcèlement efficaces contre les troupes allemandes.

Le capitaine Parisot, qui commande le bataillon de l'Armagnac et sera tué au combat, interdit — au nom des principes mêmes de la Résistance — toute exécution sommaire de miliciens ou de collaborateurs.

« Il n'est pas dans nos attributions, dit-il à ses hommes, *de rendre la justice, de punir les délits d'opinion antérieurs au 6 juin, qu'ils soient le fait de miliciens ou non, ni de réparer les injustices commises au cours de ces dernières années. Ce travail de justice indispensable sera le fait de tribunaux réguliers ou d'exception, qui seront habilités pour effectuer ce travail d'assainissement. »*

Et il a le courage d'ajouter :

« Il ne peut être toléré que des groupes ou des individus sans responsabilité ni mandat s'érigent en justiciers.

L'expérience prouve, chaque jour, que les esprits sont en état d'effervescence constante et qu'ils perdent fréquemment, de ce fait, tout esprit critique. La plupart des enquêtes, menées avec le maximum de conscience et dans un esprit d'équité française, aboutissent à des constatations effarantes sur la légèreté, l'imprécision et la fantaisie des rapports qui nous sont fournis. Ne l'oublions jamais. »

Par contre, il existe des maquis dans lesquels le « règlement de comptes » politique occupe une place de choix. Pour la période du 20 avril au 25 mai 1944, l'activité d'un bataillon F. T. P. F. opérant dans un département du Centre est la

suivante : un franc-tireur fusillé, un prisonnier
allemand tué, dix-neuf « miliciens ou collaborateurs » exécutés, six sabotages...

Il y a certes, parmi les hommes ou les femmes
fusillés, des traîtres authentiques. Il y a des Françaises qui n'hésitent pas à écrire aux Allemands
des lettres abominables, comme cette lettre adressée à la Kommandantur de Saint-Flour, le 2 juin
1944 :

Mon Commandant,
Je crois de mon devoir de vous prévenir que le
maquis est en train de se réorganiser à Allanche,
grâce au chef supérieur, Monsieur A..., dont vous
avez entendu parler la première fois et d'autres
chefs qui ont été parachutés près d'ici ; on dit
que ce sont des Anglais, mais je n'en sais rien.
Les uns disent qu'ils sont habillés en Anglais, et
d'autres en civil. Toujours est-il qu'ils préparent
une nouvelle mobilisation, mais cette fois en règle,
classe par classe, en attendant la mobilisation
générale...
Cela me révolte, aussi je préfère vous prévenir
avant qu'il ne soit trop tard, afin que vous puis-
siez faire le nécessaire assez tôt. Il y a ici une
équipe terrible contre les Allemands ; il serait bon
de les mettre dans l'impossibilité de nuire, sans
quoi ils vont recommencer de piller et qui sait
encore.
Si vos troupes viennent, je pourrais vous don-
ner les noms des plus terribles réfractaires ; mais
(pour) cela, il faudrait que vos officiers soient
habillés en Français, afin de ne pas donner l'éveil
dans le quartier qui est entièrement gaulliste.
Mme X... indique alors la situation de sa maison,
la porte en chêne « avec deux vasistas et une son-
nerie ». Elle achève en priant que l'on détruise
sa lettre, puis se ravise et trace le post-scriptum

suivant : *Après réflexion, je préfère que vous ne m'envoyiez personne, ce serait trop dangereux. J'espère que vous pourrez trouver les coupables sans moi. Il y a les nommés...* Et elle signale trente noms...

Il y a également les miliciens qui poursuivent contre les résistants une lutte acharnée, tuent, sont tués, fusillent, sont fusillés, sombres acteurs de cette guerre « franco-française » qui déchire et ruine le pays.

Plus activement certes que les G. M. R. (Groupes Mobiles de Réserve), presque aussi activement que les Allemands et avec plus de subtilité, d'intelligence et de haine — car les frères, admirablement, connaissent les points faibles des frères — les miliciens participent quotidiennement à la lutte contre les terroristes.

Car, pour la presse de Paris ou de Vichy, pour la radio officielle, les maquisards sont tous des « terroristes », « de sinistres bandits. » vivant dans des « repaires » dont quelques journalistes — correspondants de guerre civile dépourvus d'objectivité — donnent une description peu séduisante. « *Par terre*, écrit Jacques Dauphin, en pénétrant après combat dans un des « repaires du terrorisme [1] », *par terre une simple couche de foin en guise de lit. Sur une étagère, une musette pleine de paquets de cigarettes. Ils proviennent certainement du cambriolage du bureau de tabac de S... A côté de la musette, une pile de papiers. Ce sont des feuillets d'alimentation portant le cachet de la mairie de V...*

Il n'y a pas de doute, ce sont bien là les individus que nous recherchons.

Contre le mur du fond, six sacs tyroliens, deux

---

1. C'est le titre donné à l'enquête publiée, à partir du 18 février 1944, dans *Je suis Partout*.

valises, deux havresacs sont là tout bouclés. Ces messieurs avaient vraisemblablement le projet de changer d'air. »

Mais les journalistes collaborationnistes insistent surtout sur les vols et les assassinats commis par les maquisards ; débitantes de tabac massacrées, récoltes incendiées, scieries et batteuses détruites, médecins P. P. F. ou francistes tués, alors qu'ils sont en route vers quelque malade imaginaire, prêtres fusillés, dénonciateurs, dont on ne dit naturellement pas s'il s'agit de dénonciateurs, exécutés...

Il circule, à travers le pays, des lettres racontant la mort de quelques notables, lettres polycopiées, transmises de main en main, qui tendent à confondre la Résistance véritable et ce qui ne peut en être que l'écume...

Voici, par exemple, en quels termes la fille du colonel de B... raconte l'assassinat de ses parents : *« Après avoir été sommairement jugés par quatre jeunes bandits français (qui ont reproché à Papa d'être « pour celui-là », en montrant le Maréchal), mes parents ont été condamnés à mort et menés à cinquante mètres de la maison sur la route. Là, sous les yeux de ma pauvre Maman agenouillée de l'autre côté de la route, on a tué Papa d'une rafale de mitraillette, puis, suivant la mode russe, on l'a achevé d'un coup de revolver dans la nuque. Maman a poussé un cri strident en voyant tuer l'être qu'elle aimait tant, puis ce fut à son tour de subir la rafale et le coup de revolver et tout fut fini pour nous. Pour eux, j'en suis sûre, ce fut la récompense accordée par le vrai justicier. Nos serviteurs ont vu mes Parents marcher au martyre. Papa était très pâle et méprisant, mais se tenait très droit, ses mains croisées tenaient un petit chapelet que j'ai recueilli le lendemain dans ses pauvres mains glacées. Je voudrais puiser en*

le récitant la force de ressembler à mes Parents
ou, tout au moins, tout faire pour être digne
d'eux.

Deux jours après, les deux cercueils de nos
héros, recouverts d'un même drapeau tricolore,
étaient placés dans la terre de D... qu'ils n'avaient
pas voulu quitter... »

Parfois (à Petit-Bornand, près du plateau des
Glières par exemple), la police du maquis intervient pour mettre à la raison ceux qui terrorisent
les villages et qui n'ont, comme ce « capitaine »
Le Coz, presque analphabète, titulaire de trente-
six condamnations avant son entrée au maquis,
responsable de dix-neuf assassinats par la suite,
que du sang de Français innocents sur les mains [1].

Du 15 juin à la fin du mois de juillet 1944, il y
eut, dans l'ancienne zone sud, 7 000 attentats
contre les personnes, dont 6 000 contre des Français et 1 000 contre les Allemands.

Comment oserait-on affirmer que seuls les coupables ont été frappés alors que des familles
entières — et jusqu'aux enfants en bas âge — ont
péri ?

Cet été de la liberté est celui des explosions,
des femmes massacrées, des femmes tondues, des
colonels à six galons, des hommes pendus aux
acacias des promenades dominicales, des moissons
incendiées, des héros sans uniforme, des drapeaux
sur les ruines, de la joie délirante et des pleurs,
de la joie plus forte que les pleurs, vague énorme

1. Ancien Bat-d'Af qui avait appris à lire en prison, le
« capitaine » Le Coz fonda le maquis de Valençay et « opéra »
dans la région de Mareil. Cf. Paul Guillaume : *La Sologne,
Héroïsme et trahison.*

qui, jusqu'à sa retraite, recouvre et fait oublier tout le reste...

Eté tricolore à dominante rouge.

Les Allemands se livrent à un affreux travail de « représailles ».

Dans le troupeau de ceux qu'ils maintiennent en prison, ils puisent des otages qu'ils rendent responsables de leur défaite, comme ils rendent responsables de l'hostilité de tout un peuple et des coups que le maquis leur porte, ces villages qu'ils bombardent et livrent aux flammes.

Horreurs sans nom. A Saint-Genis-Laval, petite localité près de Lyon, les Allemands massacrent cent dix prisonniers tirés de Montluc. Mains liées derrière le dos, on fait entrer les résistants six par six — parmi eux une jeune fille, Jeannine Sontag, un garçon de 18 ans, André Vedraine — dans une petite pièce où des soldats allemands les mitraillent. Puis ils arrosent les corps d'essence, jettent des plaquettes de phosphore dans la maison, fusillent les blessés qui se traînent jusqu'aux fenêtres.

Horreur de La Grée-de-Gallac (Morbihan), où M. Carelle est tué sous les yeux de sa jeune femme et de ses trois enfants, tandis que, dans le village, se poursuit une atroce tuerie.

Horreur de Tulle, d'Ascq, de Rouffignac, de Montignac, de Montauban. Horreur d'Oradour-sur-Glane où la barbarie humaine recule les limites de la barbarie. Drame encore présent à la mémoire de tous les Français au cours duquel de 1 100 à 1 200 personnes périrent dans les souffrances les plus atroces. Venues des hameaux voisins, pour guetter, comme chaque soir, la sortie de l'école, des mères de famille furent autorisées à percer le barrage S. S... et accompagnèrent quelques minutes plus tard leurs enfants dans le brasier...

Pendant huit jours, des séminaristes allaient déblayer les ruines de l'église d'Oradour.

Dans trois tombereaux, ils évacuèrent les restes de 500 femmes et enfants calcinés, transformés en une masse gélatineuse, en un « monstrueux fromage de gruyère », dira Mgr Rastouil, évêque de Limoges.

Les Allemands donnent comme « excuse » à ces impardonnables massacres l'action militaire du maquis.

Action qui se fait chaque jour plus pressante.

Moyens de transport, wagons et locomotives sont les objectifs favoris de la résistance citadine autant que du maquis. De 1941, où l'on dénombre 41 sabotages par explosifs, 9 déraillements et 130 sabotages divers, à 1944, la progression est constante. L'année de la Libération, 3 136 sabotages par explosifs, 834 déraillements et 972 sabotages divers atteignent les transports par fer, tandis que 1 855 locomotives et 5 833 wagons sont détruits ou immobilisés.

Certaines lignes sont complètement paralysées. De Chartres à Dreux, 17 coupures de la voie sont pratiquées en quatre jours. Entre Bourg et Dijon, toute circulation est impossible du 7 au 20 juin. Dans la seule nuit du 8 mars, on enregistre 23 actions de la Résistance contre les voies ferrées : 11 wagons déraillent entre Ussel et Aix-la-Marsalouse, 20 entre Malaveix et Thiviers, 4 près de Briançon, 12 entre Laroche et Saint-Julien-du-Sault, 7 entre La Souterraine et Fromental, 14 entre Grichenbourg et Fléchatel...

Mais le sabotage des voies ferrées n'est jamais une action de masse. Il reste le privilège de ceux qui savent utiliser les merveilleux explosifs anglais.

Par contre, le maquis triomphe dans l'embuscade : geste militaire où le plus faible surprend le plus fort et se retire rapidement.

Dans cette guerre, survivent ceux qui savent résister à la tentation du triomphe facile sur un petit poste allemand, à la tentation de l'occupation prématurée d'un village, à la tentation du rassemblement de grandes unités orgueilleuses, courageuses et si faibles, cependant, sous les bombes ou, lorsque ses garçons sont obligés de fuir avec, comme ceux des Glières, en mars 1944, toutes les polices allemandes aux trousses.

Objet : Recherche de terroristes en fuite.

Lors de l'opération contre le plateau des Glières, Haute-Savoie, environ 400 terroristes ont pris la fuite. Une grande partie tentera de rentrer dans les localités d'où ils sont originaires. Faire des recherches. Signes de reconnaissance : bruns foncés, brûlés par le soleil, vêtements civils en partie, gilets du maquis.

> *Le Chef de la Police de Sûreté*
> *et du S. D. de Lyon, actuellement à Annecy,*
> *Maleski, S. S. Sturmcharführer.*

Ceux qui rejoignent le maquis savent que, s'ils tombent entre les mains des Allemands, ils seront traités en francs-tireurs, que, s'ils meurent au combat, ils seront enterrés sommairement par leurs camarades. On creuse une fosse commune ; entre les jambes de chaque mort, on place une bouteille cachetée qui contient, sur un papier, nom de guerre et matricule ; vite de la chaux sur les cadavres et, tandis qu'un camarade relève un plan exact des corps, dans l'ordre d'inhumation, une prise d'armes a lieu, suivie d'une minute de silence et d'un serment de vengeance.

C'est fini.

Il y a cependant des cérémonies plus émouvantes encore. Le 10 mars 1944, l'abbé Jean Truffy, curé du Petit-Bornand, reçoit la lettre suivante :

Cher Monsieur le Curé,

J'ai la grande peine de vous annoncer la mort de deux des nôtres survenue au cours d'une opération de la nuit dernière : notre chef vénéré, le lieutenant Tom (Morel)[1], et un des braves gradés, un père de famille de trois enfants.

Je vous demanderai de bien vouloir faire votre possible pour faire à ces deux héros des sépultures dignes d'eux.

En conséquence, auriez-vous l'obligeance de faire confectionner des cercueils et de nous dire le jour et l'heure où vous pourriez faire ici la cérémonie.

Comptant, Monsieur le Curé, sur votre religieux dévouement, veuillez croire à mes sentiments chrétiens et dévoués.

La lettre est signée du lieutenant Joubert qui commande par intérim le bataillon des Glières.

Les obsèques sont fixées au 13 mars. L'abbé Truffy a la surprise, le 12 au soir, de voir arriver à son presbytère le père et la mère de Tom. Avec un admirable entêtement paternel, ils ont forcé tous les barrages de G. M. R. et c'est dans la neige profonde qu'ils gravissent les dernières étapes de leur calvaire. Ils verront une dernière fois leur fils à l'infirmerie où il repose, entouré de dra-

1. La mort du lieutenant Morel (qui avait pris le pseudonyme de Tom, mort intervenant quelques jours avant l'attaque allemande) eut certainement pour résultat de perturber la résistance du maquis des Glières. Chevalier de la Légion d'honneur à 24 ans pour avoir capturé une compagnie italienne en juin 1940, le lieutenant Morel était instructeur à Saint-Cyr en novembre 1942, lors de la dissolution de l'armée de l'armistice.

peaux tricolores faits avec des lambeaux de parachutes. Ils suivront la messe dite par l'abbé
Benoît et, devant le cercueil, la mère du lieutenant Morel jurera que le corps de son fils restera
aux Glières jusqu'à la libération totale de la
France...

L'infirmerie où Tom a été transporté après sa
mort est le modèle de ces infirmeries de maquis
qui se multiplieront au cours de l'année 1944,
consacrant l'implantation de certains camps et faisant oublier ces débuts difficiles où toute l'infirmerie d'un maquis important tenait en quelques
paniers de pansements [1]. C'est un vaste chalet qui
a été totalement remis en état, doté d'une cuisine-
réfectoire, d'une salle d'opération, d'une chambre
pour les malades chirurgicaux, d'un dortoir
chauffé par un tube de parachutage transformé
en poêle à sciure et même d'une baignoire. Un
ancien médecin-chef de bataillon, un jeune étudiant en médecine, un infirmier assurent les soins
aux malades et aux blessés, ainsi que les visites
aux avant-postes.

Les évacuations, longues et pénibles, ont lieu
sur un traîneau monté sur des skis que des cordes
permettent de tirer, de retenir, d'empêcher de
déraper latéralement...

Quant à l'hôpital du Vercors — mais on se
trouve là dans une région-forteresse totalement
délivrée des Allemands pendant une assez longue
période — il est installé dans une maison de
convalescence pour enfants de Saint-Martin-en-

---

1. Au mois de juillet 1943, fut fondé le Service de santé national de la Résistance, sous la direction du professeur Vallery-
Radot, qui groupa autour de lui Mme Bertrand Fontaine, les
docteurs Merle d'Aubigné, Mayer et Millez. Le docteur Etienne
Bernard fut le chef du service de santé F. F. I. du Vercors. Il
faut signaler que, dans la plupart des cas, les maquisards blessés
trouvèrent asile dans des cliniques amies.

Vercors et possède 700 lits... A l'avant, chaque bataillon en ligne est pourvu d'une équipe de deux médecins vivant avec les formations de combat.

Le Vercors est fier de montrer aux inspecteurs du Service de santé de la Résistance, qui se déplacent d'ailleurs en uniforme, tous les perfectionnements de la salle d'opération, toutes les richesses de la salle de chirurgie et l'école d'infirmières-brancardières créée à la suite des premiers combats.

Ces réalisations, si amoureusement poursuivies, vont s'écrouler et disparaître, l'une après l'autre, à partir du 14 juillet 1944.

Admirable 14 juillet où 120 avions anglo-américains effectuent sur le terrain d'atterrissage préparé à Vassieux, dans l'espoir d'un débarquement allié, leur plus important parachutage de matériel.

Epouvantable 14 juillet. Dans le ciel du Vercors, les avions allemands font leur apparition quelques minutes après le départ du dernier appareil ami. Pendant plusieurs heures, les villages sont systématiquement bombardés. Vassieux est détruit. Détruite La Chapelle-en-Vercors. Le ramassage des containers devient impossible sous la mitraille. Les médecins entreprennent alors leur premier déménagement en déplaçant les blessés les plus sérieusement atteints.

Le 20 juillet, les Allemands lancent à l'assaut du Vercors, où se battent de 3 à 4 000 hommes, des effectifs huit fois plus puissants. Sans doute seraient-ils repoussés, le terrain aidant, si vingt planeurs remorqués n'étaient lâchés sur le terrain de Vassieux. Les Français qui, depuis quelques jours, attendent avec impatience des renforts alliés, sont victimes d'un instant de confusion. Ces deux cents Allemands, installés au cœur de leur système de défense, ils ne pourront jamais les réduire et, bientôt, le maquis doit reculer partout. Devant l'impossibilité de vaincre, l'état-major lance, le 23 juillet, un ordre de dispersion à tous les combattants qu'il s'agit de garder pour les batailles futures.

Que fera-t-on des blessés ? En juin 1940, pendant la rapide bataille de France, des médecins avaient abandonné leurs malades, des infirmières avaient fui leur hôpital. Il ne se passera, ici, rien de pareil. Blessés et médecins vont partager le même sort. Dans la nuit du 20 juillet, le médecin-capitaine Ganimède, le médecin Marcel Ulmann et le médecin-capitaine Ferrier tentent de faire échapper les blessés et de gagner un autre maquis. Peine perdue, les Allemands bloquent la route du Sud.

Alors, tout le monde se dirige vers une grotte naturelle découverte la veille par le docteur Ferrier. Une quarantaine d'hommes valides brancardent ou soutiennent à travers les éboulis, sur des chemins difficiles, soixante blessés dont certains sont très sérieusement touchés. Enfin atteinte, la grotte de Luire n'offre, bien entendu, aucune commodité. Il faut déplacer des blocs, essayer d'aplanir (mais il n'y a pas d'outils) ce terrain d'où le caillou pointe, installer inconfortablement les brancards des grands blessés.

Attendre. Attendre sous l'illusoire protection de quelques arbres qui masquent encore la grotte aux convois.

Mais comment imaginer que cette centaine d'hommes, pèlerinant douloureusement vers sa dernière retraite, n'a pas laissé de traces, comment imaginer que les Allemands ne se lanceront pas à la recherche de toutes les cachettes ? Et puis, comment se ravitailler ?

Les médecins décident tous les blessés valides à s'éloigner, accompagnés de plusieurs infirmiers. Ils tenteront leur chance, soit en se cachant dans des grottes haut situées et presque inaccessibles, soit en voyageant à travers la forêt. Ganimède, Ferrier, Ulmann, le père Yves Moreau, de la Compagnie de Jésus, et six infirmières partagent le sort des blessés (une trentaine) que l'on ne peut évacuer.

Les jours passent.

Il est impossible de ne pas entendre le bruit de la fusillade, de ces rafales de mitraillette qui mettent fin à l'existence de maquisards surpris dans des buissons ou capturés après la fin des combats.

Les blessés se plaignent. Les vivres manquent. L'eau fait défaut et l'on recueille, dans quelques cuvettes, l'eau de suintement.

Les heures passent ; les heures qui forment des jours, 25, 26 juillet.

Les Allemands cantonnent maintenant à deux cents mètres de la grotte, d'où il est naturellement impossible de sortir. Le 27, dans l'après-midi, des coups de feu sont tirés à quelques mètres de la grotte, puis des balles ricochent sur le rocher où le fanion de la Croix-Rouge s'avère dérisoirement inutile.

Les médecins français soignent depuis plusieurs jours trois prisonniers allemands ; ceux-ci s'avancent alors vers leurs camarades.

« Ne tirez pas, ne tirez pas. »

Ils expliquent qu'il n'y a là que des blessés, des médecins, des femmes et qu'ils ont toujours été bien traités.

Qu'importe à l'adjudant-chef S. S. De sa mitraillette, il menace :

« Sortez tous, les mains en l'air. »

On tire les brancards à l'air libre. Les blessés ont peur, certes, mais ils cèdent un instant à la douceur de cet après-midi de juillet.

Comment imagineraient-ils ce qui va se passer ?

Comment imagineraient-ils que ces Allemands,

qui se penchent vers les brancards où des hommes couverts de pansements sont allongés, vont, dix-huit fois, décharger leur mitraillette ou leur revolver ?...

Comment imagineraient-ils que nul ne sera épargné parmi ceux qui ont commis le « crime » de se battre pour la France comme parmi ceux qui ont totalement rempli leur rôle de médecin des corps et des âmes [1] ?

La victoire du maquis, ce sera de voir l'armée allemande fuir sur les routes de France en un immense exode militaire, qui ressemble à l'exode militaire de juin 1940, et qui le venge.

L'armée orgueilleuse en est réduite à passer l'inspection des garages pour y dérober les autos du dimanche, depuis quatre ans immobiles, à stopper les cyclistes sur les routes pour leur arracher leur bicyclette, à s'emparer de voitures d'enfant et de brouettes, à piller les jardins et les caves, à trembler le jour sous l'ombre des avions anglo-américains seuls présents dans le ciel, la nuit sous la menace du maquis qui coupe les routes, les voies ferrées, attaque les convois, isole les garnisons.

L'armée orgueilleuse, maintenant en haillons, dépareillée, composée de trop jeunes ou de trop vieux, de blessés, d'hommes appuyés sur des bâtons, coule sur toutes les routes de France,

---

1. Dix-huit blessés furent immédiatement exécutés. Douze autres le lendemain. Le docteur Ferrier et Marcel Ulmann furent fusillés à Grenoble, ainsi que le père Yves Moreau. Le capitaine Ganimède réussit à s'échapper après avoir été interrogé par la Gestapo. Les six infirmières furent déportées. Récit fait d'après le Mémorial du *Médecin français* et le texte de Mlle Chauvin, cheftaine d'éclaireuses à Die.

suivie parfois de patients paysans landais qui attendent l'instant de récupérer leurs attelages silencieux.

Dispersées les divisions de Rommel, calcinés les Panzer rassemblés en Normandie, l'armée orgueilleuse, et qui cherche sa protection sous des bâches ou des casques recouverts de feuillage, tremble devant les « terroristes » et doit finalement capituler, dans un tiers de la France, devant des hommes sans uniforme, ridiculement armés, commandés par des généraux de 25 ans, devant des hommes soûlés de bruit, de littérature héroïque et de soleil.

Triomphe que beaucoup des combattants de la première heure ne verront pas.

Triomphe payé cher en privations, arrestations, tortures, depuis le jour où les maquis sont nés dans les forêts alpines.

Triomphe qui est souvent celui des ouvriers de la onzième heure, d'une masse humaine qui emporte tout sur son passage, se barbouille d'héroïsme, de sang, de rouge à lèvres, couche sur du tricolore, collectionne, comme d'affreuses décorations, portraits d'Hitler et pancartes allemandes cernées de noir, pareilles à d'immenses faire-part, règne sur la rue et les mairies, dans un climat de grandes vacances et de guerre civile, rassemble en quelques jours, enfin, des souvenirs pour une vie entière ou des brevets pour une nouvelle carrière !

CHAPITRE III

DANS LES VILLES BOMBARDÉES

Le Conseil municipal du Havre n'est pas satisfait.

Désormais, les fonctionnaires municipaux ne toucheront plus de primes de bombardement.

Devant les conseillers qui battent la semelle (on est le 17 janvier 1944), le maire, Pierre Courant, fait le bilan de ses interventions auprès du ministère des Finances.

« C'est en vain que j'ai parlé de nos 90 bombardements, de nos 350 morts, des alertes presque quotidiennes, exaspérant les nerfs de nos concitoyens, de ces jours, comme le 16 août 1943, où les sirènes ont retenti sept et huit fois en vingt-quatre heures. Je n'ai pu leur faire entendre raison. »

Plus de prime pour les Havrais [1].

1. Lors de la séance du Conseil municipal du 21 août 1944, le maire annoncera que la ville du Havre compte de nouveau parmi les bénéficiaires de cette prime.

Les conseillers municipaux évoquent avec amertume ce mois de juin 1941 où le bois manquait pour fabriquer des cercueils, ils évoquent le temps où la ville devait payer les obsèques des victimes des bombes anglaises, le temps où elle décidait de ne plus entreprendre de travaux au-dessus du sol, le temps où les édiles adressaient un émouvant appel au maréchal Pétain en faveur des femmes et des enfants qui « *d'abord sont allés se réfugier la nuit dans des grottes de la falaise ou sous un tunnel de tramway et qui, ensuite, aux approches de l'hiver, ont émigré dans les campagnes environnantes...* »

Sous la menace des bombardements, la population du Havre a diminué de 50 000 habitants de juin 1940 à juin 1941. Des usines sinistrées n'ont jamais rouvert leurs portes. Fermées Schneider, Bertrand, les Huileries Desmarais.

Chaque jour, les restaurants populaires servent 4 000 rations à 2 francs 50 aux familles nécessiteuses, aux chômeurs et aux sinistrés. Oui, ici, la guerre continue.

★

Pour plusieurs centaines de milliers de Français, en effet, la guerre n'a pas pris fin avec le mois de juin 40.

De Lorient à Dunkerque, tous ceux qui habitent un port sont de nouveau menacés. Dans le ciel, l'aviation anglaise a pris le relais de l'aviation allemande et, en neuf mois, de septembre 1940 à mai 1941, le seul port de Brest subit 78 bombardements.

Pour entraver la tentative d'invasion allemande, puis pour préparer le débarquement allié, les Anglais ne laissent aucun répit aux populations côtières prises sous des bombardements qui visent docks, navires, batteries d'artillerie, ponts, gares, mais sont forcément et fortement imprécis.

A Dunkerque, où 82 % dcs maisons ont été détruites pendant la bataille de mai, où, en novembre 1941, près de 60 000 personnes sur 100 000 couchent encore dans les caves [1], le calme ne règne pas longtemps sur les ruines fumantes.

Le 28 juillet 1940, un avion anglais lance trois torpilles sur le bastion Tixier. Dans la nuit du 8 août, un violent bombardement a lieu, suivi, quelques jours plus tard, de nouvelles attaques.

Dans les abris, l'armée allemande s'est réservé un droit de priorité [2], ce qui multiplie les risques de la population dunkerquoise.

Le 22 septembre, vingt-deux personnes sont écrasées sous les débris d'un grand immeuble de la rue Soubise. La famille Boussemaer compte huit tués. La famille Maës-Gouwy neuf blessés.

Victimes qui sont parmi les premières d'une très longue liste.

Lorsque la guerre sera terminée, les bombardements alliés auront fait au moins 60 000 morts et 75 000 blessés [3].

La foule qui fuyait à l'approche des avions allemands, la voilà qui, d'abord, attend avec impatience les avions anglais. Les sirènes ne précipi-

1. Rapport de Mgr Couvreur, délégué du Secours National. La bataille de mai 1940 a fait 2 500 morts parmi la population civile.
2. Le sous-préfet Le Gentil s'en plaindra au préfet régional.
3. Il est difficile de donner un chiffre exact. Il semble que chaque auteur ait adopté le sien. D'après l'étude du médecin-commandant Monnery, qui s'arrête, il est vrai, à la fin du mois d'août 1944 et estime très rapidement les pertes de 1945, il y aurait eu 50 450 morts et 71 159 blessés. L'Institut National de la Statistique retient le chiffre de 60 000 morts, Robert Aron celui de 67 078.

tent presque personne dans les tranchées et les abris qui, d'ailleurs, n'inspirent pas toujours confiance.

« S'il faut mourir, je préfère mourir dans mon lit.

— D'ailleurs, les Anglais font attention aux civils ; ils visent juste, eux. »

Il circule d'incroyables histoires — toujours crues — de Kommandanturs seules atteintes au milieu du troupeau serré des maisons françaises. Le 15 septembre 1940, lorsque les Anglais bombardent Le Havre, on chuchote qu'ils ont été avertis de la grande fête qui se déroule au Casino en l'honneur d'un officier supérieur de la marine allemande.

Les populations, que l'alerte tire de leur lit, ne veulent pas renoncer au spectacle des projecteurs, des fusées lumineuses, des éclatements d'obus de D. C. A.

Grâce à un étrange retournement psychologique, les fuyards de juin 1940 sont transformés en badauds.

Ignorant tout parfois des conditions d'un bombardement aérien, heureux d'applaudir des aviateurs qui travaillent à la défaite de l'Allemagne, heureux aussi de se moquer des soldats allemands qui, avec discipline, courent vers les abris, confondant la R. A. F. avec le doigt de Dieu, lui prêtant le pouvoir de choisir sans erreur entre bons et mauvais, sentant d'autant plus le prix et la douceur d'un foyer qu'ils ont cru tout perdre en juin 1940, les Français s'obstinent à rester sur le pas de leurs portes pour discuter du nombre des avions et de la précision des coups !

« Ils sont nombreux ce soir.

— C'est sûrement pour les docks. Qu'est-ce qu'ils vont déguster les Fridolins !

— Les docks ? Vous n'y pensez pas, plutôt le

terrain d'aviation. Mon neveu m'a dit que des planeurs avaient atterri.

— Mon Dieu, en voilà un dans la lumière.

— Vous en faites pas, ils sont malins ces gars. Et puis, y a plein de nuages. »

Pendant le jour, il est encore plus difficile, pour les agents de la Défense passive, de pousser les Français vers les abris.

Le 16 septembre 1943, alors que tant de bombardements meurtriers ont eu lieu déjà un peu partout en France, les paysans rassemblés place du Commerce à Nantes, les citadins encombrant les rues commerçantes ne daignent pas bouger lorsque l'alerte sonne à 15 h 35.

C'est leur 321e alerte. Ils ont le calme des vieilles troupes, l'inconscience des ignorants, le fatalisme de gens qui se sont, trop souvent, « dérangés pour rien ».

16 heures. La D. C. A. tire très fort et, tout de suite, voici le grondement impressionnant de trois vagues d'avions qui convergent vers le port.

L'une d'entre elles survole le boulevard des Anglais.

Les curieux, maintenant angoissés, se serrent sous les porches, s'engouffrent dans les maisons ouvertes.

« Tout de même, hein ! Ils ne bombarderont pas le boulevard des Anglais ! »

Pourquoi pas ?

16 h 8. Mille bombes s'abattent sur la ville. Les premiers incendies éclatent. Les maisons s'effondrent. A l'Hôtel-Dieu où, en quelques heures, on conduira plus de 600 blessés, il y a 36 morts parmi le personnel hospitalier. Sur la place de l'Hôtel-de-Ville, des hommes et des femmes mutilés appellent au secours.

1 150 morts, dont plus de 1 000 ont été tués au rez-de-chaussée ou dans la rue !

Les proportions sont à peu près les mêmes à Cannes en novembre 1943, à Biarritz, dans bien des villes de la banlieue parisienne...

Sous les bombes, la curiosité coûte cher !

Les Français ne courent aux abris qu'en 1944 dans ces villes où les morts de la veille font horreur aux survivants. Cambrai, bombardé onze fois en mai ; Douai, neuf fois ; Toulon, Saint-Lô, Caen [1].

Avant même le départ des bombardiers, les secours commencent. Médecins, pompiers, Défense passive s'élancent.

Les pompiers ont la rude tâche d'éteindre les incendies et de procéder aux premiers sauvetages. Le tragi-comique fait partie de leur vie quotidienne.

Au Havre, en 1941, l'adjudant Lacheray dresse l'échelle de trente mètres face à une maison de la rue de Paris, dont la cage d'escalier vient d'être fracassée par une bombe. Il n'a ni projecteur, ni lampe électrique, mais finit par apercevoir, blottis dans leur petit appartement, deux vieillards qui refusent de bouger.

« Mais enfin, bon Dieu, écoutez-moi, y a plus d'escalier.

— Ça ne fait rien, monsieur. D'ailleurs, nous avons attendu le déménageur toute la journée.

— Le déménageur !... Si vous croyez qu'il pourra déménager sans escalier. Allons, venez, il faut descendre par l'échelle. Vous ne risquez rien. »

Descendre par l'échelle à leur âge ! Lacheray

1. En mai 1944, il y eut 1 284 bombardements frappant 793 localités ; en juin, 2 307 sur 1 572 localités. Le chiffre des morts fut inférieur en juin (9 517 contre 9 893). Pendant les huit premiers mois de 1944, 467 700 projectiles explosifs furent lancés, accompagnés de 35 317 bombes incendiaires.

doit emporter le couple âgé de force. Arrivés au pied de leur maison, les deux vieux vont s'asseoir sur une marche. Brisés d'émotion, songeant à leurs serins, dont Lacheray n'a pas voulu s'encombrer, ils s'écroulent, incapables d'une parole et d'un geste.

Pudeur et terreur des femmes que les pompiers doivent se passer d'échelon en échelon.

Mots terribles des enfants.

Au Havre toujours, rue Louis-Philippe, les pompiers, après avoir dégagé un homme prisonnier des décombres (ils ont dû scier la jambe à l'aide d'une scie égoïne), ouvrent un lit-cage, qui s'est refermé sur deux gamins miraculeusement protégés.

L'un des gosses s'écrie alors :

« Ben, vous en avez mis du temps pour venir, les pompiers ! »

Spectacle atroce et répugnant : celui d'une femme tuée sur son seau hygiénique.

Egoïsme des survivants. Place Gambetta, au Havre, dans un abri noyé, une femme dit au caporal Le Bail, qui tente de dégager une autre victime :

« Oh ! Monsieur, laissez-la, elle est morte ; occupez-vous donc de moi. »

Héroïsme des survivants qui s'attaquent aux ruines menaçantes et interviennent alors que les bombes tombent toujours.

Le soir du 5 septembre 1944, le lieutenant Le Guillantou tente, par différents chemins, d'atteindre l'hôtel de ville du Havre qui brûle. Partout, les décombres lui barrent le passage. Le Guillantou abandonne son véhicule, puis, suivi d'un caporal, approche de l'immense bâtiment en flammes. Il est là, sans lance d'incendie. D'ailleurs, à quoi servirait une lance dans cette ville qui n'est plus qu'un énorme brasier ?

« Bon, dit-il, y a rien à faire. »

Rien à faire pour les pierres. Mais, partout, des hommes appellent au secours. Dans une cave de café, deux fiancés, Claire Dujardin et Jean Lesucher demeurent prisonniers. Le Guillantou aide à dégager Claire, mais Jean, le pied enfoncé dans un casier à bouteilles, est pris au piège. Ses cheveux brûlent, ses vêtements brûlent. Il pleure et crie :

« Vous allez me laisser, vous allez me laisser, ne m'abandonnez pas ! »

Les sauveteurs se hâtent. Au-dessus d'eux, un mur de trois étages, déchiré par les bombes, rongé par le feu, vacille et hésite. Jean à peine sauvé, le mur s'effondre.

La lutte contre le feu est épuisante. Souvent, il faut changer trois ou quatre fois de bouche d'incendie, les tuyaux sont hachés, l'eau n'arrive plus ; il faut — à Rouen — puiser directement dans la Seine ou bien — un peu partout — dans les cratères creusés par les bombes et remplis par les canalisations rompues.

Les hommes sont épuisés. Ils travaillent parfois dix-neuf heures de suite, n'ayant, pendant qu'ils luttent, qu'un mauvais ravitaillement (un bout de pain et de fromage), devant se contenter d'un vieux matériel quelquefois tragiquement à bout de souffle [1].

Au Havre, où l'on sonne une fois de plus au feu (dans la nuit du 15 septembre 1941, il y aura 28 appels téléphoniques dont 15 de 22 h 5 à 23 heures), le chauffeur dit à Lacheroy :

_____
1. Les pompiers parisiens qui intervenaient souvent en province étaient généralement mieux ravitaillés que les provinciaux. Ceux de Seine-et-Oise disposaient de cuisines roulantes et, sur chaque voiture, il y avait toujours deux repas froids par homme.

« Il n'y a plus qu'un demi-litre d'essence dans la bagnole. »

Interrogé, le commandant Chefd'hôtel répond que, dans toute la caserne, il est impossible de trouver de l'essence.

« Et des bonshommes ? demande Lacheray.

— Des bonshommes, il n'y en a pas non plus, réplique Chefd'hôtel. Ils sont tous partis. »

Lacheray se tourne alors vers quelques Allemands.

« J'ai plus de coco... Nicht benzine. »

On le dépanne...

Pour lutter contre cet océan de flammes, les hommes ne sont qu'une poignée. Paradoxalement, ils sont bien souvent *moins nombreux* qu'avant la guerre lorsque les bombes ne se mêlaient pas de compliquer leur tâche !

La même administration imbécile qui devait les lancer sur toutes les routes de l'exode, livrant ainsi à l'incendie des villes sacrifiées, les a, en effet, mobilisés en septembre 1939.

Sur les 87 pompiers du Havre, 35 ont été envoyés aux armées et, en septembre 1944, au plus fort de la tragédie, lorsque toute la ville flambe, si les pompiers sont au nombre de 89 (deux unités de plus que pendant la période de paix !) c'est parce que l'on a recruté, le 1er mai 1943, quelques sapeurs auxiliaires parmi les employés de l'octroi [1]...

---

1. Voici, sur le même sujet, des éléments de comparaison entre la France et l'Angleterre. En France, les effectifs employés en permanence à la Défense passive (pompiers non compris) furent de 20 000 hommes constamment et, par intermittence, de 400 000 hommes. En Angleterre, respectivement de 178 000 et 1 115 000 hommes (en 1940).

Il n'est donc pas rare de voir cinq pompiers face à cinquante foyers d'incendie. On se prête main-forte de ville à ville. Les pompiers de Paris envoient un peu partout des détachements bien outillés. Ceux de Rouen vont au Havre et ceux du Havre leur rendent cette tragique politesse.

Il faut des heures pour éteindre le feu, des heures pour dégager les blessés, les morts et les survivants.

Le 16 septembre 1943, à Nantes, place de l'Ecluse, six hommes (dirigés par M. Primault, conducteur des travaux de la ville) soulèvent un plafond, l'étaient, scient des poutres, dégagent des gravats, avancent lentement, centimètre par centimètre, vers une jeune fille ensevelie sous les décombres. A 23 heures, il y a déjà cinq heures qu'ils travaillent ; ils ont dégagé la poitrine de la blessée. La poitrine seulement. Il faut continuer. Scier des poutres, des meubles, écarter doucement des débris de ferraille et de bois, avec, près de l'oreille, les gémissements de la femme, avec, sur le dos, la menace du toit. Neuf heures de ce travail à la lueur des lampes électriques ! A 8 heures du matin, enfin, une infirmière de la Croix-Rouge peut se glisser jusqu'à la blessée pour la chloroformer et permettre qu'on l'enlève enfin sans trop de souffrances.

Il y a de dérisoires découvertes. Pendant des heures, les sauveteurs, attirés par des gémissements, progressent sous la menace des éboulements pour atteindre enfin un chat ou un chien. Au Havre, le 19 septembre 1940, l'animal a été protégé par un sommier ; ses maîtres, l'homme, la femme et l'enfant, ont tous été tués.

La plupart des victimes que l'on dégage présentent des blessures multiples [1]. Elles disparaissent presque toujours sous une poussière blanchâtre. Les paupières collées, les cils et les cheveux blanchis, ces Pierrots tragiques présentent un visage sur lequel il est impossible de lire un âge. Toutes les plaies sont souillées et les postes de secours réclament tous, pour nettoyer les blessés, une importante quantité d'eau, demande qu'il est souvent difficile de satisfaire lorsque les conduites sont rompues.

Le quartier bombardé a l'aspect pitoyable d'un énorme chantier de démolition fumant de poussière et de cendres.

Avec les pompiers s'affairent équipiers de la Défense passive, secouristes de la Croix-Rouge et du Secours National, scouts, équipiers nationaux, hommes de bonne volonté...

Lorsqu'ils travaillent la nuit, ils manquent le plus souvent de moyens d'éclairage. Aussi, une note de la Défense Passive préconise-t-elle la réalisation d'accords amiables avec tous les garagistes et propriétaires de véhicules à qui l'on demandera de prêter leurs batteries pour alimenter les phares d'autos.

Ils sont sensibles aussi à la fatigue, à l'émotion, à la peur. Lorsqu'ils savent que les leurs se trou-

1. A Nantes, par exemple, d'après un rapport du médecin inspecteur de la Santé, le 16 septembre 1943, il y eut 1 854 blessés dont 665 ont nécessité des interventions chirurgicales sérieuses. Il y a eu 50 % de blessures de membres. Presque toujours, il s'est agi de fractures ouvertes et d'écrasement ayant nécessité des amputations. Nombreux traumatismes du crâne (15 %), peu de fractures de la colonne vertébrale. A Marseille, en décembre 1943, les blessés sont, le plus souvent, atteints aux membres inférieurs (35 %) et à l'extrémité céphalique (31 %).

vent sous les décombres, comment leurs moyens physiques ne seraient-ils pas diminués ? A Nantes, après les deux bombardements du 23 septembre 1943 [1], plus de 100 000 personnes apeurées fuient la ville et le chiffre du personnel des équipes de déblaiement tombe, en quelques heures, de 1 500 hommes à 400 [2].

Les villes menacées s'efforcent de prévoir du matériel de levage et des hommes capables de l'utiliser. C'est ainsi que les dirigeants de la Défense passive du Havre ont constitué six équipes de travailleurs comprenant chacune deux maçons, deux ouvriers à bois, deux couvreurs, deux serruriers, deux terrassiers.

Mais le plus souvent, sans connaissances techniques, sans salaire, ou avec un modeste salaire (au Havre, en septembre 1941, les hommes de la Défense passive reçoivent 4 francs par heure), les sauveteurs réalisent un travail considérable.

Leur bonne volonté, leur charité et leur vaillance font oublier leur faible compétence.

Bien sûr, dans tel ou tel cas, des ouvriers mineurs auraient plus rapidement délivré les victimes. Mais, lorsque les mineurs arrivent du Nord dans les villes bombardées, ils ne dégagent le plus souvent que des cadavres.

Bien sûr, on peut reprocher aux sauveteurs bénévoles d'abuser des garrots, de s'affoler parfois, de courir des risques inutiles, mais, dans les jours de panique, dans les nuits de terreur, tenus debout par leur devoir comme par une armure, ils demeurent présents.

Garçons et filles vite oubliés après la Libération,

rarement décorés, mais qui, eux, n'oublieront jamais leurs dramatiques contacts avec la mort.

Au numéro 157 de la rue du Vieux-Palais, à Rouen, ils recueillent, le 20 avril 1944, des débris calcinés qu'ils identifient comme ceux d'une femme : il s'agit, en réalité, d'un homme et de son fils. Méprise inverse, également tragique, quelques mètres plus loin : ils séparent en deux « tas » les restes d'un homme de 30 ans !

A Nantes, où une arche du pont de la Belle-Croix s'est effondrée sur cinquante personnes, la recherche des cadavres ou de ce qui en reste se poursuivra plus d'une semaine. Et l'on est au mois de juillet.

Casqués, pioche en main, traînant des brancards, consolant ceux qui rôdent autour des ruines dans l'espoir de retrouver un objet ou un être cher, distribuant des couvertures ou des boissons chaudes, les sauveteurs sont de tous les instants du drame.

A Nantes, trois jeunes filles, qui participent, sous la direction de M. Brisé, au déblaiement du poste de police de Pirmil, travaillent pendant quarante-huit heures avant de prendre un peu de sommeil.

A l'angle de la rue Boileau et de la rue du Chapeau-Rouge, Louis Heyte et Maxime Carrère luttent de vitesse contre le feu pour dégager une jeune fille coincée sous un escalier effondré et presque totalement recouvert par les décombres de la maison.

Quatre heures de travail à plat ventre.

Les hommes arrivent avant le feu.

Il ne suffit pas de sauver, il faut aller chercher

les vieillards abandonnés par la population prise de panique [1]. Il faut enterrer les morts.

Il faut soigner, nourrir, vêtir, reloger.

A Dunkerque, Mgr Couvreur préside une section particulièrement active du Secours National qui, en sept mois, distribue 1 600 000 rations de soupe et, dans cet enfer, il fait confiance à l'avenir en restaurant plus de 1 000 logements.

A Rouen, le 19 avril 1944, après un terrible bombardement, le Secours National ouvre une permanence à 3 heures du matin. Il distribue des couvertures, des chaussures, des vêtements, fait parvenir du bouillon chaud aux sauveteurs et aux sinistrés.

Au petit jour, cinq cuisines et trois restaurants sont ouverts, d'autres fonctionneront bientôt, qui serviront quotidiennement plus de 20 000 repas.

Un vestiaire type, sous la direction de Mme de Ménibus, habille des dizaines de milliers de sinistrés [2].

Vers les villes bombardées, des camions chargés de ravitaillement et de couvertures, en provenance des cités voisines, se dirigent immédiatement [3]. En gare, un train du Service interministériel de protection contre les événements de guerre (S.I.P.E.G.) arrive quelques heures après la demande de secours.

Réalisés en juin 1943, ces trains comprennent une voiture de trente lits, un wagon chirurgical, une voiture pour les mères et les enfants avec sa biberonnerie, sa crèche, son dépôt de layette. Viennent ensuite une salle d'accouchement (elle

1. 300 vieillards furent ainsi évacués de Lorient par les assistantes sociales du Secours National.
2. 30 000 personnes à la suite du bombardement d'avril et de ceux de mai-juin.
3. A Rouen, le 19 avril 1944, trois camions partis de Paris à l'aube commenceront leur distribution de vivres, couvertures et chaussures à partir de 8 heures.

n'est pas inutile : au Creusot, quatre bébés y verront le jour), une cuisine pouvant préparer 14 000 repas, une voiture-vestiaire. La direction des Réfugiés, chargée de distribuer des secours financiers (de 1 000 à 1 500 francs par sinistré), a également son wagon. Les services de Défense passive ont le leur. Dans les fourgons, des réserves de vivres, de bois, de charbon, d'eau, de vêtements, de vitres aussi. Sur une plate-forme, les voitures sanitaires de la Croix-Rouge et les motocyclettes de liaison [1].

Le train du S. I. P. E. G. est mis en service lors des grands bombardements qui dévastent jusqu'aux services locaux d'entraide et de secours.

Mais il est des villes où les bombardements de faible importance sont nombreux.

Presque chaque semaine et, dans les mauvaises semaines, presque chaque jour, des sinistrés se présentent donc devant les services de guerre.

Au Havre, dans le vaste hall de l'ancienne Caisse d'épargne, M. Barriaux dirige les services d'aide aux sinistrés qui emploient 118 personnes, presque toutes auxiliaires.

Douze guichets numérotés. Lorsque le sinistré arrive au guichet numéro 12, il est en instance de relogement ou relogé, il a reçu des tickets d'habillement, un bon de charbon, une indemnité de bombardement de 1 500 francs par personne à charge et son dossier de dommages de guerre est ouvert.

Désire-t-il quitter la ville, il est inscrit pour le

1. Utilisé dans les cas les plus graves, le premier de ces trains se rendra au Creusot, vingt jours après son achèvement. Le second ira au Portel, le 9 septembre 1943, et à Nantes pour les bombardements de septembre.

premier train. Ses meubles encore intacts sont entreposés aux Magasins Généraux, rue Marceau ; sa clef, il la confie à Barriaux dont le bureau est orné de grands panneaux où sont accrochées toutes les clefs des maisons abandonnées.

Et lorsque, dans la ville, quelqu'un parle du « Sanctuaire de Saint-Pierre », tout le monde comprend qu'il s'agit du bureau de M. Barriaux [1] !

Enterrer les morts.

M. Cayeux regagne sa maison admirablement située à flanc de coteau.

M. Cayeux emprunte une longue allée qui serpente au milieu du gazon et des fleurs.

M. Cayeux jette un coup d'œil amical aux arbres.

Il est ingénieur horticole, chargé des jardins de la ville du Havre.

Arrivé devant chez lui, Cayeux se déshabille, abandonne ses gants, ses chaussures, mais il a beau faire, l'odeur tenace persiste, elle est accrochée à sa peau, sa femme la respire lorsqu'elle l'embrasse, et lui-même a beau laver opiniâtrement mains, corps, visage, il sait qu'il ne peut se débarrasser de l'odeur de la mort.

Chargé des jardins, M. Cayeux a été également chargé des sépultures. Dans d'effroyables conditions, il a enterré 3 000 Havrais. Souvent, à l'endroit où ils ont été tués. Dans les jardins, sous les trottoirs bouleversés par les bombes. Naturellement, en septembre 1944, il n'est même plus question de cercueils. Tout son personnel le seconde.

Chaque cadavre est scrupuleusement fouillé. Dans une grande poche, prennent place les souve-

---

1. Le service Barriaux devait être détruit lors du grand bombardement du 5 septembre 1944.

nirs découverts sur le mort : alliance, argent — au moment où sonne l'alerte, la plupart des gens emportent sur eux, ou avec eux, toute leur fortune[1] — papiers d'identité, photos, objets usuels (le docteur Grinaire sera identifié grâce à sa trousse médicale). Si l'on ne peut découvrir aucune pièce d'identité, sur des cadavres affreusement mutilés, on découpe des morceaux de chaque vêtement et sous-vêtement.

Ils serviront à une identification future.

Morts que l'on retrouve. Morts que l'on ne peut même pas séparer des pierres, de la ferraille, des poutres qui les écrasent. Morts mêlés aux morts par le feu et par l'eau. Affreuse bouillie d'hommes.

A Rouen, le 30 mai 1944, des sauveteurs ne peuvent arracher à l'inondation les personnes qui ont trouvé refuge dans les caves de la douane sur lesquelles les bâtiments viennent de s'effondrer. On a pourtant détourné de leur mission quelques-unes des vingt-quatre pompes qui combattent les incendies géants. Elles aspirent l'eau qui monte. En vain. L'eau est la plus forte.

Dix jours plus tard, seulement, des mineurs atteindront enfin la cave ; la pestilence les obligera à mettre des masques et ils devront recouvrir tous les corps de chaux vive.

---

1. *Le Havre Libre*, du 7 novembre 1944, note qu'une équipe de la Défense passive trouva, près du corps d'un cafetier, une valise contenant 290 000 francs en numéraire, 480 000 francs en bons du Trésor et des bijoux (soit, en anciens francs, 8 millions environ).

Naturellement, si les bombardements provoquent des dévouements, ils suscitent également des convoitises. Les pillages sont assez fréquents malgré la sévérité des condamnations. C'est ainsi que deux terrassiers de Rouen, Julien M... et Eugène B..., furent condamnés à six ans de travaux forcés chacun, en août 1944, pour avoir dérobé chez un quincaillier de la rue Lafayette, couteaux, ciseaux, chaussures et vêtements.

En quelques minutes, les bombardements désorganisent toute vie quotidienne. Se succèdent-ils, ils ne laissent pas la possibilité de revenir à la normale. Il faut s'adapter.

Ceux-là mêmes dont les maisons n'ont pas été atteintes ont vu toutes leurs vitres voler en morceaux. On manque de verre. Il faut le remplacer soit par du papier huilé, soit par du papier ordinaire que le vent déchire, soit par des planches.

L'eau fait souvent défaut pour une ou deux semaines. Elle est distribuée par camions-citernes. Le charbon n'arrivant plus, car les voies ferrées sont attaquées, l'électricité est supprimée pendant la journée. Les ordures ménagères ne sont plus enlevées, puisque les camions sont affectés au transport du mobilier des sinistrés.

Le dimanche 1er mai 1944, les curés havrais, après leur sermon, annoncent une diminution immédiate de la distribution de gaz.

« Mes chers frères, le gaz sera désormais distribué de 7 heures à 7 h 45, de 11 h 15 à 12 h 45. Le soir, il n'y aura pas de gaz. Les journaux ne paraissant pas demain, l'autorité nous a priés de faire cette annonce. »

Les moyens de transport sont désorganisés. Il faut circuler parmi les gravats, éviter de vastes quartiers détruits. L'absence de sommeil augmente la nervosité d'une population que le mauvais ravitaillement affaiblit. On se quitte le soir en se disant :

« Alors, bonne nuit.
— Bonne nuit, bonne alerte. »

Et en ignorant si l'on se retrouvera le lendemain.

Et, cependant, la vie continue.

On naît.

Le 24 août 1944, *Le Petit Havre* annonce que Mme Leprovost, sage-femme, 29, avenue Foch, à Montivilliers, continue à prendre des pensionnaires.

On travaille.

A Dunkerque, toute une population de dockers en chômage se change en « gratteurs de briques ». Ils déblayent les rues de la ville, nettoyent les caves, récupèrent les briques.

On travaille les uns sur les autres. A Dunkerque toujours, le tribunal sert tour à tour à rendre la justice, à célébrer la messe et à organiser des fêtes de bienfaisance. Les maîtres et les élèves de l'enseignement d'Etat sont abrités dans les locaux de l'enseignement libre.

Il y a peu de maisons intactes, peu de maisons sans lézardes, sans portes et fenêtres disjointes ; on couche tout habillé ou presque, une petite valise à portée de la main, on couche dans la pièce la plus habitable de la maison, chez des amis ou des voisins hospitaliers.

Au Havre, le curé Arson s'endort ainsi, chaque soir, sous le maître-autel de l'église Saint-François.

On vit. On mange.

Mal, encore plus mal que dans les villes non bombardées.

A Rouen, après les bombardements de la « Semaine rouge », tous les services administratifs sont désorganisés et la ration de pain tombe à 180 grammes. Pour manger dans une agglomération où l'eau, le gaz et l'électricité manquent, il faut s'inscrire dans un restaurant communautaire ou chez un des charcutiers qui livrent des plats cuisinés.

Tous les soirs, enfin, des troupes de citadins

qui se sentent menacés abandonnent leur domicile.

« Nous sommes trop près de la Seine.

— Nous habitons trop près des docks.

— Les casernes et la gare sont trop proches. »

Ils partent par petits groupes.

Ils partent, portant des valises dans lesquelles ils ont réuni leurs objets les plus précieux, leurs vêtements les plus chauds.

Ils partent, poussant des charettes ou des voitures acquises non sans mal : « *Désire acheter petite remorque ou voiture enfant pouvant supporter deux valises et couvertures. Mme Villermin, 31, rue de Metz. Le Havre.* »

Au Havre, on appelle ce mouvement quotidien « l'exode de dix-huit heures ».

Beaucoup de réfugiés gagnent le tunnel de la côte Sainte-Marie où, en 1941, 3 000 personnes coucheront à même le sol. Les autres prennent « le train des trouillards » qui les conduit dans les campagnes proches. Chaque compartiment a ses habitués. L'un des plus recherchés est naturellement celui où le directeur de la Manufacture des tabacs s'installe chaque soir. Il a, en effet, pour coutume de distribuer une cigarette à chacun de ses compagnons de route. Des parties de cartes s'engagent. Des idylles naissent.

Pour la nuit, Montivilliers abrite plusieurs milliers de Havrais ; Bihorel et Boisguillaume, 17 000 Rouennais qui campent un peu partout : chez l'habitant, dans une cave, un cellier, un jardin.

A l'aube, les réfugiés d'une nuit reprennent le chemin de la ville, de leur maison, de leur bureau.

Dans le « train des trouillards », il n'est question que du bombardement de la nuit, du mauvais ravitaillement, des parents et amis laissés dans la ville.

« En quinze jours, ils n'ont pas trouvé le moyen de nous donner une seule pomme de terre. Tout juste 125 grammes de viande et 35 grammes de charcuterie. Quelle misère [1] !

— Savez-vous que deux figuiers sont en train de pousser dans la rue du Petit-Croissant ? Et qu'il y a de hautes herbes dans la rue Dauphine [2] ? Ah ! Cette guerre ne finira jamais.

— Avez-vous des nouvelles de vos enfants ?

— Ils sont dans un camp scolaire, dans l'Eure. Ils écrivent qu'ils mangent bien. Jamais d'alerte. Parfois, je me dis que j'ai tort de ne pas les rejoindre. Mais partir comme en 40, tout abandonner, retrouver le magasin pillé. A la grâce de Dieu.

— Comme vous dites, monsieur, à la grâce de Dieu. Ça me rappelle l'inscription sur le couvent des sœurs de la Compassion : « Entrez sans frapper. » C'est une bombe qui est entrée, il y a eu cinq religieuses tuées [3]. Au jour d'aujourd'hui, on ne sait qui vit, qui meurt. »

On ne sait qui vit, qui meurt. Il arrive que des réfugiés, retour de leur nuit dans un abri, soient tués au moment où, revenant dans leur maison, ils font toilette, avant de se rendre à leur travail...

★

Ce nouvel exode prend des proportions colossales en Normandie au moment de la bataille de France.

Dans la région de Falaise, les citadins campent dans des ravins, protégés de toiles de tente. Les paysans ravitaillent ces malheureux. Il faut aller

1. Au Havre, en février 1941.
2. Ces rues faisaient partie, au Havre, du quartier Saint-François, évacué sur ordre des Allemands.
3. Au Havre, le 22 novembre 1940.

chercher le pain sans levain et l'épicerie malgré le risque des bombardements.

A Mortain, la ration quotidienne de pain tombe à 100 grammes en juillet 1944. Tous les magasins sont ruinés ou abandonnés, tandis que les Allemands volent les autos, les vélos, les chevaux et mêlent, à leurs blindés, des équipages frères de ceux de notre défaite de 40.

A Saint-Lô, après le second bombardement du 6 juin 1944, la ville se vide. Un terrible bombardement de nuit chassera d'autres familles encore vers la campagne proche.

Les évadés ne se hasardent plus qu'en hâte vers leur ville détruite et dont les ruines sont presque quotidiennement retournées par les bombes. Ils en rapportent des images terribles et, vite, ils reviennent à leurs trous creusés dans les talus des chemins, à leurs cuisines en plein air où la soupe bout dans des lessiveuses.

Quelques audacieux vont, malgré le péril, chercher le blé en gare dans des wagons éventrés, les conserves dans les boutiques détruites.

Des fermes sont prises entre deux feux. Les Américains viennent demander où se trouvent les Allemands, les Allemands, en rampant, viennent chercher du cidre et du lait. Les morts piquent du nez parmi les salades.

Les enterrements se font à la hâte, sous le soleil qui décompose les corps déchiquetés, dans la terreur des avions alliés qui tournoient et mitraillent [1]...

Par humanité aussi bien que par nécessité, admi-

---

1. Pendant l'année 1944, il y aura 770 tués et 2 249 blessés par suite d'attaques à la mitrailleuse.

nistrations françaises et allemandes avaient poussé cependant à l'évacuation des villes bombardées.

Pour les Allemands, la plupart des villes côtières sont, avant même le débarquement, des villes du front, où ils entretiennent de fortes garnisons dans des maisons et hôtels réquisitionnés [1]. Ils cherchent donc à simplifier au maximum les problèmes de sécurité, de ravitaillement, de logement en ne conservant que les Français nécessaires aux travaux de l'organisation Todt, ou bien encore ces paysans mobilisés pour planter, sur les plages et dans les marais normands, ces pieux, de trois à quatre mètres de haut, que le populaire baptise « asperges de Rommel [2] ».

A partir de mai 1944, ils pressent donc les départs en agitant la menace de l'évacuation totale. Ils se heurtent à l'opposition de la population, de cette population qui s'est habituée aux bombardements, aux ruines, à la mort soudaine et qui pense qu'il est moins dangereux de rester sur place que de courir les routes mitraillées.

« *Au lieu de quitter leur maison, beaucoup s'y enfoncent* », écrit Fabre-Luce, en parlant des Dunkerquois.

Phrase qui pourrait servir pour des millions de pauvres gens, dans l'incapacité matérielle de rebâtir ailleurs, d'hommes et de femmes fidèles à une rue, à une tombe comme cette Mme de Villehervé, veuve d'un poète havrais, qui, pour ne pas abandonner les malles contenant les œuvres de son mari, resta dans sa demeure et y mourut ensevelie...

Lorsque le général commandant le camp retranché du Havre exige du sous-préfet le départ de

---

1. 900 maisons, 60 hôtels réquisitionnés au Havre en février 1943.
2. Ces pieux étaient reliés entre eux par des barbelés et armés de mines ou d'obus. Dans l'esprit des Allemands, ils étaient destinés à empêcher l'atterrissage des planeurs alliés.

25 000 personnes (sur 70 000), le chef du Service des renseignements généraux écrit, le 16 août 1944, à la Direction générale de la Sûreté nationale à Vichy : « *Comme il a été dit maintes fois dans des rapports précédents de mon service, l'évacuation ne sourit guère aux Havrais. Malgré les bombardements répétés* (109 *pour la ville du Havre*), *ils veulent rester à leur foyer, et j'en veux trouver une preuve matérielle dans le fait que la ville seule compte encore* 70 000 *habitants.*

Bien que la nouvelle soit toute fraîche, nouvelle qui n'est qu'officieuse, elle est déjà connue en ville et fait l'objet de commentaires peu amènes... »

Mais les Allemands se soucient peu des réflexions de la population.

Le 18 août, le colonel Wildermuth fait placarder un « Avis à la population du Havre et de l'agglomération » qui présente la guerre sous son aspect le plus affreux. De violents combats auront lieu, écrit Wildermuth. « *A cause de cela, la population civile subira les pertes les plus terribles, par bombardements, manque de vivres et maladies, car l'alimentation de la population en eau, électricité, ravitaillement, sera fort réduite ou même entièrement impossible.* »

Et l'officier allemand d'ajouter qu'il mettra à la disposition de la population quelques moyens de transport pour l'évacuation des infirmes, malades, femmes enceintes et mères de famille avec leurs enfants.

Nouveau rapport du commissaire Camps :

« *La grande majorité du public ne veut pas évacuer... Chacun se demande, en effet, où aller et comment partir. Nul ne se soucie de risquer sa vie sur les routes, de coucher dans des centres d'accueil sales et d'abandonner, au pillage peut-être, ses biens... Quoi qu'il en soit, les autorités allemandes ont décidé de faire appliquer l'ordre donné.* »

Fermeture des trois quarts des boulangeries, des cafés, des magasins de vivres et de confection. Décision de ne distribuer les cartes d'alimentation, à la fin du mois, qu'aux rares personnes reconnues indispensables par l'autorité allemande.

C'est un nouvel exode, pour lequel la sous-préfecture autorise, à titre exceptionnel, l'utilisation d'une voiture, débloque des vivres, prévoit des trains spéciaux à destination de Goderville et de Bolbec, alerte les maires campagnards en leur demandant de préparer des cantonnements dans tous les bâtiments disponibles, organise des itinéraires avec relais de la Croix-Rouge.

Dans l'espoir de faire pression sur ceux qui s'obstinent à rester, le journal local publie un tableau presque idyllique de l'existence des réfugiés : « *Tout le monde mange aux cantines qui sont abondamment pourvues de beurre, de laitage, de viande, etc. C'est un spectacle pittoresque de voir les longues tables où sont servis les repas : 150 à Goderville, 60 au Château de Saint-Sauveur, 300 aux deux cantines de Manneville.* »

Le journaliste ajoute que les équipes de jeunes, employées aux corvées, songent à organiser les loisirs et il réclame, à leur intention, comédies, recueils de chants et de monologues...

Ce n'est pas assez des menaces et des promesses pour forcer les Havrais à quitter leurs foyers. Au 30 août, sur 95 000 habitants que compte encore l'agglomération havraise, 35 332 seulement auront retiré leur fiche d'évacuation.

Cette obstination sera, quelques jours plus tard, responsable de bien des morts.

Ailleurs, les bombardements ont été si meurtriers, les ruines si nombreuses, la pression allemande si forte que la population, prise de panique et privée de logement, quitte définitivement, bien avant août 1944, une ville morte. Les services administratifs émigrent dans des villages voisins. La population où elle peut, au hasard des amitiés et des parentés.

★

Commune de Saint-Nazaire : 45 000 habitants en 1940, 36 000 en 1941, 2 000 en 1943... 52 bombardements aériens ont détruit tous les bâtiments publics ainsi que 85 % des maisons. Toute la voirie est bouleversée, les réseaux d'eau, de gaz, d'électricité ont pratiquement disparu, les rues sont éventrées, crevés les égouts.

Dans la journée, on trouve, errant parmi les rues mal tracées à travers les décombres, des ouvriers travaillant pour les Allemands et que des trains spéciaux amènent de La Baule. Ils achètent du vin à des hommes venus de Saint-Brevin et qui installent leurs bonbonnes de quinze litres sur quelque mur écroulé. Ils vont rue Villebois-Mareuil, à la mairie, où seuls Mlle Tahier et M. Mandin ont eu le courage de rester. Ils contemplent avec mélancolie les rideaux flottants au mur des ruines, les lits d'enfants suspendus dans le vide, les armoires ouvertes, les draps noirs de suie, le papier à fleurs brûlé, toute une intimité saccagée. Ils savent que les rats, les lapins, les renards se multiplient parmi toutes ces maisons effondrées qui constituent d'admirables retraites. Certains posent des collets.

La nuit tombe.

Les ouvriers reprennent leur train, abandonnant Saint-Nazaire à quelques douzaines de Français, aux renards, aux bêtes errantes, au vent qui hante les maisons mortes.

Dans cette ville saccagée et désertée, le seul restaurant ouvert s'appelle *Le Bon Accueil*. Jusqu'à la fin, MM. David et Lautran, ses propriétaires, réussiront à servir leurs clients (une soixantaine au repas de midi).

Il faut aller chercher le pain deux fois par semaine à Montoir (9 kilomètres), la viande à Savenay.

Il faut discuter avec les paysans :

« Combien donnez-vous des rutabagas ?

— Cinq francs.

— Ah ! non. Les Chleuhs les payent sept francs. »

Parfois, se défendre contre les Allemands qui, en 1945 [1], mangent plus mal encore que les Français et disputent à Lautran le pain et les tomates qu'il rapporte de ces expéditions pour lesquelles il ne part jamais sans emporter, dans la sacoche de sa bicyclette, du fil et une aiguille, afin de recoudre un pneu trop souvent défaillant [2].

David, ancien rôtisseur, Lautran, ex-chef saucier du *Normandie*, sont obligés de cuisiner les lentilles, les pois cassés, les févettes du Secours National, les pommes de terre aqueuses et les rutabagas.

Plus d'électricité : on brûle de l'huile de vidange dans une betterave légèrement creusée. Des malins vendent de fausses pierres à briquet faites avec des rayons de vélo coupés. Dans l'hiver 1944, tou-

---

1. Saint-Nazaire fut, avec Dunkerque, Lorient, La Rochelle, Rochefort, Royan-Pointe de Grave, Oléron, au nombre de ces camps retranchés que les Alliés délaissèrent dans leur marche en avant et qui ne furent libérés (Oléron, Royan) ou réoccupés qu'en avril-mai 1945.

2. Un pneu de bicyclette usagé coûte jusqu'à 400 francs (l'équivalent en 1970 de 65 nouveaux francs).

tes les villas, toutes les maisons abandonnées sont systématiquement pillées. On va faire la corvée de bois dans les ruines [1].

★

Maintenant, ceux qui restent ne négligent plus les abris. Ils s'y installent, le plus souvent, dès la tombée de la nuit. Ils savent que l'alerte sonne souvent trop tard, alors que les bombes tombent déjà. Ils savent aussi que, dans bien des villes proches du champ de bataille, l'alerte n'est même plus donnée. Au Havre, le 6 juin, à 1 h 35, toutes les sirènes hurlent. C'est la 325ᵉ alerte de l'année, la 1 060ᵉ depuis mai 1940. Puis les sirènes se taisent. Définitivement. Les avions anglais et américains peuvent passer et repasser, elles ne se feront jamais plus entendre.

A Evreux, c'est le tocsin de la Tour de l'Horloge qui donne l'alarme.

A Nantes, ce sont les pompiers.

Il est donc préférable de camper dans un abri.

Si l'on a la chance de posséder une cave assez solide, où l'on entreposait naguère charbon, vin vieux, meubles brisés, on y installe un sommier, un seau de toilette, une lampe électrique, quelques provisions, quelques outils.

Des sociétés de travaux routiers proposent d'étayer des caves. En Seine-et-Oise, le service des ponts et chaussées exécute en deux mois 2 700 mètres de tranchées. Le gouvernement organise des causeries radiophoniques au cours desquelles le commandant Gibrin propose de construire un abri

1. Les autres poches de l'Atlantique furent également évacuées.

A La Rochelle, le 23 août, le colonel Klett donne un ordre d'évacuation à peu près dans les mêmes termes que le colonel Wildermuth au Havre.

familial dont le prix de revient ne dépasse pas 100 francs par personne protégée.

On cite le cas de ceux que des précautions élémentaires ont sauvés. Ce vieillard d'Athis-Mons retiré vivant de sa cave six jours après le bombardement ; ces quatre-vingts personnes rassemblées, à Gennevilliers, dans un abri de vingt places et qui n'ont pas souffert, malgré la chute de cinq bombes dans un rayon de deux mètres ; cette famille de Chartres que 1,50 m de béton a sauvé de la mort...

A l'entrée des maisons possédant une cave « classée » par une commission, qui a opéré dans les premiers jours de la guerre, une pancarte annonce le nombre convenable d'occupants.

Les nuits sont longues à passer. Chaque abri a ses habitués qui s'installent « commodément » sur des bancs ; les « étrangers » doivent se contenter d'un coin de caisse, supporter les bavardages des uns, les ronflements des autres, les pleurs des enfants.

Lorsque la D. C. A. commence à se faire entendre, les visages deviennent anxieux, les paroles s'espacent, les mères se rapprochent de leurs enfants, des mains s'étreignent.

« *Les femmes prient à mi-voix*, raconte J. Guillemard [1]. *Les hommes aussi prient, sans doute, mais secrètement. Ils disent sans conviction « n'ayez pas peur, cela ne changera rien à la situation »*, *mais il est, en face de la mort, des élans de foi spontanés que rien ne peut arrêter. Sur un éclatement plus violent, une des dames, Mme D..., élève la voix, déclarant impérieusement : « Il faut prier tous ensemble à haute voix. Les hommes aussi. Il n'y a que cela qui puisse nous sauver. »* Ce n'est

1. En parlant du bombardement qui eut lieu dans la soirée du 2 août 1944. J. Guillemard : *L'Enfer du Havre.*

pas une demande, c'est un ordre. La tête levée, les yeux brillants de fièvre mystique, transfigurée, hors d'elle véritablement, elle prie fortement... Et dix voix l'accompagnent dans le fracas infernal des sifflements affolants, des éclatements de la D. C. A... Déjà la porte de la rue est partie, arrachée... Soudain, les hurlements et éclatements des bombes sont si proches que je crie : « Tassez-vous au milieu. » Le mouvement est instinctif et salutaire. Dans un fracas indescriptible, une avalanche de décombres arrive dans notre escalier et l'obstrue... Nous pensons que la maison est tombée sur nous. Mais les bombes continuent de descendre. La prière reprend juste comme une autre bombe fracasse notre maison et la voisine. »

Prière des laïcs. Prière des clercs.

Les religieuses de la Visitation d'Orléans sont prises, dans la nuit du 19 au 20 mai 1944, sous un affreux bombardement. A demi vêtues, elles se précipitent vers la crypte où un tabernacle encore vide a été préparé sur une petite table.

La Mère Supérieure apparaît, portant le ciboire qu'elle a retiré de la chapelle.

« Voilà le Bon Dieu ! » murmurent les religieuses agenouillées qui prient pour les hommes qui sont en train de mourir, cependant que la Mère Supérieure promet de leur part au Ciel une vie religieuse intègre dans l'humilité et l'obéissance.

Quant aux religieuses du Carmel de Lisieux, alors que le feu dévaste la ville et ravage leur maison, elles ne songent qu'à s'émerveiller du miracle qui préserve les reliques de sainte Thérèse.

A peine sortis de l'abri où ils ont vécu des heures terribles, des rescapés trouvent le courage de tenir leur journal et de revivre l'enfer.

Ainsi Roland Lemesle, chef d'un poste de relais de la Défense passive à Rouen [1].

Le 31 mai 1944, il se rend à son poste de l'école Catherine-Graindor, rue Herbière, où il est immédiatement assailli par des sinistrés qui réclament des nouvelles de leur famille.

Le furieux bombardement de la veille a tout désorganisé dans la ville ; des gens errent, visitent les écoles où, sur les tableaux noirs, on donne maintenant des nouvelles des survivants, mangent une soupe ici, là un sandwich, reviennent vers leurs ruines, ramassent un cadre intact au milieu du désastre, traînent une valise vide et pleurent.

11 heures, alerte.

Lemesle dit à sa femme et à Mme Duléry :

« Partez, partez vite, nous sommes trop près du pont.

— Mais il n'y aura pas d'autre bombardement après l'orage de tout à l'heure...

— Le mauvais temps ne les gênera pas. Partez. »

Bientôt, cinquante-huit personnes s'entassent dans l'abri de l'école. 11 h 6 : le bruit des forteresses volantes est maintenant très perceptible. Lemesle gagne l'abri avec ses camarades du poste de secours : Dagoury, Mathieu, Deleau, Mayeux, avec Mlle Bourgeois qui a passé toute la nuit à veiller des blessés.

Le ronflement des avions augmente. Le bruit s'installe dans la cave. Dans les cœurs. Dans les ventres qu'il travaille.

11 h 9, les premières bombes tombent. Il y a plusieurs prêtres dans l'abri et l'abbé Séron fait réciter des *Ave Maria*.

---

1. Son journal a été publié dans l'excellent ouvrage de R. G. Nobécourt, *Rouen désolée*. Je l'ai suivi pour reconstituer le drame de l'école Catherine-Graindor.

« Je vous salue Marie pleine de grâce... » Dix minutes de prières, dix minutes de bombardement. Accalmie. La première vague est passée. Lemesle, le brancardier Angrand, le chef d'îlot Fleury, quelques autres encore sortent de l'abri et descendent la rue Herbière à la recherche des victimes.

Le bruit de la seconde vague les ramène, trois minutes plus tard, dans leur abri qui tangue sous les bombes proches. « Priez pour nous pauvres pêcheurs, maintenant et à l'heure de notre mort. » 11 h 24. Une bombe d'une tonne tombe sur l'abri. L'abbé Séron est tué sur le coup. Avec lui, Fleury, Angrand, quarante-quatre personnes encore.

Le plafond de l'abri est à demi effondré au-dessus d'une quinzaine de rescapés, parfois affreusement blessés. La cave est envahie de poussière, de débris, cloisonnée presque hermétiquement par des étais, des poutres, qui séparent les vivants et les morts.

11 h 37. Troisième vague de forteresses volantes. Des plâtras dégringolent, le plafond glisse encore, ceux qui vivent ne peuvent même pas lever la tête, ils sont plongés dans l'obscurité la plus totale.

Fin du bombardement. Ils savent tous qu'on va venir à leur secours. Ils imaginent leurs camarades en marche. Le bruit des pioches. Ils ont, eux-mêmes, tant de fois participé à des recherches. Par l'imagination, les voilà de l'autre côté de la barricade ; en réalité ils sont aux prises avec la nuit, les gémissements des blessés, la patience, la peur.

Lemesle dégage Dagoury qui a été presque totalement enterré à ses côtés. Dans la poche de Dagoury, une lampe électrique. La lumière permet de faire connaissance avec la prison, de voir le visage des blessés.

Midi. Des bruits lointains de pioches parviennent aux rescapés. Lemesle trouve un gros tuyau d'eau crevé qui lui sert de téléphone. Avec son sifflet, il alerte les sauveteurs qui travaillent à l'extérieur. On l'entend. Il entend. C'est une bouffée d'espoir qui pénètre dans ce tombeau. Lentement, il donne la position de l'abri qui tient encore.

« Sous la petite infirmerie du poste. »

Lentement, il égrène les noms des survivants.

« Pelfrène, Mathieu, Mathieu qui a le bras démis et qui, pour ne pas crier, mord son mouchoir, Mlle Bourgeois, Dagoury, l'abbé Marzin, Mme Pelfrène, Deleau... »

Il n'y a plus qu'à attendre. En silence. Combien d'heures faudra-t-il prêter l'oreille au bruit des pioches ? Ils ont tous une trop grande expérience des difficultés, des dangers de l'entreprise, pour se bercer d'illusions.

Sur le tuyau d'eau, qui servait tout à l'heure à lancer leur appel au secours, ils s'assoient. Lemesle a éteint la lampe de poche. Les minutes passent. Ils songent aux femmes, aux gosses, au soleil qui doit briller maintenant.

Isolés dans des compartiments créés par les éboulements, prisonniers de poutres et de briques, les emmurés se parlent. M. Pelfrène échange quelques mots avec sa femme captive derrière le mur. Mlle Bourgeois encourage deux pompiers blessés, qu'elle avait soignés la nuit précédente et qu'elle ne peut rejoindre, deux pompiers qu'on entend soudain crier :

« Y a de l'eau ! »

L'eau aussi dangereuse que le feu. Eau des conduites et des puisards crevés. Eau déversée par toutes les lances des pompiers et qui s'infiltre dans les caves.

« Sauvez-nous, sauvez-nous.

« — Courage, les sauveteurs approchent, nous les entendons.

— Sauvez-nous. L'eau monte.

— Ils doivent être couchés, dit Mlle Bourgeois.

— Tenez bon. Nous allons prévenir. »

Par le tuyau, Lemesle avertit les sauveteurs et leur demande de pomper l'eau qui continue à monter. Dix centimètres, quinze, vingt. Les rescapés entendent avec horreur les deux pompiers s'agiter, battre l'eau boueuse, la cracher, crier, cracher une dernière fois.

Agonie qui annonce la leur.

15 h 30. Mlle Bourgeois rampe vers la sortie de secours dans le fol espoir de la trouver désencombrée. Un éboulement l'arrête sur sa route. Lemesle doit aller la dégager. Au-dehors, les sauveteurs travaillent fiévreusement. Ils entendent les cris des prisonniers.

A 16 h 30, l'abbé Maurice Segrétain, ordonné prêtre depuis quinze jours, et qui travaille à l'extérieur, entend son ami, l'abbé Pierre Marzin, crier :

« Dépêche-toi, Maurice, l'eau monte... »

Physiquement, Maurice Segrétain est impuissant à remuer toutes ces pierres. Il ne peut que donner, à celui qui va mourir noyé, sa première absolution.

Les heures passent. Pelfrène n'entend plus sa femme et il s'inquiète [1]. Des voix s'éteignent comme des lampes sans huile. Les survivants s'agitent. Maintenant, ils ont de l'eau jusqu'aux genoux puis, brusquement, jusqu'au ventre. Le tuyau grâce auquel ils communiquaient avec l'extérieur est totalement submergé.

Aussi bien que les paroles les silences sont

---

1. Mme Pelfrène est morte. Malgré plus de trois semaines de recherches, son corps demeurera introuvable.

angoissés. Pourquoi sont-ils vivants au milieu de tant de morts ? Le plafond cède. Ils le consolident avec des briques que les mains cherchent à tâtons sous l'eau.

18 heures. De l'extérieur, le chanoine Brismontier, directeur du Grand Séminaire de Rouen, leur a donné l'absolution. Ils n'en savent rien. L'eau menace. Entre le plafond dangereusement incliné, qui les oblige à baisser la tête et l'eau qui monte toujours, il ne reste plus que soixante centimètres.

Des rats glissent que l'on devine attirés par les morts.

19 heures, 20 heures. Mathieu, que son épaule fait horriblement souffrir, réclame son fils. 21 heures. L'eau ne monte plus.

Ils sont là, haletants, bloqués dans cinq mètres carrés de cave, tendant l'oreille au bruit des pioches.

De temps à autre, l'un d'entre eux interroge :

« Quelle heure est-il ? »

Depuis 11 heures du matin, ils sont plongés dans une nuit que troue seulement l'éclair de la lampe électrique de Lemesle.

A minuit enfin, Albert Amaury et Victor Bicony qui travaillent sans relâche depuis le matin, arrachent les derniers obstacles.

Sur les soixante-quatre personnes qui s'étaient réfugiées dans l'abri, sept sont retirées vivantes.

Aux abris souvent improvisés des maisons particulières, des écoles, des magasins, des cinémas, beaucoup préfèrent les énormes abris collectifs construits depuis le début de la guerre, les cavernes naturelles situées près de certaines villes, les tunnels routiers ou ferroviaires.

A Saint-Malo, pendant le siège, les caves voûtées de l'hôtel-Dieu abritent ainsi une soixantaine de malades, plusieurs grands blessés, des médecins, des infirmières, des religieuses, des hommes et des femmes chassés de chez eux par les bombardements et la bataille. Pour stériliser les instruments des chirurgiens, il faut aller à l'usine à gaz et le chemin n'est pas sans péril. Le docteur Nicolleau et le docteur Page opèrent, faute d'électricité, à la lueur de lampes-tempête.

Devant l'afflux des blessés, le personnel médical doit rapidement céder ses lits.

Au moment des bombardements aériens, comme des tirs d'artillerie, sur des objectifs voisins de cinquante à deux cents mètres environ, les prières des religieuses se mêlent aux plaintes des malades et aux réflexions volontairement cyniques des médecins.

Manque d'électricité, d'eau, promiscuité, difficultés de ravitaillement, la vie quotidienne dans les abris est partout la même. Sous-marins enfouis à dix ou douze mètres sous terre (vingt et un mètres à Brest à l'hôpital Ponchelet), les abris présentent presque tous les mêmes imperfections : conçus pour un séjour de courte durée, ils n'offrent aucune commodité.

Pas de waters, pas de planchers, presque pas de lits lorsque les médecins brestois et leurs malades occupent l'abri Ponchelet dans lequel 3 000 personnes trouveront refuge au plus fort d'un siège qui durera plus d'un mois.

Le sergent pompier Palud découvre un stock de lits superposés appartenant à la Wehrmacht et triple ainsi la capacité de couchage. On installe une pompe Japy pour pomper l'eau potable, qu'il fallait auparavant puiser avec un seau à travers une ouverture pratiquée dans le plancher de la salle d'opération ! Des waters sont installés derrière un paravent, waters insuffisants lors des grands bombardements qui empêchent les gens de sortir.

Femmes, enfants, vieillards, chassés de chez eux par les bombes, ils sont là, écroulés sur les escaliers, essayant de dormir, tremblants de fatigue et de peur.

Il faut les nourrir. M. Berthou, économe de l'hôpital, y pourvoit en récupérant les fruits et légumes des jardins abandonnés, le docteur Lafferre obtient d'un sous-officier allemand, frère d'un archevêque bavarois et directeur de l'abattoir, du lait et de la viande de boucherie.

Il faut soigner les blessés (260 dans l'abri de l'hôpital Ponchelet), enterrer les morts, calmer les survivants, écouter les récits des grandes catastrophes.

Car la vie dans les abris humides, sombres, secoués parfois par les bombes comme un sousmarin peut l'être par l'éclatement des grenades, est inséparable de ces bavardages anxieux qui tournent presque tous autour de la dernière attaque aérienne, du dernier bombardement...

Il y a toujours quelqu'un pour raconter qu'à Trappes des wagons de prisonniers russes ont brûlé avec toute leur cargaison humaine, qu'au Havre le chef des jardiniers débridait les plaies avec un greffoir ; qu'à Noisy-le-Sec les Allemands ont fait désamorcer les bombes non éclatées par des juifs internés à Drancy ; qu'en Normandie, sept membres de la même famille ont péri sous une même bombe ; qu'à Argenteuil une bombe a envoyé un passant dans la Seine avec son vélo, tandis qu'une autre bombe le rejetait quelques secondes plus tard sur la berge.

« Et il n'avait aucun mal ?

— Pas une égratignure. »

Comme les phalènes courent à la flamme, les

occupants d'un abri rôdent autour de l'horrible. Parfois, sanglant, couvert de plâtre et de poussière, quelque échappé d'une cave voisine apporte d'effroyables nouvelles.

Qui annonce dans les abris du Havre, où la population se terre [1], qui annonce qu'une partie du tunnel Jenner vient de s'effondrer sur plusieurs centaines de réfugiés ?

La construction du tunnel Jenner était projetée depuis plusieurs années, mais il avait fallu la guerre, l'occupation, les bombardements intensifs pour que l'on mît en chantier cet ouvrage destiné à relier les deux parties de la ville. A une époque de ciment difficile, le tunnel représentait plus qu'un moyen de passage : un gigantesque abri collectif.

En août 1944, une des sections est achevée. Chaque soir, des milliers de Havrais abandonnent leur maison pour venir camper sous le tunnel routier.

Chacun a ses habitudes, son coin favori, ses voisins de prédilection. Pas d'éclairage à l'exception de trois lampes à carbure pour 6 à 7 000 personnes [2]. Quelques bougies également, mais qui n'empêchent pas de heurter des valises, de trébucher sur les paillasses ou de bousculer les chaises longues que les Havrais ont traînées jusqu'au

1. Quinze jours après le bombardement du 15 septembre, on retrouvera, boulevard de Strasbourg, des Havrais qui n'avaient pas bougé de leur abri, vivant de l'eau des radiateurs et de quelques provisions.
2. Le tunnel, dont la construction fut décidée, au cours de la séance du Conseil municipal du 19 novembre 1941, était prévu pour abriter 16 000 personnes debout, ou 2 475 couchées.

tunnel, dans l'espoir de remédier à l'inconfort de leur installation.

A côté de la section terminée, une section en cours de creusement.

C'est là que se jouera la tragédie.

L'entreprise responsable du chantier a fait poser une palissade, la municipalité a placé un écriteau interdisant l'entrée des chantiers.

Les Havrais savent qu'ils ne doivent pas occuper cette partie du tunnel mal étayée, sans aération. Un gardien est là d'ailleurs... Leroy, gérant des bains-douches municipaux, qui se trouvent à une soixantaine de mètres du tunnel, a bien souvent dit à sa femme et à sa fille Jeannette :

« Surtout n'allez jamais dans la partie non terminée. Une bombe et tout s'effondre. »

Bien sûr, mais le 5 septembre 1944, à 18 heures, lorsque deux fusées éclatent au-dessus du café *Guillaume-Tell*, débute un bombardement d'une violence inouïe.

La ville est matraquée, bouleversée, ravagée par des explosions qui renversent les ruines sur les ruines, abattent tout ce qui était resté debout, soulèvent un énorme nuage de poussière, de papiers, de débris qui seront dispersés à vingt kilomètres à la ronde. Trois cents torpilles tombent sur le square Saint-Roch, grand d'un hectare à peine.

Le vent d'ouest qui souffle en tempête jette l'incendie à l'assaut de la ville. Le Grand-Théâtre brûle, le Palais de la Bourse brûle, l'Hôtel de Ville brûle, la moitié de la ville, au moins, n'est plus qu'un vaste brasier sous lequel rôtissent des milliers de morts.

Prise de panique, la population s'est réfugiée, dès le début du bombardement, dans tous les abris.

Plein le tunnel Jenner, elle a donc enfoncé la

palissade qui défendait l'entrée des travaux voisins. Ce trou, profond de 100 mètres, haut de 3,50 m, c'est le salut. D'un coup d'épaule, la foule balaie la barricade, l'écriteau, le gardien. Trois cent vingt-six personnes s'entassent dans le boyau, parmi les pelles, les pioches, les brouettes des ouvriers.

Accouru de ses bains-douches, Leroy est là. Il est venu voir si sa femme et sa fille ne lui ont pas désobéi, si, dans leur frayeur, elles ne se sont pas trompées d'entrée.

Il n'a pas le temps d'appeler, de questionner, de repartir. Une bombe tombe sur l'entrée du tunnel ; la terre friable, alourdie par les pluies, glisse, entraînant une benne municipale. Un rideau de scène se ferme brutalement. Les voilà prisonniers les trois cent vingt-six qui croyaient au salut.

C'est la nuit. Devant eux, masquant l'entrée par laquelle ils ont pénétré, des tonnes de terre ; au-dessus, des tonnes de terre, dans leur dos...

Quel salut peuvent-ils attendre alors que le bombardement continue, retenant la foule dans les abris, que les pompiers sont débordés partout par le feu, que les sauveteurs doivent dégager au couteau les vivants de l'étreinte des morts[1], que la ville tout entière est balayée par la catastrophe ?

On ne commence à déblayer le tunnel que le 6 septembre en fin d'après-midi, vingt-quatre heures après le drame, mais les sauveteurs attaquent l'éboulement de face. Ils travaillent sous la pluie et, dans le bruit de la canonnade qui se rapproche. Ils doivent remuer d'énormes mas-

---

1. Dans un abri situé place Gambetta, morts et vivants ne forment plus qu'un bloc cimenté par la boue. A l'aide de couteaux, les pompiers doivent dégager les jambes de deux femmes ; avant de mourir, une femme s'est cramponnée à elles et les tient toujours.

ses de terre, étayer, n'avancer qu'avec précaution.

Lorsque l'adjudant Lacheray arrive, le 7 au matin, il estime préférable de faire le percement d'un trou d'homme partant du sommet du tunnel. Le trou achevé Lacheray descend pour une reconnaissance. Bouleversé par le drame dont il a une idée, sans en concevoir encore toute l'ampleur, il remonte à la surface et déclare au commandant Dumont qu'il faut d'abord dégager l'entrée du trou des premiers cadavres entassés.

« Je ne désigne personne pour ce travail, dit le Commandant. Je demande des volontaires. »

Quelques mains se lèvent. Les sapeurs Lecordier et Pesson descendent en compagnie de l'adjudant Lacheray.

Lampes électriques en main les voilà engagés dans ce souterrain encombré de morts, tués par l'explosion de la bombe ou lentement asphyxiés. Certains, ceux-là n'ont pas souffert, ont été écrasés sur les brouettes des ouvriers, d'autres ont lutté longuement contre la mort. Lacheray éclaire des couples enlacés, des gens déshabillés, des hommes qui tiennent à la main une bouteille de vin, une boîte de sardines, des cigarettes, des femmes qui le regardent avec des yeux pleins d'une terreur désormais sans objet.

Il faut traîner ces morts jusqu'à l'entrée du puits, les prendre à bras-le-corps, les hisser...

Malgré le ventilateur des pompiers, qui envoie de l'air frais, l'atmosphère est irrespirable. Godard et Charles Hate prennent la place de Lecordier et de Pesson.

Ils traînent des corps et des corps. Ils passent l'inspection des cadavres.

Visage contre visage.

Un homme, une gamine, un vieillard, une femme assise avec son gosse dans les bras, près d'elle la voiture d'enfant. Lacheray place sa lampe sous le nez de la femme.

« Eh ! bon Dieu elle vit. Viens, elle vit. Ça alors, dis donc. Charlot, enlève l'enfant.

— Je peux pas », répond Charles Hate qui a les yeux pleins de larmes et songe à ses gosses.

Lacheray prend l'enfant mort, puis ils s'occupent de la femme, l'emportent jusqu'au trou d'homme, l'attachent.

« Hissez », crie Lacheray.

On remonte aussi Lacheray qui n'en peut plus et suffoque. Revenu à l'air libre, il désigne deux pompiers pour prendre sa suite. Puis il fait conduire dans un café voisin le corps de celle qu'il a sauvée. Lentement, sous l'effort des appareils de respiration articielle, la femme revient à elle. Il est 9 heures.

Epuisé, hébété, Lacheray rentre chez lui et, se souvenant du spectacle du tunnel Jenner, il ne peut que répéter à sa femme :

« Tu peux pas savoir ce que je viens de voir, tu peux pas savoir... »

A l'intérieur du tunnel, les équipes de deux hommes se relaient pour traîner les cadavres sous le puits par lequel on les hisse au jour. Six fois, ils ont la chance de découvrir un vivant que la respiration artificielle arrachera à son sommeil.

Les autres, tous les autres sont conduits vers les bains-douches. C'est un petit bâtiment de briques rouges, à un étage. Le jardin qui précède la porte d'entrée est fermé par une grille. Les pompiers ouvrent les portes. Sur le carrelage, ils couchent les morts : vingt, trente, quarante, cinquante.

La foule des parents s'est rassemblée sous la pluie. De temps à autre, une femme s'effondre.

A 16 heures, les sauveteurs doivent interrompre leur travail, sous la menace des éboulements.

De petits groupes se séparent en baissant la tête... Il pleut toujours sur les ruines, sur les incendies, sur les morts que l'on a transportés sur le carrelage et dans le jardinet des bains-douches.

★

En compagnie de sa fille, Mme Leroy est sortie de l'abri où elle a vécu le bombardement du 5 septembre.

Pendant quarante-huit heures, elles n'ont rien mangé.

Dans leur abri, une femme est devenue folle, une autre a accouché.

Sous le ciel, gris de nuages et de fumées, les gens avancent timidement. Ils sont couleur de terre. Leur ville, ils ne la reconnaissent pas. Les maisons comblent les rues, des moignons brûlent, des murs s'effondrent dans un bruit sourd, de partout on aperçoit la mer. Voilà ce qui les stupéfie. Plus rien n'arrête leur regard, ni magasins, ni églises, ni grands immeubles locatifs. Au bout des ruines, la mer...

Tous ceux qui ont été séparés à l'heure de l'alerte cherchent à se rejoindre. Mme Leroy et Jeannette courent à leur maison : les bains-douches de la rue Louis-Blanc.

« Papa doit nous attendre. »

Elles arrivent, trouvent la grille fermée et, par-delà la grille, Mme Leroy aperçoit les brancards sur lesquels reposent les morts.

Des morts dans le hall d'entrée, dans les cabines, dans le bureau...

Comprenant soudain l'ampleur du drame, folle

de douleur, s'adressant aux morts, s'adressant à Dieu, Mme Leroy secoue la grille et supplie qu'on la laisse entrer [1]...

---

1. Pour le récit de la tragédie du tunnel Jenner, j'ai obtenu les témoignages de Mme Leroy et du lieutenant Lacheray puis, plus tardivement, ce qui a entraîné une modification dans mon récit lors d'une réimpression, ceux du caporal Lecordier, de MM. Hate et Pesson. Le corps de M. Leroy fut retiré du tunnel dans la seconde quinzaine de septembre, lorsqu'une entreprise de travaux publics put ouvrir une sape. Munis de masques, les pompiers eurent alors la mission de ramener les corps de toutes les victimes abandonnées le 7 septembre.

A Brest où l'abri Sadi-Carnot sauta le 9 septembre 1944, il y eut 350 victimes françaises. La cause de l'explosion ne put jamais être déterminée avec exactitude. Les Allemands occupaient une partie de l'abri dans lequel ils avaient entreposé des munitions. On parla d'une rixe entre soldats allemands ; également de l'action d'obus de l'artillerie américaine frappant l'entrée de l'abri.

Le maire de Brest, M. Eusen, trois conseillers municipaux et six médecins périrent dans l'explosion.

CHAPITRE IV

VIE ET MORT DES JUIFS

IL fait très chaud à Paris, le samedi 6 juin 1942.
Alice Courouble et son amie Suzanne s'engagent
rue Saint-Jacques pour rejoindre le métro. Un prêtre qu'elles ne connaissent pas les salue, en les
croisant, d'un large coup de chapeau. Un peu plus
loin, un jeune homme à lunettes traverse la chaussée et leur dit :

« Permettez-moi, mesdemoiselles, de vous serrer
la main. »

Les joues de Suzanne s'empourprent. Elle bal-
butie :

« Merci, monsieur. Merci de votre geste. »

Les deux jeunes filles passent devant le *Dupont-
Latin*, aux terrasses encombrées d'étudiants. Elles
vont poursuivre leur route lorsque cinq policiers
en civil leur barrent le passage.

« Police, vos papiers. »

Elles présentent leur carte d'identité et leur carte d'alimentation.

Alors, l'un des policiers, fixant sur le boléro de soie noire d'Alice Courouble la toute neuve étoile jaune, s'écrie :

« Madame, vous n'êtes pas juive ! »

Alice Courouble ne répond pas. L'homme insiste :

« Allons, pourquoi avez-vous fait cela ? »

Les autres la regardent curieusement.

« C'est mon amie, bredouille enfin Alice, je ne pouvais pas la laisser sortir seule.

— Venez avec nous au commissariat, vous vous expliquerez. »

Devant le commissaire de la rue Dante, elle raconte que Suzanne est arrivée un jour, brandissant un journal et disant :

« Cette fois, ça y est. Je dois porter une étoile jaune. »

Par sympathie pour Suzanne, Alice s'est écriée :

« Eh bien ! je t'accompagnerai et, moi aussi, je porterai une étoile. »

Le commissaire a l'air bon enfant. Il hoche la tête en disant « oui, oui » et il fait rédiger à Alice une déposition dans laquelle il n'est plus du tout question de l'amitié d'Alice pour les juifs, ni de sa bravoure, ni de son ironie. L'étoile jaune sur sa poitrine s'explique tout simplement par une substitution de jaquette. Ayant dépouillé son geste d'intention agressive, on l'arrête. Car Alice Courouble n'est pas la seule à avoir nargué les Allemands.

Au Dépôt, 3, quai de l'Horloge et, plus tard, aux Tourelles, elle va rencontrer d'autres femmes arrêtées, elles aussi, pour avoir indûment porté l'étoile juive : Jenny, Paulette, Françoise avaient peint sur leur étoile la mention : *papou*. Mme L... avait brodé sur la sienne la croix du Christ.

Josèphe s'était confectionné une ceinture faite de huit étoiles de carton jaune portant chacune une des lettres du mot : V. I. C. T. O. I. R. E.[1].

Quant à Marie Lang, marchande de journaux, boulevard des Italiens, elle a poussé l'audace plus loin encore. C'est au collier de son chien qu'elle a fixé une étoile juive ; interpellée par la police, elle a avalé la feuille de papier compromettante.

Les femmes ne sont naturellement pas les seules à manifester leur réprobation devant les mesures antijuives.

Le 5 juin, un agent allemand, qui a espionné la conversation de deux étudiants dans le métro, rapporte que l'un d'eux disait :

« Dimanche prochain, on s'amusera bien ; même les non-juifs parmi nous porteront l'étoile. »

L'Obersturmführer Dannecker, chef de service juif du S. D., en zone occupée[2], alerté, envisage des contre-mesures et ordonne de diriger immédiatement tous les « amis des juifs » sur Drancy et d'annoncer leur arrestation par voie de presse et de radio.

Le boulanger Roland Borivant, le tourneur Nicolas Rebora, l'ouvrier Lazare Villeneuve, l'architecte Muratel qui, sur son étoile, avait peint l'inscription « Auvergnat », l'étudiant Michel Reyssat et quelques autres sont donc expédiés à Drancy pour plusieurs mois. Avec eux, le normalien Henri Plard qui, le dimanche 7 juin, a accompagné un de ses camarades à la messe de Saint-Jacques-du-Haut-Pas. L'étoile jaune dont il s'était affublé a intrigué un agent de la Gestapo en surveillance

1. Tous ces noms sont cités par Alice Courouble dans son livre : *Amie des Juifs.*
2. Chef du service juif du S. D. pour la France occupée, resta en fonctions de la fin de 1940 jusqu'au mois de juillet 1942. Il fut, à cette date, révoqué pour malversations et envoyé en Bulgarie.

dans le voisinage et Henri Plard, qui appartient d'ailleurs à la religion réformée, n'a pu assister à l'office.

On pourchasse les aryens qui se déguisent en juifs.

On pourchasse bien plus sévèrement les juifs qui, volontairement ou non, oublient leur déguisement. Arrêtées celles qui masquent l'étoile d'un sac à main tenu contre leur cœur. Arrêtée et déportée en Allemagne, Mme Couytigne, vieille dame de 72 ans, dont l'insigne était à moitié dissimulé par un revers de jaquette. Arrêtés ceux qui descendent en robe de chambre, vierge d'étoile, chercher le pain du matin. Ceux dont l'étoile est mal cousue. Ceux dont l'étoile est tenue par une épingle, ou par des boutons-pression.

La liste est très brève des juifs français officiellement dispensés de porter l'étoile.

On la connaît grâce à un rapport de Röthke, l'adjoint de Dannecker. Vingt-six personnes seulement ont, dans leur portefeuille, le certificat de dispense.

Voici celui de la plus célèbre des exemptées, Jeanne-Louise de Brinon, femme de l'ambassadeur du gouvernement de Vichy à Paris :

Le commandant de la S. I. P. O. et du S. D.
dans le secteur du Militaerbefehlshaber
en France

Paris, *le 13 juillet* 1942.

CERTIFICAT

Il est certifié par la présente que Mme de Brinon, née Frank, Jeanne-Louise, le 23 avril 1896, à Paris, demeurant actuellement au château La Chassagne, près Felletin (Creuse), est dispensée, dès maintenant, jusqu'au 31 août 1942 inclus, des ordonnances prises par le huitième décret concernant des mesures antijuives du 29 mai 1942 sur le port de l'étoile juive, jusqu'à éclaircissement définitif de son origine.

Avec Mme de Brinon sont également exemptées trois personnes (dont la comtesse d'Aramon et la marquise de Chasseloup-Laubat), en faveur desquelles le maréchal Pétain est intervenu le 12 juin 1942. Puis huit courtiers juifs « travaillant » avec les bureaux allemands : intermédiaires de tout poil, indicateurs signalant marchandises, bijoux, tableaux ou meubles de prix appartenant à leurs coreligionnaires.

Les services de contre-espionnage et la police antijuive ont fourni treize certificats à leurs protégés. Enfin, une exemption est accordée sur la demande du bureau VI, nº 1 (service de renseignements du S. D.). Car les Allemands ne dédaignent pas d'utiliser parfois les services des juifs. C'est ainsi que le chef de la propagande allemande en Espagne, Hans Josef Lazar, est un israélite de Galata qui cache sa naissance à ceux qu'il intoxique, mais non pas à ses maîtres.

Si très peu de juifs français habitant la zone occupée [1] échappent officiellement à l'étoile, les juifs citoyens des pays ennemis : Angleterre, Etats-Unis, Etats de l'Amérique du Sud ou des pays neutres vivant en France ne seront jamais astreints au port du signe distinctif. Ce n'est pas l'un des moindres paradoxes de cette guerre. Les Allemands l'expliquèrent par leur volonté d'éviter l'intervention des pays neutres et des représailles

1. Même après le 11 novembre 1942, l'étoile ne sera pas imposée aux Juifs résidant dans l'ancienne zone libre.

contre leurs citoyens retenus en Angleterre ou aux
U. S. A.

La huitième ordonnance, en date du 29 mai 1942,
définit avec une précision tatillonne l'étoile juive
et la façon de la porter.

« *C'est une étoile à six pointes ayant les dimen-*
sions de la paume d'une main et les contours noirs.
Elle est en tissu jaune et porte, en caractères noirs,
l'inscription « juif ». Elle devra être portée — dès
l'âge de 6 ans — bien visiblement sur le côté gau-
che de la poitrine, solidement cousue sur le vête-
ment. »

Telle quelle, elle est le fruit d'expériences nombreuses déjà faites en Allemagne ou en Pologne
occupée. Les Allemands, en effet, ne se sont pas
arrêtes immédiatement à l'étoile. En Pologne, ils
ont essayé du brassard, puis du carré d'étoffe
cousu dans le dos.

C'est au cours de la conférence qui réunit à
Paris, le 12 mars 1942, les représentants des services allemands de Paris, de Bruxelles et d'Amsterdam qu'il est décidé de faire porter l'étoile « telle
qu'elle est employée en Allemagne » aux juifs de
France occupée, de Belgique et de Hollande.

La mesure devait être annoncée à la même date
dans les trois pays, mais le S. S. Sturmbannführer
Lages, du service d'Amsterdam, imposa le port de
l'étoile aux juifs hollandais à dater du 27 avril 1942,
soit avec six semaines d'avance sur ses collègues
de Paris qui se débattaient dans de nombreuses
complications techniques et tentaient surtout de
faire promulguer la mesure par le gouvernement
de Vichy.

Enfin, tout fût prêt. Les 5 000 mètres de tissu,
couleur « vieil or », achetés à raison de 21 francs 70

le mètre à la maison Barbet-Massin, Popelin et Cie, furent imprimés par les soins de Wauters et Fils, rue de Montmorency. Dannecker, qui était pressé, sollicita même, pour les ouvriers imprimeurs, l'autorisation de travailler la nuit.

Puis, les 400 000 étoiles — tout un ciel — furent réparties dans les commissariats de quartier, chargés de les distribuer à la population juive à raison de trois étoiles par personne et contre remise d'un point détaché de la carte de textile.

Cette étoile, les uns la portent avec ostentation, les autres avec honte et terreur. Dans les jours qui suivent la mesure, tous les agents allemands sont chargés de « rapports psychologiques ».

L'agent 316 souligne ainsi que les combattants juifs de 1914-1918 arboraient toutes leurs décorations juste au-dessus de l'étoile juive et que les femmes, « *surtout dans les quartiers de la Goutte-d'Or, Barbès, La Chapelle, parlaient haut et faisaient entendre qu'elles étaient fières de porter l'insigne de leur race* ».

Mais les enfants ? Comment coudre sans trembler, sur leur petite robe ou sur leur veste, un insigne qui risque d'attirer les plaisanteries cruelles et les brimades de toute l'école. Certains d'entre eux refusent d'aller en classe. Il faut les accompagner, presque les traîner de force. Mais, alors, parfois, le miracle se produit. Des camarades se ruent vers eux, éloignent les pères, entraînent les petits juifs qui ont bien vite oublié l'objet de leur terreur.

Ces petites scènes, où les gosses sont acteurs, ont des témoins. Une femme raconte que, dans la classe de sa petite fille de huit ans, « *les enfants chrétiennes (en majeure partie enfants de gardes républicains) ont décidé de se tenir comme si rien ne s'était passé et de continuer à jouer avec leurs camarades juives, comme d'ordinaire. Les enfants juives, gagnées par la contagion de l'esprit angoissé de leur famille, n'étaient pas tranquilles. Ce qui les intriguait surtout c'était que les enfants chrétiennes délibéraient entre elles plus souvent que d'ordinaire.*

Elles ont donc décidé de tenir une petite réunion dans un coin et, après discussion, résolurent de s'adresser collectivement aux camarades chrétiennes en leur demandant de ne pas leur en vouloir quand elles viendront à l'école avec l'étoile. Elles ont donc mis leur résolution à exécution. Elles ont rassemblé toutes les élèves de leur classe et une des fillettes (9 ans) a remis la demande des enfants juives. Leurs camarades chrétiennes se sont ruées vers elles, en les embrassant et en assurant que, toutes, elles avaient déjà décidé auparavant de traiter leurs collègues juives comme d'ordinaire.

Pouvez-vous imaginer mes sentiments quand mon petit ange m'a transmis cette nouvelle... »

Petits et grands, les Français sont ainsi, brutalement, en juin 1942, mis en face de la question juive. Du jour au lendemain, les juifs deviennent *visibles*. Ainsi, le voisin de palier « en est ». Et le médecin. Et le petit cordonnier. Et l'employé de banque. Et le prêtre aussi, qu'aucun texte ne dispense de faire sa déclaration [1].

L'étoile juive n'est certes pas la première mesure antisémite, mais elle oblige les aryens à prendre des attitudes envers leurs anciens amis, leurs fournisseurs, les inconnus rencontrés dans la rue.

1. Dans l'abondante littérature antijuive, voici un document symptomatique émanant de la direction régionale de Toulouse du Commissariat général aux questions juives. Le Préfet régional de Toulouse ayant demandé un avis, le directeur du C. G. Q. J. répond, le 12 août 1941 :

« 1. — Aucun texte ne dispense un prêtre catholique ou un pasteur protestant de faire sa déclaration, s'il est juridiquement juif de par l'article premier du statut du 2 juin 1940 (*sic*)...

Dans la hiérarchie punitive allemande, le port de l'étoile suit un certain nombre de décisions restreignant la capacité des juifs. Elle précède les mesures collectives d'arrestations et de déportation. Lorsque le troupeau a été privé de moyens de défense, on le marque avant de le massacrer.

Les Allemands n'avaient naturellement pas attendu le mois de juin 1942 pour manifester leurs sentiments antisémites.

Deux mois après l'armistice, le 29 août 1940, l'ambassadeur Abetz avise les autorités françaises que le Führer interdit définitivement, et sans exception, l'entrée des juifs en zone occupée. Ceux qui résident dans cette zone doivent immédiatement être recensés et leurs magasins signalés par des affiches jaunes en attendant que des gérants aryens soient nommés pour les affaires dont les propriétaires juifs sont absents ou en fuite.

Recensement. Les juifs se présentent dans les commissariats. Et il n'y manque pas même Bergson qui, ne voulant se prévaloir ni de son génie, ni de sa conversion intérieure, s'étant démis de toutes ses fonctions universitaires et honorifiques, qui lui étaient une sauvegarde, se traîne, en pantoufles et robe de chambre, le corps noué par de

« 2. — Il n'en serait même pas dispensé s'il bénéficiait de la dérogation prévue à l'article 8 (services exceptionnels individuels ou familiaux).

« 3. — Si Ponce Pilate avait ordonné un recensement des Juifs, Jésus-Christ lui-même s'y serait conformé ; le plus humble de ses représentants sur la terre doit donc se soumettre aux obligations de la loi, surtout quand ces obligations n'ont aucun caractère vexatoire, et aussi parce que l'humilité est une vertu chrétienne. »

terribles rhumatismes, devant le commissaire de police de Passy [1].

Combien de juifs ? Les Français n'en savent rien. Leur eût-on posé la question, les réponses auraient oscillé entre 400 000 et 1 000 000.

Qui est juif et quelle est la définition de la race juive ? Les Français n'en savent rien non plus. Allemands et gouvernement de Vichy vont tenter de résoudre ces deux problèmes.

Combien de juifs ? 350 000 environ, dont 300 000 vivaient en 1939 dans la région parisienne [2]. Leur répartition géographique sera très différente au lendemain de la victoire allemande. Roulés par l'exode, poussés aux épaules par la peur des persécutions, les juifs vivant en France ont fui en zone encore libre, gagné Nice, Bordeaux, l'Afrique du Nord avec le *Massilia* qui emporte une forte proportion de parlementaires juifs suivis de leur famille. Plusieurs milliers d'entre eux parmi les plus fortunés — 5 080 d'après un rapport des services antijuifs — sont même passés en Espagne entre le 10 et le 25 juin 1940, se pressant, se poussant, abandonnant au poste frontière d'Hendaye une partie de leur or et de leurs bagages. Abandonnant des otages ; malchanceux que la police française arrête, comme ce Léon Blum que les Allemands réclameront dès le 27 juin [3], malchan-

---

1. Le grand philosophe mourra le 25 janvier 1941. Dans son testament, tout en se solidarisant avec les Juifs menacés, il réclamait les prières d'un prêtre catholique. Seules les persécutions avaient retardé l'annonce de sa conversion.
2. Certains tracts antijuifs, obligatoirement encartés en juin 1942 dans les journaux de zone occupée, donneront le chiffre de 1 200 000 ! Une brochure de propagande antijuive intitulée : *Je vous hais*, publiée en 1944, parle de 800 000 Juifs en 1939.
3. Il ne s'agissait que d'un homonyme qui sera, comme tous les détenus pour infraction à la législation douanière, libéré quarante-huit heures avant l'arrivée des Allemands.

ceux que les Espagnols refoulent, comme Mᵉ Henry Torrès contre lequel les Allemands sont intervenus auprès du gouvernement espagnol, et à qui ils reprochent d'avoir défendu Grynspan.

L'armistice signé, les Allemands établis en France, et qui d'abord ne menacent ouvertement personne, certains des fuyards regagnent Paris en fraude. Il y a la boutique ou le bureau, c'est-à-dire le gagne-pain, que l'on ne peut abandonner. Il y a aussi, au cœur des juifs français, ce terrible complexe de supériorité qui les pousse à venir se jeter dans la gueule du loup et provoquera tant de drames. « Les Allemands n'en veulent qu'aux juifs étrangers. Ils ne toucheront jamais aux anciens combattants. D'ailleurs, Vichy nous protégera. » Ainsi, c'est comme une race à l'intérieur de la race, et dont l'orgueil fera des ravages jusque dans les camps.

Si bien que, lorsque les Allemands en ont fini avec le recensement, ils trouvent dans leur zone d'occupation, notamment grâce au « fichier modèle » de la préfecture de police (par ordre alphabétique, par rues, par profession, par nationalité) un chiffre de 160 000 juifs déclarés.

En zone libre, il y aurait donc de 170 000 à 200 000 juifs, car il faut compter ceux qui sont arrivés récemment de Belgique et de Hollande par les routes de l'exode. D'Allemagne même la France vaincue en a reçu puisque, en octobre 1940, les Allemands décident d'évacuer *tous* les juifs encore présents dans le pays de Bade et le Palatinat. Quatre trains spéciaux traversent donc la France pour décharger à Oloron (Basses-Pyrénées) 7 500 juifs allemands apeurés et ignorants du sort qui les attend. Conduits au camp de Gurs, ces Allemands feront un jour le voyage de retour pour gagner Dachau ou Auschwitz.

La main droite ignore ce que fait la main gauche.

Tous ces juifs étrangers compliquent encore le problème du judaïsme en France. Car 50 p. 100 des juifs vivant en France sont arrivés depuis moins de vingt ans d'Europe centrale et orientale. Sur les 175 000 qui ont la nationalité française, la moitié ne sont pas nés de parents français [1].

Lorsque, le 6 mars 1943, Röthke annoncera que 49 000 juifs vivant en zone occupée ont déjà été déportés, il lui faudra énumérer dix-sept nationalités différentes (Belges, Hollandais, Norvégiens, Roumains, Grecs, Russes, Tchécoslovaques, Yougoslaves, etc.) avant d'arriver aux « 3 000 criminels juifs français » dont le destin a été confondu avec celui de tous ces étrangers et apatrides.

Le judaïsme en France est donc très loin d'être un bloc homogène. C'est une Babel. De langue, de culture, de tradition, de religion même. Comprenant ses pauvres et ses riches. Ses bien et ses mal nés.

Premiers touchés, les juifs étrangers contribuent longtemps à masquer aux yeux des Français, aryens ou non, le but d'extermination totale poursuivi par les Allemands. Même à Drancy, sur le chemin de cette déportation d'où l'on ne revient pas, certains juifs français « assimilés » continueront à se tenir à l'écart des autres juifs. Selon le mot cruel d'un autre captif « les étrangers étaient pour eux des internés de bas étage ».

Des organisations de résistance juive ont recueilli les témoignages de quelques libérés de

1. J'emprunte ces chiffres à un auteur juif, **Bilig** : *L'Œuvre du Commissariat aux questions juives.*

Drancy. Ils jettent d'étranges lueurs sur le cœur humain.

Un ancien combattant, le témoin n° 7, raconte : « *On vivait par nationalités, par groupes, par compatriotes. Chacun ne voyait que ses propres intérêts et non ceux du voisin. Il y avait parmi nous des gens pauvres, mais aussi des gens très riches qui disposaient de 400 000 à 500 000 francs. Le pauvre diable, ébloui par l'argent, cédait une partie de sa ration.* »

Et le témoin n° 8 a ce cri déchirant : « *Les juifs français n'étaient pas solidaires de nous. Ils nous ont considérés comme des juifs inférieurs et ils disaient à qui voulait les entendre que nous étions cause de leurs malheurs.* »

Et Denise Aimé, dans son *Relais des Errants*, a ce mot terrible : « *J'ai vu des gens xénophobes dans tous les pays... mais la xénophobie pure, à l'état de passion et n'admettant aucune exclusion, je ne l'ai trouvée que là-bas.* » A Drancy !

Il faudra atteindre au dernier stade du malheur, il faudra que les Allemands dissipent eux-mêmes toutes les illusions pour que la solidarité règne enfin entre des hommes qui, faute d'avoir la même patrie, ont du moins le même ennemi.

Qui est juif ?

Le 3 octobre 1940, Alibert, ministre de la Justice du gouvernement de Vichy, promulgue le statut des juifs, qui s'ouvre naturellement par une définition raciale : « Est regardé comme juif... toute personne issue de trois grands-parents de race juive, de deux grands-parents de la même race, si son conjoint lui-même est juif. »

Plus tard, les juifs appartenant à l'administration devront répondre, en vue de l'application de la loi du 2 juin 1941, à trente-deux questions portant sur la race et la religion de leurs grands-parents et de ceux de leur conjoint.

On leur demande également s'ils ont adhéré à une autre religion que la religion juive « avant le 25 juin 1940 », car toutes les conversions postérieures à l'armistice sont considérées comme suspectes et nulles [1].

Alors, c'est la chasse aux certificats de baptême. Un grand-père baptisé vaut son pesant de liberté ! Les curés ne se comptent plus qui falsifient, plus ou moins adroitement, les registres de baptême. Ils sont si nombreux que les policiers, non contents de se présenter dans les sacristies d'où on les chasse parfois, interviennent auprès des évêques dans l'espoir de faire cesser des manœuvres que, pour la plupart, les prélats connaissent et approuvent.

Pendant les premiers mois de l'occupation, ordonnances allemandes et lois de Vichy vont donc se succéder, ces dernières moins sévères et d'application moins stricte, mais plus nombreuses, plus tatillonnes, et cruelles dans leur désordre même [2].

Les juifs étrangers sont, avec ou sans texte de loi, arrêtés par les Allemands, et Vichy, en vertu de la loi du 4 octobre 1940, les enferme dans des camps où l'on ne meurt certes pas sous les coups et dans les crématoires, mais où l'on succombe tout de même de maladie, de faim, de froid, de misère, physiologique et morale.

Recensés, les juifs français vont être peu à peu

1. Dans une déclaration du 17 juin 1941, la Faculté de théologie catholique de Lyon protestera contre cette restriction jugée par l'Eglise inadmissible.
2. Au 15 décembre 1941, seize lois et une dizaine de décrets antijuifs auront été ainsi promulgués en zone libre. La plupart de ces lois ne faisaient que reprendre avec un peu de retard les textes allemands du 27 septembre et du 18 octobre 1940, ainsi que celui du 26 avril 1941.

chassés de tous les emplois, des magasins, des bureaux, des administrations.

Interdiction aux juifs d'exercer certaines activités économiques (pratiquement presque toutes), dit l'ordonnance allemande du 26 avril 1941.

Interdiction d'avoir le téléphone. Interdiction de fréquenter les établissements de spectacle ou autres établissements ouverts au public : restaurants, piscines, cafés, bibliothèques, squares, champs de courses, etc...

La liste publiée par Oberg, chef supérieur des S. S. et de la police, le 15 juin 1942, est d'une étonnante variété. De la cabine téléphonique au château fort, du stade au terrain de camping, tout y passe. On verra ainsi de vieux universitaires errer autour des bibliothèques où ils ne peuvent plus étudier et des hommes risquer l'arrestation pour avoir acheté un timbre dans un café.

Comme il faut tout de même laisser aux juifs la possibilité de se ravitailler, l'article 2 de l'ordonnance du 8 juillet 1942 leur donne le droit « *d'entrer dans les grands magasins, les magasins de détail et artisanaux, pour y faire leurs achats ou les faire faire par d'autres personnes, de 15 heures à 16 heures.* » L'heure à laquelle la plupart des boutiques sont fermées ! Ou vides déjà !

En zone non occupée, les juifs sont également exclus de la plupart des activités commerciales ou industrielles, leurs entreprises sont placées sous la coupe d'administrateurs provisoires, mais un grand nombre d'entre eux arrivent cependant à survivre en abandonnant leur métier pour devenir occasionnellement livreur, cyclo-taxi, manœuvre, ouvrier agricole, mineur, gardien de fous, voire paysan, comme cet ancien élève de l'Ecole des Chartes, ce médecin et ce diplômé d'études supérieures de philosophie devenus laboureurs dans le domaine de Lautrec (Tarn). Plusieurs jouent la difficile comédie de la folie et se retrouvent pour quelques mois à Sainte-Anne [1], provisoirement à l'abri des arrestations.

Les juifs s'abaissent.

L'administration aussi.

Le 25 juillet 1942, le préfet de la Haute-Vienne rappelle à ses subordonnés que « *M. le chef du Gouvernement, ministre-secrétaire d'Etat à l'intérieur, estime qu'il y a lieu d'assurer l'éviction immédiate des juifs du domaine commercial de la Loterie Nationale.*

Je vous prie, en conséquence, de vouloir bien faire vérifier qu'aucun émetteur ou vendeur de billets de la Loterie Nationale n'est juif au terme de la loi du 2 juin précitée [2]. »

Les juifs n'ont pas le droit de proposer la chance et la fortune aux passants, qui ont pourtant besoin de fortune et de chance en cet été 1942.

Les juives n'ont pas le droit de se prostituer et le commissaire spécial de Chartres fait interdiction à la tenancière d'une maison de tolérance de Châteaudun de recevoir « une femme majeure de confession israélite ».

Les juifs n'ont pas le droit... Quels droits ont-ils ?

Le plus extraordinaire de ces documents où le ridicule côtoie l'affreux est, sans doute, cette lettre du 9 janvier 1943 par laquelle M. le Préfet de l'Yonne rappelle à l'attention de M. le Commissaire aux questions juives « *la lettre du 4 décembre 1942 vous priant de bien vouloir me faire connaître s'il n'y avait pas d'inconvénient à ce que M. le docteur Javal, israélite résidant à Cour-*

---

1. Cf. Denise Aimé : *Relais des Errants*, pp. 194-195.
2. Date à laquelle Vallat a modifié le statut du 3 octobre.

genay (Yonne) fasse partie de la commission syndicale de l'Association syndicale pour le curage du ruisseau « l'Alain ».

On regrette de n'avoir pas trouvé la réponse à ce chef-d'œuvre de littérature grotesque.

Quels sont les droits des juifs ?

Vichy, du moins, s'efforce de déterminer des catégories parmi les réprouvés.

Pour être admis à exercer certains emplois et fonctions (pas toutes : la fonction publique demeure, en principe, rigoureusement interdite), il faut :

— soit être titulaire de la carte de combattant ;

— soit avoir fait l'objet, au cours de la campagne 1939-40, d'une citation donnant droit au port de la croix de guerre (ces citations, l'Institut des questions juives interviendra d'ailleurs plus tard, mais sans succès, auprès du ministère de la Guerre pour qu'elles soient attribuées parcimonieusement aux anciens soldats juifs) ;

— soit être décoré de la Légion d'honneur ou de la Médaille militaire pour faits de guerre ;

— soit être pupille de la nation ou ascendant, veuve ou orphelin de militaire mort pour la France.

En zone occupée, puis, avec le temps qui passe, en zone non occupée, ces médailles, ces blessures, ne sont qu'un rempart illusoire. Du moins prolongent-elles l'espérance et, dans les relations avec l'administration vichyssoise, permettent-elles à quelques privilégiés de conserver leur ancien métier ou de se « recaser » convenablement.

Xavier Vallat, commissaire aux questions juives, écrit, le 24 mars 1942, dans un texte destiné au Service interministériel d'information : « 3 000

*fonctionnaires juifs ont été éliminés des adminis-
trations de l'Etat ; dans la presse, dans le cinéma,
à la radio, dans tous les domaines où leurs fonctions leur donnaient un pouvoir de contrôle et
d'orientation des esprits, les mêmes mesures ont
été appliquées avec la même fermeté... »*

Malgré ce cocorico antisémite, il reste toujours,
le 3 juin 1942, plus de 215 fonctionnaires juifs en
zone occupée, dont 65 pour le seul secrétariat
d'Etat à l'Intérieur et 91 aux Communications.

Mais, pour toutes les professions, on a fixé à
2 p. 100 le pourcentage des juifs admissible. Pourcentage tantôt trop faible : c'est le cas des médecins et des avocats dans les rangs desquels on
fera des coupes sombres, tantôt trop fort ; c'est
le cas des sages-femmes. Vingt-deux auraient le
droit d'exercer dans le département de la Seine,
on n'en découvre que dix-huit qui soient de race
juive. Et, tout de même, six seront radiées !..

Par contre, seuls, 108 médecins juifs auraient
le droit d'exercer dans la Seine. Or, 203 sont toujours en fonctions en mars 1943, ce qui porte le
numerus clausus de 2 à 4 p. 100 (il y a 5 410 médecins non juifs).

Antignac, commissaire aux questions juives de
l'époque, explique que tous ces médecins ont été
maintenus à cause de leurs titres de guerre. Explication qui n'arrêtera pas les Allemands.

Pour les étudiants, le *numerus clausus* est porté
à 3 p. 100 des étudiants non juifs inscrits pour
l'année.

A l'intérieur de ces 3 p. 100 le législateur français a, d'ailleurs, imaginé tout un système de
priorités accordées aux orphelins de guerre, aux
décorés, aux enfants de familles nombreuses, aux
brillants sujets...

Donner aux juifs français un complexe d'étrangers en France, les marquer de l'étoile et, sur

leur carte d'alimentation, apposer en lettres grasses la mention « juif », envoyer les juifs étrangers
dans les camps de Compiègne ou Drancy, puis en
Allemagne, lorsqu'il faudra vider les camps pour
faire un peu de place aux juifs français, toutes
ces opérations politiques, et si l'on ose écrire « phi-
losophiques », se doublent d'opérations « commerciales ».

Avant de prendre la vie des juifs dans les camps
et leurs os pour faire de l'engrais, et leurs dents
en or, et leurs cheveux, on leur prend leur argent,
et leurs meubles, et leurs biens.

La spoliation commence quinze jours à peine
après l'armistice, lorsque Keitel annonce au général von Vollard-Boeckelberg, commandant militaire de Paris, que le Führer a donné ordre de
mettre en sûreté, « *outre les objets d'art appartenant à l'Etat français, les objets d'art et documents historiques appartenant à des particuliers,
notamment à des juifs* ».

« Cette mesure ne doit pas constituer une expro-
priation », ajoute Keitel, et il est bien vrai qu'il
s'agit d'abord d'un recensement de tout ce qui
(statue ou tableau) atteint une valeur de
100 000 francs [1]. Mais, quelques jours après la
note de Keitel, Hitler nomme Alfred Rosenberg
chef d'un état-major spécial chargé de récupérer
et d'acheminer vers l'Allemagne toutes les œuvres
d'art « intéressantes ».

Les Allemands se font la main avec la collection
Rothschild abritée, près de Bordeaux, dans les
domaines de Château-Lafite et Château-Mouton-

---

1. Recensement ordonné par l'ordonnance du 15 juillet 1940,
ordonnance qui découle de la note de Keitel.

Rothschild. Cette collection très importante (on l'estimera à plus de 2 milliards 1940) est dénoncée par un nommé Jurschewitz qui reçoit « en guise de denier de Judas [1] » une somme de 65 000 francs. Alertés, les Allemands envoient donc à Château-Lafite, à la fin du mois d'octobre 1940, plusieurs camions chargés de caisses vides, puis deux civils qui exigent l'ouverture des portes et prétendent recenser les œuvres d'art avant de les transporter au musée du Louvre.

Le régisseur refuse de laisser opérer ces visiteurs d'un genre spécial qui, après avoir apposé les scellés, promettent de revenir et d'avoir, cette fois, gain de cause.

Une scène à peu près identique se déroule au domaine de Château-Mouton-Rothschild. En l'absence des propriétaires — qui ont quitté la France et sont, de ce fait, déchus de la nationalité française — les régisseurs préviennent les séquestres de la famille Rothschild, MM. Valat et Lizon, receveurs principaux de l'Enregistrement, l'un à Lesparre, l'autre à Pauillac. Ceux-ci écrivent au préfet de la Gironde qui fait immédiatement des démarches auprès des autorités allemandes. N'a-t-il pas été convenu que le produit de la vente des biens séquestrés irait garnir les caisses du Secours National [2] ?...

---

1. Ce sont les mots mêmes dont se sert Zeitschel, agent d'Abetz, pour toutes ces affaires, dans une lettre en date du 24 novembre 1941.
2. La loi du 23 juillet 1940 prévoyait, en effet, dans un délai de six mois, la liquidation au bénéfice du Secours National des biens séquestrés. Par lettre du 14 décembre 1940 et notes des 28 février et 25 juillet 1941, le gouvernement français (ministère des Finances) protesta vainement contre le détournement des biens juifs.
Les Allemands, lorsqu'ils daignèrent répondre, notamment le 3 novembre 1941, eurent ces mots d'un cynisme cruel. Ces mots du chef de bande à ses complices :

Un bureau et un général rassurent le préfet. D'autres bureaux et d'autres généraux ordonnent le déménagement. Le 8 novembre, dans les salons de Château-Lafite, certains tableaux sont emballés et, dès les premiers jours de décembre, de nombreuses caisses, pleines cette fois (21 Picasso, 20 Braque, 6 Matisse, 3 Renoir, etc.), prennent la direction du musée du Louvre ou du Jeu de Paume, première étape vers l'Allemagne.

« L'affaire de Bordeaux » est la plus importante des affaires de ce genre « traitées » par les Allemands. Ce n'est pas la seule. A partir de l'automne 1940, les services d'Abetz et ceux de Rosenberg, qui se font d'ailleurs concurrence, rassemblent au Louvre, puis au Jeu de Paume, lorsque les salles prêtées se révéleront trop petites, 79 collections juives dont les plus fameuses ont nom : Alphonse Kahn, David Weill, Levy Benzion, Seligmann, Arthur Veil-Picard.

Ils ne se contentent pas de forcer les portes des châteaux de province où les juifs ont caché leurs richesses.

Dans les coffres de la Banque de France, les « collectionneurs » de Rosenberg saisissent 75 tableaux que leur propriétaire, Mlle Wesserman, avait cependant légués à l'Etat Français !

Ce n'est pas tout... Ce n'est jamais tout.

Lorsque, le 15 juillet 1944, Robert Scholz, bereichsleiter, chef du groupe spécial pour la peinture, rendra compte de la façon dont le décret

----

« Le gouvernement français invoque à tort la disposition selon laquelle les biens de ces juifs ont été, pour la plus grande part, après le retrait de la nationalité française, saisis et mis à la disposition du Secours National. Cette possibilité de disposer des biens juifs, l'Etat Français ne l'a pas acquise de son propre pouvoir, il ne l'a obtenue que par la victoire des armées allemandes... C'est pourquoi il n'a aucun droit de protester contre les mesures que le Reich, en sa qualité de vainqueur, applique contre les juifs. »

du Führer du 17 septembre 1940 « concernant la saisie d'œuvres d'art abandonnées, anciennement propriétés juives » a été exécuté, il dressera un stupéfiant bilan qui comprend, notamment, 5 821 peintures, 2 477 meubles de valeur historique, 583 Gobelins. Au total 21 903 œuvres d'art !

Encore ce recensement n'est-il pas complet, précise Scholz, à la veille de la débâcle allemande en Normandie, car « les saisies à l'Ouest ne sont pas achevées ». Elles n'étaient même pas terminées lorsque les premiers éléments de la division Leclerc arrivèrent en gare d'Aulnay-sous-Bois, assez tôt pour arrêter 31 wagons chargés d'œuvres d'art !

Pour transporter ces milliers de tableaux, où se trouvent des Rubens et des Watteau, des Rembrandt et des Fragonard, des Van Dyck et des Renoir, des milliers de statues, de faïences, de majoliques, de céramiques, il a fallu 137 wagons.

Pour les déballer en Allemagne, six abris.

Pour les entreposer, quatre châteaux.

Tous les juifs n'ont pas un Renoir dans leur salle à manger, mais tous possèdent des meubles. Et certains, des bijoux, des fourrures, des montres en or, des appareils photos. Avec les mois qui passent, du Matisse et du Picasso, la rafle descend à l'infiniment petit : chaussures, vaisselle, couvertures, pull-overs et cache-nez...

On commence par emporter le mobilier des juifs absents de Paris. En mars 1942, l'entreprise de déménagement Bedel reçoit l'ordre de mettre un certain nombre de camions à la disposition des autorités d'occupation. Les meubles seront entreposés à Boulogne-Billancourt ou chez Lévitan. De là, on les évacuera sur l'Allemagne (40 000 tonnes de meubles transportées au 3 octobre 1942) pour les mettre, partiellement, à la disposition des sinistrés.

C'est ce que Rosenberg et ses services appellent « l'action M ».

Lorsque ces déménagements ont lieu, il y a bien longtemps déjà que les juifs ont été dépouillés de leurs entreprises et magasins et qu'ont surgi ces affiches jaunes « Judisches Geschaeft », « Entreprise Juive », qui, dans certaines rues commerçantes, surprennent les Parisiens par leur nombre. La maroquinerie, la confection pour dames (sur 232 adhérents au Syndicat, 30 seulement seraient aryens), le commerce de tissus sont en grande partie aux mains de juifs [1].

Prétexte à étonnement, puis bien souvent à jalousie, ces « Judisches Geschaeft », que des boutiquiers anciens combattants entourent parfois de leurs décorations et citations, seront également prétexte à histoires drôles.

Elle est née, sans doute, entre deux boutiques juives, l'histoire de ce magnifique aviateur allemand qui, suivant une belle Parisienne, l'aborde enfin et tente de lui murmurer un « Promenade Mademoiselle... » déjà plein de tendresse. La belle se retourne et lance pour toute réponse un vengeur « Judisches Geschaeft »...

Recensées, les entreprises juives sont ensuite dotées d'administrateurs provisoires. Mais l'aryanisation est complexe à réaliser. Favorisée par les Allemands et par certaines autorités de Vichy,

---

1. Si l'on en croit une statistique du Commissariat général aux questions juives, les juifs possédaient 37 p. 100 du commerce des meubles ; 39 p. 100 de la ganterie ; 45 p. 100 de la bijouterie ; 60 p. 100 du commerce de tissus ; 67 p. 100 du commerce des chiffons ; 68 p. 100 des magasins de chaussures, 70 p. 100 des magasins de maroquinerie et 81 p. 100 de la confection.

encouragée par quelques aigrefins qui voient, dans ces nouveaux biens nationaux, matière à s'enrichir, elle est retardée par les mille et une astuces juridiques qui naissent de l'esprit inventif des propriétaires. Ne désespérant pas de l'avenir, ils font traîner les choses en longueur et, grâce à des complaisances aryennes, effectuent bien souvent des ventes fictives. De son côté, l'administration ferme parfois les yeux, ce qui est une manière comme une autre d'aider à la dissimulation des biens juifs.

Au début de 1942, 50 p. 100 des 3 000 affaires juives existant en zone libre ont été pourvues d'administrateurs provisoires. En zone occupée, le pourcentage est moins élevé encore. Sur 26 570 entreprises juives, le sort de 22 030 d'entre elles n'est pas encore réglé...

Ces affaires — quelques-unes géantes — ont fait lever d'immenses appétits. Et, chaque matin, le commissaire aux questions juives, ses adjoints régionaux et, plus encore peut-être, le redoutable et ridicule capitaine Sezille, secrétaire général de l'Institut des questions juives de la rue de La Boétie, dépouillent un énorme courrier de délations à peine anonymes [1].

Qui dénoncer ? Tous ceux dont on est jaloux, dont on veut la place ou la boutique, l'apparte-

1. Le commissariat aux questions juives a été créé en 1941 par Vichy (loi du 29 mars 1941), à l'instigation de l'Ambassade d'Allemagne. Le commissaire général voyait sa mission ainsi définie dans l'article 2 de la loi :

« 1°) Préparer et proposer au chef de l'Etat toutes mesures législatives relatives à l'état des juifs, à leur capacité politique, à leur aptitude juridique à exercer des fonctions, des emplois, des professions.

2°) Fixer, en tenant compte des besoins de l'économie nationale, la date de la liquidation des biens juifs dans les cas où cette liquidation est prescrite par la loi.

ment ou la maîtresse, le bout de terre ou le poste de radio, l'usine ou le jambon. On entre dans une ronde affreuse où les danseurs piétinent dans la boue [1].

M. R. C..., qui habite boulevard Diderot, veut-il acheter, à bon prix, un magasin de meubles situé boulevard Barbès, magasin qui lui est disputé par un concurrent mieux en cour auprès du propriétaire juif ? Il exprime ses craintes au commissaire aux questions juives.

« *M. F... est l'amant d'une juive autrichienne expulsée d'Allemagne avec laquelle il vit depuis plus de six ans.* »

Que voilà une bonne raison, n'est-ce pas ?

Lettres de commerçants jaloux. Lettres de paysans.

Fontenay-en-Parisis, le 16 janvier 1943.

Monsieur,

Je vous préviens que je cultive deux petites pièces de terre sur le territoire de Ch... (S.-et-O.) appartenant à M. D..., que je pense qu'il fait partie des sujets juifs, je crois que vous ferez le nécessaire.

3°) Désigner les administrateurs séquestres et contrôler leur activité. »

Au début, le C. G. Q. J. était rattaché à la vice-présidence du Conseil (Darlan) ; puis Laval le plaça directement sous son autorité (loi du 6 mai 1942) dans l'espoir, Vallat étant parti, d'en modérer les excès.

En mars 1941, Abetz avait dressé une liste de candidats possibles au poste de commissaire (Léon de Poncins, Bernard Fay, Darquier de Pellepoix, Montandon, Bucard, Céline, etc.) ; puis le gouvernement allemand laissant Vichy libre de son choix, Xavier Vallat fut nommé.

Vallat, manquant de souplesse, fut remplacé assez vite par Darquier de Pellepoix auquel succéda Antignac.

1. C'est volontairement que je ne donne pas les références des lettres de dénonciation qui suivent ; mais elles sont, malheureusement, toutes exactes, et il aurait été facile d'en citer d'autres encore.

Simple billet envoyé anonymement : « *Trois juifs russes se cachent dans une villa : 238, avenue des Grands-Ports, à Aix-les-Bains (Savoie). Les trois frères.* »

Que veut-on obtenir de ceux-là ? La peau ? La villa ? Quelque argent ? Car les dénonciateurs, lorsqu'ils se font connaître, touchent de petites sommes (Roethke propose, en 1943, de donner 100 francs par juif dénoncé, 100 francs, le prix de deux paquets de cigarettes au marché noir), mais un dénonciateur de Nice touche 4 700 francs pour avoir « donné » cinq enfants.

On ne connaît pas toujours les mobiles qui animent le dénonciateur.

Le milieu, la sottise, la soif de vengeance, le passé antisémite, l'échec commercial, la lâcheté, le désespoir parfois, étranges raisons d'étranges démarches.

Elles ne sont pas belles toutes ces âmes entrevues à travers des lettres anonymes.

18 janvier 1943.

Monsieur le commissaire,

Je demeure dans une maison habitée par des juifs qui avaient été prévenus deux heures avant la rafle qui avait bien eu lieu sans résultats. Ils étaient partis mais avant ils avaient eu le temps de remettre toutes leurs fortunes, bijoux, argent, étoffes, marchandises de toute sorte à la concierge, cette concierge n'a pas su le garder pour elle, elle s'en est vanté peut-être parce qu'elle savait que l'on avait vu de nouvelles choses dans sa loge (exemple : deux beaux dessus de lit de soie et duvets...).

Mme S..., rue des Tournelles.

Lettre des Amis- antijuifs, qui réclament du

capitaine Dannecker la séparation totale, dans les écoles et lycées, des enfants juifs et non juifs, l'interdiction pour les juifs de se servir des vélos-taxis dont les conducteurs sont aryens et de se faire cirer les chaussures par des aryens.

Lettre de Fernand F..., rue Saint-Luc, à Paris, suggérant que les juifs, hommes, femmes, enfants, soient expédiés en Italie, entre les troupes de Kesselring et celles de Montgomery !

Lettre d'un habitant d'Epinal, P. B., qui, le 27 avril 1941, dénonce un juif examinateur des permis de conduire : « *Il ne semble pourtant pas admissible que les aryens soient soumis au bon vouloir d'un israélite.* » Vengeance de recalé ou cri du cœur d'un vieil antisémite ? Qui dira jamais ?

Lorsqu'un fossoyeur du Père-Lachaise dénonce un autre fossoyeur ; lorsqu'un médecin de Goult-Lumière, dans le Vaucluse, dénonce un autre médecin ; lorsqu'un commerçant de Neuilly dénonce deux boutiquiers concurrents et ajoute : *L'histoire des 5 000 juifs envoyés dans les camps de concentration, c'est une rigolade. C'est* 100, 200, *c'est* 500 000 *qu'il faut envoyer là pour qu'ils y crèvent tous ;* lorsque *Au Pilori* ou *L'Appel* donnent l'adresse de « créatures dont la place est à Drancy » ; lorsque *Je suis Partout* regrette que l'on n'ait pas encore fusillé Mandel, alors, du moins, les choses sont claires et les sentiments aussi.

Mais quel aiguillon terrible a poussé ce juif de la rue Bréguet, dans le 11e, à dénoncer d'autres juifs ? Il avait été interné à Drancy. Providentiellement libéré, revenu chez lui, il tremblait à la pensée que les persécutions, de nouveau, pourraient s'abattre sur ses faibles épaules et, pour les détourner, n'hésitait pas à réclamer un régime qui, faisant régner la vertu, ne frapperait que les méchants.

« *Débarrassez-vous*, écrit-il, après avoir signalé quelques juifs spécialistes du marché noir, *débarrassez-vous de ces gens qui contaminent les autres familles juives honnêtes qu'on emmène à Drancy.* »

Il y a plus affreux encore.

Amoureux de la jeune Annette Z..., née à Nancy, le 6 octobre 1921, Jean J..., étudiant parisien en philosophie, à l'intention de l'épouser. Mais les parents de Jean s'opposent à cette union. De toutes leurs forces de parents sages, prudents, bourgeois, ils veulent l'éviter. Pour le bien et pour l'avenir de leur fils. Car Annette a commis le péché mortel. Annette est juive. Les deux adolescents s'entêtent.

On imagine les interminables discussions familiales.

« Mais, papa, puisque je l'aime, c'est sans importance qu'elle soit juive.

— Alors, tu te promèneras avec une juive, une femme qu'on pourra marquer d'une étoile.

— Je le fais bien déjà.

— Ce n'est pas mieux. Tout le quartier est au courant naturellement. Crois-tu échapper si facilement à l'arrestation ? Ah ! nous mourrons de douleur. Et ma clientèle, y as-tu songé (le père de Jean est médecin) ? Si vous avez des enfants, que se passera-t-il ? Des petits-enfants demi-juifs... le déshonneur de la famille !

— Tu sais, papa, l'Allemagne n'a pas gagné la guerre, bientôt...

— Regarde donc où ils sont, en Russie. Ce ne sont pas tes Anglais qui nous délivreront.

— Ecoute, papa, c'est tout réfléchi. J'épouserai Annette pour la Pentecôte. »

Que se passe-t-il alors ? Il semble bien que l'autorité allemande ait été mise au courant puisque, dans une lettre du 23 mai 1942, Dannecker signale à Darquier de Pellepoix les embarras de cette malheureuse famille aryenne. N'écoutant que son bon cœur, Dannecker est intervenu.

Par conséquent, j'ai ordonné, comme mesure préventive, l'arrestation de la juive Z... et son internement dans le camp de la caserne des Tourelles.

Il s'agit là d'un cas entre beaucoup d'autres. Je pense bien que, surtout à l'heure actuelle, les juifs s'efforcent d'entrer dans des milieux non juifs, parce qu'ils croient, de cette manière, pouvoir obtenir un traitement plus clément.

Mais la sûreté politique de la zone occupée exige d'empêcher également ces tentatives juives de camouflage.

En conséquence, je vous suggère de mettre fin, le plus tôt possible, à toutes ces tentatives par une loi française.

Je vous prie de me faire connaître votre manière de voir[1].

Annette ne va pas immédiatement aux Tourelles comme Dannecker en a donné l'ordre. Elle reste quelques jours (du 23 mai au 10 juin) au dépôt de la préfecture de police. Jean, bouleversé, s'est précipité au commissariat, a supplié son père, promis de renoncer à Annette, qu'il accepte de perdre pour mieux la sauver.

« *Les deux futurs*, ajoute la note de la police française, que j'ai retrouvée, *ont déclaré par écrit*

---

1. Le 3 juin 1942, Galien, chef de cabinet de Darquier, répond à Dannecker qu'un nouveau projet de loi est à l'étude au commissariat aux questions juives, projet de loi interdisant notamment tout mariage entre aryens et juifs. Mais Darquier de Pellepoix ne se fait pas d'illusions sur les résistances qu'un tel projet va rencontrer à Vichy.
Dans l'histoire d'Annette Z..., c'est volontairement encore que j'omets de citer les références.

renoncer à tout projet d'union, conformément au désir du docteur J... qui avait souhaité qu'ils en fussent dissuadés et que la jeune Z... fût simplement remise à sa famille, sans être aucunement inquiétée. »

Mais l'on ne dérange pas Dannecker pour rien ! Protecteur d'une famille aryenne désespérée par l'éventualité d'une mésalliance, il est, avant tout, protecteur de la race. Du dépôt, Annette est conduite aux Tourelles où elle ne reste que onze jours. Et le 22 juin, elle est transférée dans un camp de concentration allemand.

Ainsi s'achève l'histoire de Roméo et Juliette en 1942.

Les Tourelles, Drancy, Compiègne, Pithiviers, Beaune-la-Rolande, Poitiers, Gurs, Rivesaltes, Vernet, Noé, Recebedou, Ecrouves, les Milles, autant de noms qui, pour les juifs étrangers et français, sont des stations sur le chemin de l'Allemagne, autant de noms dont nous avons parlé au chapitre de « la vie dans les prisons ».

Camps où l'on reste plus ou moins longtemps, où l'on est plus ou moins bien traité, où le marché noir sévit toujours, camps où les vieillards et les enfants meurent de faim, mais où l'on organise tout de même des fêtes qui débutent par *La Marseillaise* et au cours desquelles la courageuse Mlle Oettinger chante, devant un parterre de futurs déportés, *Tout va très bien, Madame la Marquise*, puis *L'amour a passé près de vous*[1].

Camps de zone occupée, assez rapidement transférés sous contrôle allemand, camps de zone libre

---

1. Cet exemple est emprunté au camp de Recebedou où une matinée artistique eut lieu le 11 janvier 1942.

où la discipline est moins sévère, mais la faim aussi grande. Les Allemands ont là, d'ailleurs, une réserve toute prête où ils savent pouvoir puiser à l'occasion et qu'ils vont visiter de temps à autre.

Ainsi Dannecker et son adjoint Heinricsohn, accompagnés de Schweblin, directeur de la police antijuive en zone occupée, font-ils, du 11 au 19 juillet 1942, un voyage d'inspection en zone libre. Ils se montrent très satisfaits de leur visite aux futurs déportés. Seul incident notable : à Périgueux, un Alsacien, du nom de Spitzer, a crié, à deux reprises sur leur passage : « Sales Boches. » Schweblin a arrêté Spitzer et le préfet de la Dordogne a présenté ses excuses !

Dans les camps de Vichy, la population est presque tout entière composée de juifs étrangers, juifs de seconde zone envers lesquels presque personne ne se croit de devoirs. Un juif étranger, c'est deux fois moins qu'un juif et on verra, en février 1943, un préfet de police français s'opposer à la déportation de juifs français, arrêtés pour infraction au port de l'étoile, et proposer, *à leur place*, 1 300 juifs de nationalité étrangère que ses services rassemblent au cours d'une rafle.

Les Allemands ont le mot de la fin : « *Il va sans dire que les deux catégories de juifs, dans ce cas, vont être déportées* [1]. »

En 1943, l'époque des « distinguo » est, pour eux, révolue.

Mais, en attendant qu'étrangers et Français soient entraînés dans les mêmes wagons, vers les mêmes camps, ce sont les juifs étrangers qui, par

---

1. Rapport du 12 février 1943 envoyé à l'Office central de Sûreté du Reich.

Vichy ou la police allemande, souffrent les premiers des rigueurs du régime concentrationnaire [1].

En zone occupée, la première rafle organisée a lieu le 20 août 1941 [2]. Vers quatre heures du matin, policiers français et allemands cernent le XIᵉ arrondissement, montent les escaliers, frappent aux portes, réveillent les dormeurs, écoutent les doléances des hommes, les pleurs des femmes et des enfants, pressent le mouvement, parce que ça ne va jamais assez vite : « Allons, pressons, pressons », et que beaucoup veulent se débarrasser au plus vite d'une tâche honteuse. Gestes qui se répéteront bien des fois dans les années qui viennent.

Plus tard, devant la mauvaise volonté de ces agents, qui se laissent parfois aller jusqu'à avertir leurs victimes, la veille de l'arrestation, la préfecture de police établira un petit manuel « *à l'usage des équipes chargées de l'arrestation* [3] ».

Silence. Discrétion. Amour des bêtes et crainte des fuites de gaz.

Tout est indiqué en quelques lignes.

1º *Gardiens et inspecteurs, après vérification d'identité des juifs qu'ils ont pour mission d'ar-*

---

1. En septembre 1940, déjà, 50 000 juifs étrangers sont enfermés en Z. N. O. dans des camps, cependant que 35 000 sont enrégimentés dans les compagnies de Travailleurs Etrangers où ils formeront les Compagnies Palestiniennes de rendement médiocre.

2. Le 14 mai 1941, 1 061 juifs étrangers (apatrides pour la plupart) avaient été convoqués au gymnase Japy. Ils s'y rendirent croyant qu'il s'agissait de quelque nouvelle mesure de recensement et furent envoyés au camp de Beaune-la-Rolande.

3. Un rapport de police estime qu'au moment des grandes rafles de juillet 1942, 2 000 juifs — rien que dans le XVIIIᵉ arrondissement — purent s'enfuir après avoir été prévenus de l'action imminente.

rêter, n'ont pas à discuter les différentes observations qui peuvent être formulées par eux...

2° Ils n'ont pas à discuter non plus de l'état de santé. Tout juif à arrêter doit être conduit au centre primaire.

3° Les agents chargés de l'arrestation s'assureront, lorsque tous les occupants du logement sont à amener, que les compteurs à gaz, de l'électricité et de l'eau sont bien fermés. Les animaux sont confiés à la concierge...

5° Tout juif arrêté devra se munir :

a) De sa carte d'identité et de tous autres papiers d'identité et de famille jugés utiles ;

b) De ses cartes d'alimentation, feuilles de tickets et cartes de textile.

Mais, lorsque ce petit manuel paraîtra — dans les derniers jours de 1943 — policiers français et allemands auront déjà un rude entraînement.

Après les juifs étrangers, les juifs français.

Le 12 décembre 1941, au petit matin, des feldgendarmes, suivis de gardiens de la paix, font irruption au domicile de plusieurs centaines d'israélites choisis parmi les plus connus ou les plus riches : universitaires, financiers, médecins, commerçants, que l'on va prendre comme otages. Le feldgendarme agit en vertu d'un ordre tapé à la machine. Le gardien de la paix explique à l'israélite qu'il dispose de quinze minutes pour s'habiller et qu'on lui recommande de prendre avec lui un peu de nourriture, un peu de linge, une couverture, ses pièces d'identité et, naturellement, ses cartes d'alimentation. Avec sincérité — car il ignore la suite — l'agent ajoute qu'il s'agit sans doute d'une vérification d'identité.

« Alors, pourquoi prendre des provisions ?

— Il vaut mieux prévoir, n'est-ce pas ? On ne sait jamais, avec « eux ».

C'est ainsi que l'on arrête René Blum, le frère

cadet de Léon Blum. Directeur des Ballets de Monte-Carlo, René Blum, en juin 40, donnait des représentations aux Etats-Unis. Il crut de son devoir de regagner la France et trouva la mort en Allemagne.

C'est ainsi que l'on arrête le docteur Jacques-Charles Bloch. Depuis la veille, il hébergeait son confrère, le docteur Chauvenet, qui venait d'échapper miraculeusement aux poursuites de la Gestapo.

A 5 heures du matin, coup de sonnette qui réveille Chauvenet. Il n'a pas besoin de s'habiller : comme il fait très froid, il a dormi avec son pardessus et, déjà, il songe aux ennuis que sa présence va causer aux Bloch.

Mme Bloch, qui ouvre précipitamment la porte et lui dit :

« Chauvenet, on vient vous arrêter », le confirme dans ses craintes.

Mais, quelques secondes plus tard, elle reparaît :

« Ce n'est pas pour vous, c'est pour Jacques-Charles. »

Chauvenet se précipite et trouve Jacques-Charles Bloch aux prises avec un soldat allemand.

« Je vais m'occuper de lui, souffle Chauvenet ; pendant ce temps, vous pourrez fuir.

— Ce n'est pas la peine, répond Bloch, je viens de m'empoisonner. »

Et paisiblement, pour ne pas inquiéter davantage sa femme, il rassemble couverture, nourriture, linge de corps, papiers d'identité, bref tout ce qu'il faut pour un long voyage, et s'éloigne en compagnie du soldat allemand. Mais à peine l'ascenseur a-t-il touché le rez-de-chaussé, Jacques-Charles Bloch s'affaisse dans les bras de Chauvenet.

Et c'est ainsi que l'on arrête le chanteur Ritch.

Dans la nuit, les Allemands n'avaient pu saisir les 750 otages désirés. Ils poursuivent donc leurs recherches au cours de la journée. Ritch et son frère avaient rendez-vous place de l'Etoile avec un israélite français. A l'heure convenue, ils cherchent vainement leur ami, puis l'aperçoivent enfin dans un autobus à moitié vide. Intrigués, ne devinant pas la signification de ses gestes mystérieux, ils s'approchent, atteignent l'autobus, en gravissent les marches et ne comprennent que trop tard, lorsqu'un Allemand en civil, après leur avoir courtoisement demandé leurs papiers, les invite à prendre place.

Ritch, son frère et les prisonniers de l'autobus sont conduits à l'Ecole militaire où les victimes de la nuit terrible se trouvent déjà, bavardant, se lamentant, songeant à toutes les affaires qu'ils n'ont pas réglées, soupesant les démarches nécessaires à leur libération et se demandant, sans trop d'inquiétude encore, si tous ces amis aryens, collectionnés au cours d'une existence souvent parfaitement « assimilée », vont pouvoir intervenir à temps pour les sauver.

Mais le soir vient sans apporter la libération tant espérée. Il fait froid. Lorsque les portes s'ouvrent, c'est pour laisser passer de nouveau les autobus. Direction la gare du Nord. Là, encadrés de policiers, réduits déjà à la condition de bétail humain, ayant peur, ayant faim, les vêtements déchirés, la barbe salie, les souliers poussiéreux, humiliés, ces hommes sont entassés dans des wagons où se trouvent déjà 300 juifs retirés de Drancy. En leur compagnie, ils sont conduits à Compiègne où ils pourriront tout l'hiver. Au printemps, plus de la moitié d'entre eux partiront pour l'Allemagne.

★

En décembre 1941, les juifs ne portaient pas encore l'étoile. Il leur était donc relativement facile d'échapper. Mais, un mois après la publication de la huitième ordonnance, on découvre que l'étoile n'est pas faite uniquement pour attirer l'attention, les sarcasmes ou la sympathie des badauds.

Les terribles rafles des 16 et 17 juillet 1942 ravagent la colonie juive étrangère de Paris.

Voici la lettre d'un témoin [1].

Cher Ami,
Je profite d'une occasion pour vous mettre au courant de ce qui s'est passé chez nous pendant les derniers huit jours. Dans la nuit de mercredi à jeudi — une véritable Saint-Barthélemy — 15 000 juifs environ, hommes, femmes et enfants de nationalité polonaise, réfugiés, russes et indéterminés ont été arrêtés. De 6 à 7 000 hommes et femmes sans enfants ont été dirigés à Drancy, le reste 8 000 environ, au Vélodrome d'Hiver. Des scènes déchirantes ont eu lieu un peu partout. Dans les maisons où j'ai passé cette nuit, la police a enfoncé les portes de deux appartements : l'un était vide ; dans l'autre, on a décou-

1. D'après la circulaire 173-42 de la préfecture de Police (13 juillet 1942), les mesures d'arrestation concernaient les juifs allemands, autrichiens, polonais, tchécoslovaques, russes et apatrides.

La circulaire prévoit que les permissions seront suspendues dans la police du 15 juillet à 21 h 30 au 17 à 21 h 30 ; elle prévoit également le nombre total d'équipes d'arrestation à constituer pour chaque arrondissement.

Il y a a 152 dans le Xe, 246 dans le XIe et 255 dans le XXe où l'on prévoit respectivement 2 594, 4 235 et 4 378 arrestations.

Pour le transport des personnes arrêtées, la circulaire annonce que la compagnie du métropolitain enverra un certain nombre d'autobus : 3 pour le Xe arrondissement, 7 pour le XIe, 7 pour le XXe.

vert une femme avec trois enfants qui ont été
enlevés.

*On emmenait des enfants malades de rougeole...
et ils ont été entassés pêle-mêle avec d'autres
enfants dans les autobus* [1].

15 000 juifs arrêtés, dit l'auteur de la lettre, et
c'est bien le chiffre qui court Paris. Il approche la
vérité, puisque 12 884 personnes ont été empri-
sonnées ce jour-là.

Mais les Allemands réclamaient 32 000 israélites,
et Darquier de Pellepoix, commissaire aux questions juives, se fait aussitôt l'écho de leur décon-
venue dans une lettre adressée à Laval.

Si les Allemands ont manqué la moitié du troupeau, les conditions d'existence au Vel'd'Hiv
dépassent bien tout ce qu'il est possible d'imaginer. 10 000 juifs sont confondus dans cette Babel
de la douleur ; les hommes et les femmes ne
parlent pas la même langue, ne se connaissent
pas, traînent de pauvres hardes, ne savent où
aller pour échapper aux coups, pour faire leurs
besoins, pour satisfaire leur faim.

On reste assis sur les gradins et l'on garde près
de soi la valise de la dernière minute ; mais des
tourbillons se forment dans cette masse humaine,
un pied bouscule la valise dont le contenu
s'échappe et glisse de marche en marche.

Il fait chaud et l'eau est tout de suite rationnée.
L'espoir aussi. Les juifs qui sont ici savent

---

1. Je cite une action, celle des 16 et 17 juillet 1942. On pourrait en raconter bien d'autres, notamment celle du vendredi
22 janvier 1943 qui eut Marseille pour théâtre.
Arrêtés dans la nuit, des centaines de juifs, dont bon nombre
de femmes et d'anciens combattants, furent conduits à la prison
des Baumettes. On ne leur laissa même pas le temps de se
vêtir convenablement. Après avoir passé la journée du samedi
en cellule, les prisonniers furent conduits le dimanche matin
à la gare, entassés à soixante par wagon de marchandises et,
de là, dirigés sur Drancy, puis sur l'Allemagne.

qu'on ne les libérera pas. Ce sont pour la plupart des pauvres gens : tailleurs en chambre, petits commerçants, fripiers. Quelques dames de la Croix-Rouge, que les hurlements de cette foule apeurée alertent bien avant l'entrée, circulent à travers cette masse humaine. Elles versent un peu de café ersatz et reçoivent des messages.

Il y a six W.C. dans tout l'édifice.

Les heures passent monotones, lamentables, exaspérantes.

Jour, nuit, un jour encore et une nuit.

Des juives appellent à grands cris la mort.

La mort viendra.

D'autres se pelotonnent sur la piste. D'autres dorment sur l'épaule de leur voisin.

La mort viendra aussi.

Les enfants eux-mêmes ne seront pas épargnés. Séparés un jour de leurs parents, on les mêlera *dans des proportions officiellement déterminées* (de 300 à 500 enfants juifs pour 700 adultes) à des juifs inconnus qui viennent de zone libre et passent quelques jours ou quelques heures à Drancy, avant de reprendre leur élan vers l'Allemagne.

On les pourchassera. On livrera assaut aux maisons qui les abritent. Et l'on emploiera le langage militaire pour narrer ces exploits : « *Ce matin, maison d'enfants juifs, colonie d'enfants à Izieu* (*Ain*) *a été enlevée. 41 enfants au total, âgés de 3 à 13 ans, ont été capturés... Le transport à Drancy aura lieu le 7 avril* 1944. »

Après trois ou quatre jours (c'est le cas des enfants du Vel'd'Hiv), on les arrache à leurs parents. Rassemblés à Drancy, enfermés à cent par chambrée, vivant d'une soupe aux choux qui leur donne de terribles coliques, ils souillent leurs vêtements et leur paillasse. Comme le savon fait défaut, quelques femmes de bonne volonté doivent laver à l'eau froide ce linge sale et puant.

En attendant qu'il sèche, les gosses, presque nus, grelottent et pleurent.

Les enfants qu'ils ont arrêtés dans les bras des parents ne suffisent pas aux allemands. Ils veulent tous les autres.

Ceux qui viennent de naître — et on les verra se lancer à la poursuite d'un bébé de huit mois — comme ceux qui ont été confiés à des œuvres catholiques ou protestantes.

Ils vont plus loin encore. Ils proposent que, lors de l'arrestation d'un juif, tous les membres de sa famille soient invités par l'Union générale des israélites de France à se livrer volontairement [1].

1. L'Union générale des israélites de France (U. G. I. F.), dont nous n'avons pas encore parlé, fut instituée par Vichy à l'instigation des Allemands — mais non dans la forme qu'ils désiraient — par la loi du 29 novembre 1941.

L'Union avait pour objet « d'assurer la représentation des juifs auprès des pouvoirs publics, notamment pour les questions d'assistance, de prévoyance et de reclassement social ».

Dans la pratique, les Allemands tentèrent très vite de faire collaborer l'U. G. I. F. (comme ils l'avaient fait en Pologne, avec d'autres organisations) à la lutte contre les juifs.

A leurs yeux, l'U. G. I. F. était l'administration du futur ghetto français, elle avait, pour eux, l'avantage de soutenir les illusions des juifs français, de recenser de nombreux juifs et de semer le trouble à l'intérieur même du judaïsme.

En effet, le rôle de l'U. G. I. F., dont la plupart des membres se cantonnaient dans le service social et avaient à leur actif beaucoup d'actes charitables, voire héroïques, fut vivement critiqué, avant et après la Libération, par certains juifs qui regrettaient amèrement que des juifs (même avec les meilleures intentions du monde) aient pu, sinon collaborer, du moins *assister, autrement qu'en prisonniers,* à la déportation de leurs frères.

C'est ainsi que *Notre Voix,* journal juif clandestin s'élève dans son numéro du 15 février 1944, contre « l'U. G. I. F., danger public pour la population juive ». Nous savons, certes, écrit l'auteur de l'article, qu'il n'y a pas que des traîtres dans les milieux dirigeants de l'U. G. I. F. [Mais]... la politique du « moindre mal », la politique soi-disant réaliste est, dans les conditions actuelles de la vie juive, une monstruosité historique. »

Le S. S. Hauptsturmführer Brunner, très fier de son idée, ajoute que les internés volontaires pourront, contrairement aux autres, emporter toutes leurs affaires, leur linge et leurs vêtements sans limitation de poids.

Comme l'idée n'a guère de succès, on verra bientôt des internés à brassard jaune du service d'ordre juif quitter *librement* Drancy pour aller chercher dans Paris et ramener au camp ceux dont les parents ont eu l'imprudence de livrer les noms. Il y a même d'odieux marchés. Une femme est libérée après avoir « donné » sept noms. Sept personnes de sa famille.

Dénonciations, arrestations, déportations. Sur les 350 000 juifs — français ou étrangers — qui vivaient en France en 1939, 150 000, dont 20 000 enfants, ont été déportés. Cinq ou six gosses reviendront. Et 3 000 adultes.

Comment les juifs réagissent-ils devant ce chapelet de malheurs ? Ouvrent-ils un journal, ils se voient dénoncés par d'odieuses caricatures ou de graves articles « de fond », des expositions et des films leur sont consacrés et des affiches leur rappellent sans cesse que toute vie publique leur est interdite.

On les imagine aux aguets, immense famille de Levy, de Bloch, de Braun, de Weil, aux écoutes d'un tam-tam annonciateur de mauvaises nouvelles. Ils écrivent ou se téléphonent à mots couverts. Ils ressuscitent le vocabulaire des plus enfantins romans d'espionnage. « Cécile est tombée malade avec son fils. Ils sont dans la même clinique que Paul. »

Ils fuient ; mais, en fuyant Paris, ils prennent bien garde de rester dans le dernier wagon du métro, le seul auquel ils aient droit. Ils se cachent.

Ils se mêlent à la population des campagnes dans un furieux espoir de mimétisme. Ils changent de nom et le collectionneur David Weil s'appelle Martin comme des milliers de Français. Ils voudraient changer de nez et de passé. Ils écrivent, écrivent, écrivent.

Avec une constance digne d'un meilleur sort, ils s'acharnent à écrire, comme si tant de raisons humaines, exposées dans un français parfois vacillant, pouvaient l'emporter sur l'inhumaine raison d'Etat. Et, parfois, cependant, leurs efforts sont récompensés.

Ils écrivent au maréchal Pétain, avec une confiance qui est réelle pendant les deux premières années du drame. Ils écrivent à de Brinon, au commandant du camp de Drancy, aux autorités allemandes.

On connaît la lettre de l'avocat Pierre Masse :

Monsieur le Maréchal,
J'ai lu le décret qui déclare que tous les israélites ne peuvent plus être officiers, même ceux d'ascendance strictement française.

Je vous serais obligé de me faire dire si je dois aller retirer leurs galons : à mon frère, sous-lieutenant au 36e régiment d'infanterie, tué à Douaumont, en avril 1916 ; à mon gendre, sous-lieutenant au 14e régiment de dragons portés, tué en Belgique en mai 1940 ; à mon neveu, J.-F. Masse, lieutenant au 23e colonial, tué à Rethel, en mai 1940.

Puis-je laisser à mon frère la médaille militaire gagnée à Neuville-Saint-Vaast, avec laquelle je l'ai enseveli ? Mon fils Jacques, sous-lieutenant au 62e bataillon de chasseurs alpins, blessé à Soupir, en juin 1940, peut-il conserver son galon ?

Suis-je enfin assuré qu'on ne retirera pas rétrospectivement la médaille de Sainte-Hélène à mon arrière-grand-père ?

Lettre cinglante autant qu'émouvante, comme écrite déjà pour la postérité, mais qu'éclipsent cependant, il me semble, toutes ces lettres de très pauvres gens sans défense devant le malheur et, certes, bien incapables de manier l'ironie.

Voici, par exemple, dans sa pauvre orthographe, la très belle lettre de Mme Wolff, 15, rue Keller, à Paris, dont on est venu arrêter le mari aveugle.

Paris, le 16 décembre 1941.

Monsieur le Maréchal,
Excuser moi de la liberté que je prend de vous écrire : car on nais venu me prendre mon mari qui est aveugle le 12 vendredi. Esse notre faute si nous sommes juifs. Notre pay ces la France. Nous na vont pas dautre pays et prendre un homme inoffensif comme ils le font ces un crime. Ils nom qua se prendre à se qu'ils font du mal, mais se prendre a un aveugle sont des laches. Car nous sommes venus comme sa au monde et pour nous il y a que selle Dieu. Mais enfants sont mariés avec des crétiens et ils sont pas pour se la plus que nous car le Dieu des crétiens et se lui des juifs ces le même. Mais notre pays ces la France...

Interné à Compiègne, le mari de Mme Wolff fut d'ailleurs, à la suite des démarches du cabinet du Maréchal, remis en liberté au début de mars 1942.

D'autres, beaucoup d'autres, ont moins de chance :

Voici un vieux juif, réfugié à Jarnac, qui expose le cas de ses deux fils qui « *ont étaient arrêtés au travail à des travaux très sales pour la ville et ils portaient des costumes très vieux, sans étoile de David, car nous sommes juifs français. Leurs femmes sont là chacune avec trois petits enfants. Car leurs deux fils ont étaient arrêtés également, l'un de 18 et l'autre de 25 ans. Aussi, je m'adresse à vous, monsieur le Maréchal, pour que vous leur faîtes grâce, car jamais de la vie ils avaient une heure de prison. Et tous mes deux fils étaient soldats français, mobilisés dans cette guerre. Aussi, monsieur le Maréchal, je vous prie moi comme vieillard de 83 ans mon seul désir est de revoir mes enfants ainsi que mes petits enfants.*

Antignac, commissaire général aux questions juives, envoie au vieillard la réponse-circulaire, effroyable de sécheresse, que reçoivent le plus souvent les quémandeurs.

Monsieur S. Koetzler
JARNAC près COGNAC
(Charente)

Monsieur,
La délégation générale du gouvernement français dans les Territoires Occupés me communique, le 22 avril courant, votre lettre en date du 4 avril, par laquelle vous attirez l'attention de Monsieur le Maréchal de France, chef de l'État Français, sur le cas de vos deux fils internés comme juifs.
J'ai l'honneur de vous informer que les autorités d'occupation nous ayant invités à ne plus leur soumettre des interventions de cet ordre, il ne m'est pas possible de donner une suite favorable à votre requête.

On pourrait publier des milliers de ces lettres pitoyables et de ces réponses impitoyables. En voilà une encore. L'immensité de l'espoir humain vient, une nouvelle fois, se briser contre la cruauté.

Lettre adressée, le 17 septembre 1942, au commandant du camp de Drancy, par Mme Zajac :

Monsieur le Commandant,
Je compte sur votre extrême bonté pour dire à

*mon mari que je viens d'accoucher de mon sixième
enfant, et c'est un garçon que j'ai appelé Robert,
après un accouchement très long et douloureux.*

*Avec mes remerciements, recevez, monsieur le
Commandant du Camp, mes salutations très distin-
guées.*

Pauvre Mme Zajac. Elle écrit le 17 septembre.
Son mari a été déporté de Drancy trois jours plus
tôt. Il roule vers l'Allemagne lorsque naît le petit
Robert.

Les lettres ne suffisent pas : il faut fuir. Ceux
qui habitent la zone côtière interdite sont expulsés
d'ailleurs dans l'hiver 1940 et, depuis la gare de
Bordeaux, conduits au camp de Monts, près de
Tours.
Ceux qui sont en zone occupée gagnent la zone
libre. Ils encombrent tous les villages frontières
ou des organisations juives ont loué pour eux des
chambres et pris des accords avec des hôteliers.
Les plus pauvres ont dépensé leur dernier argent
pour payer le passeur et restent tapis près de la
ligne, au milieu de populations paysannes qui les
regardent vivre avec étonnement, surprise et quelquefois hostilité. Les autres descendent vers la
frontière suisse [1], vers Marseille, vers Cannes que
Jean-Gabriel Domergue propose d'appeler Kahn [2],
vers toutes les villes de la Côte d'Azur, ce qui

1. En mars 1942, il y a dans la seule ville d'Annemasse 654
juifs recensés. Mais tous ceux qui passent ne vont plus à
l'hôtel, s'abritent chez des coreligionnaires et restent inconnus
pour la police.
2. *Candide*, 24 juillet 1940.

permet au vieux Tristan Bernard, réfugié à Cannes, de faire encore un mot :

« Comment appelez-vous les habitants de Cahors ? demande-t-il de sa voix nasillarde et paisible.

— Les Cadurciens.

— Les habitants de Pont-à-Mousson ?

— Les Mussipontains.

— Les habitants de Juan-les-Pins ?

— ...

— Vous ne savez pas ? Eh bien, on les appelle les Is-ra-é-li-tes [1]. »

Avec moins d'esprit, les Allemands soulignent que « le danger juif sur la Côte d'Azur est très grand ». Et le chef des questions juives en Z. N. O. écrit en mars 1942 : « *Toutes les affaires importantes de contrebande d'or, de capitaux, de diamants, de perles constatées par le service des douanes ont leurs tenants et aboutissants chez des juifs à Lyon, Marseille, Nice...* », tandis que son collègue de Marseille dresse, dans un rapport du 17 juillet 1942, la carte de la présence juive en zone libre :

« *Marseille est la plaque tournante du judaïsme... le centre de l'activité politique et commerciale des juifs de la zone non occupée. De Marseille, ils rayonnent sur Lyon, Vichy, Montpellier, Toulouse, l'Afrique du Nord. Il y a même dans un faubourg (Saint-Barnabé) un organisme chargé de la dispersion des juifs en Z. N. O. Leur influence se fait sentir à Aix, siège des Facultés, ensuite à Nîmes, puis Avignon. Sur la côte, depuis Cassis jusqu'à Saint-Raphaël, nombreux sont leurs postes d'observation, d'affût ; là, ils attendent l'occasion favorable, préparent leurs combines*

---

1. A la date du 15 mars 1942, il y a 12 717 juifs déclarés dont 7 554 étrangers dans le seul département des Alpes-Maritimes.

et vivent dans un confort qui fait scandale. »

Aussi, lorsque, le 11 novembre 1942, les troupes allemandes envahissent la zone libre, c'est un nouveau remue-ménage dans la colonie juive en quête d'un autre abri. Où aller cette fois ?

L'Afrique du Nord ? Il n'en est pas question. L'Espagne est difficile à atteindre et l'occupation des rives de la Méditerranée met fin à l'activité de la H. I. C. E. M., cette société française d'émigration dont les fonds arrivaient des U. S. A., dont le siège social était, depuis juin 1940, fixé à Lisbonne et dont le bureau de Marseille avait réussi à faire partir près de 6 500 personnes en plus de deux ans vers des terres hospitalières. Toutes les portes paraissent fermées, sauf celles qui conduisent à plus ou moins longue échéance vers l'Allemagne, lorsque, soudain, le miracle se produit.

En juin 1940, l'Italie n'a occupé que les territoires conquis par les armes (rien : 800 km²). En novembre 1942, elle imite l'Allemagne et envahit à son tour l'ex-zone libre. Son domaine d'occupation s'étendra sur huit départements : Alpes-Maritimes, Var, Hautes-Alpes, Basses-Alpes, Isère, Drôme, Savoie, Haute-Savoie et, là, jusqu'à l'armistice signé par le maréchal Badoglio, les juifs persécutés trouveront leur meilleur refuge.

Menaces allemandes et prétentions vichyssoises s'avèrent également impuissantes à vaincre la charité italienne.

Comment expliquer pareille trêve dans la barbarie ? Par l'inexistence de la question juive en Italie, la pression de l'Eglise, le caractère bon enfant du peuple italien, l'absence de sympathie des militaires et fonctionnaires italiens pour leurs collègues allemands, sans doute, mais aussi, et avant tout, par la volonté de Mussolini.

Irrité par l'attitude philosémite des Italiens —

attitude dont se prévalaient certaines autorités françaises —, ému par les nombreux « cas révoltants »... de charité qu'on lui signalait, Hitler chargea Ribbentrop d'expliquer au Duce qu'il fallait « dans ces questions créer une situation claire », c'est-à-dire ajuster la position italienne sur la barbarie nazie.

L'entretien eut lieu le 25 février 1943. Il se termina sans conclusion et Ribbentrop dut se contenter des bonnes paroles du Duce.

Au ministre allemand qui lui affirmait que des mesures antijuives, prises par les autorités françaises, avaient été annulées dans la zone d'occupation italienne, Mussolini répondit, en haussant les épaules, que l'information était sans doute inexacte et qu'il devait s'agir d'une tactique française pour engendrer de regrettables incidents entre les Italiens et leurs alliés allemands.

Cependant, Ribbentrop était bien informé. Lorsque le préfet des Alpes-Maritimes avait décrété l'envoi en résidence forcée dans l'Ardèche (c'est-à-dire en zone occupée par les Allemands) des juifs étrangers résidant dans son département, les autorités militaires italiennes, prévenues par le consul général d'Italie à Nice [1], avaient averti le préfet qu'elles s'opposeraient, fût-ce par la force, à l'exécution de cette mesure.

Et, lorsque la police française de Nice voulut opérer des rafles devant le centre d'accueil du boulevard Dubouchage et devant les temples israélites, le colonel Mario Brodo posta des carabinieri devant ces endroits stratégiques avec l'ordre d'ar-

---

1. Lui-même alerté par M. Angelo Donati, israélite de nationalité italienne qui rendit de tels services à ses coreligionnaires que les Allemands pouvaient écrire : « On peut dire que pratiquement la solution de la question juive dans la zone d'occupation italienne est assurée par les directives d'un juif, avec toutes les conséquences qui en résultent. »

rêter les policiers vichyssois qui inquiéteraient les juifs.

Les Italiens s'étant, dès leur arrivée en ex-zone libre, arrogé le droit de fixer seuls la politique à l'égard des juifs, cette politique allait être des plus libérales. En mars 1943, ils insistent même auprès du gouvernement français « *pour que les arrestations et internements effectués par les préfets dans les départements* [que l'armée italienne occupe] *soient annulés et que les personnes arrêtées et déportées soient libérées.* »

Non content de protéger les juifs italiens, puis les juifs étrangers, le gouvernement italien étendra même ses faveurs aux ressortissants juifs français, ce qui irrite les plus antisémites des fonctionnaires vichyssois, réjouit les autres et sert d'arme antiallemande à presque tous, puisque Laval lui-même en fait état pour s'excuser de ne pouvoir satisfaire à toutes les demandes allemandes.

Et s'il manquait à cette extraordinaire histoire des relations entre Italiens et juifs, le cri du cœur, le voici.

Un juif, réfugié à Grenoble, écrit, le 3 mai 1943, à M. Hans B..., passage du Jeu-de-Boules à Paris. La lettre a été interceptée par la police qui adresse le passage suivant au ministère de l'intérieur.

« *Je suis à Grenoble ; parce qu'à Lyon ce sont les Allemands qui sont là et on ne sait ce qui peut nous arriver, tandis qu'ici ce sont les Italiens qui règnent et sont vraiment très chics avec nous.*

« *...Tu m'écris que tu voudrais venir ici, je le crois, car ici c'est la vraie Palestine, et on peut s'amuser comme dans le vieux temps.* »

La vraie Palestine !

Les Allemands estiment qu'en juillet 1943 le cinquième des 270 000 juifs vivant encore en France sont concentrés dans les huit départements-refuges occupés par les Italiens. Les filières d'évasion vers l'Espagne ou la Suisse sont délaissées au profit de celles qui permettent de trouver un abri plus ou moins confortable à Cannes, à Nice, à Juan-les-Pins...

Mais tout s'effondre de nouveau.

Accueillie comme un signe avant-coureur de la défaite allemande, la capitulation de l'Italie a de graves répercussions sur le territoire occupé par l'armée Badoglio.

Les Allemands chassent et pourchassent leurs anciens alliés et, dès le 4 septembre 1943 — alors que l'armistice n'interviendra que le 8 — prévoyant le proche avenir, la Gestapo met sur pied ses préparatifs pour l'application des mesures antijuives en zone d'occupation italienne.

On murmure cependant que Nice restera sous domination italienne.

Alors, vers Nice, c'est la ruée. Ayant loué des camions, des autocars, des taxis, plus de 2 000 juifs qui vivaient à Megève et à Saint-Gervais se précipitent, chargés de bagages et d'espoir, vers Nice où ils rencontrent autour du Centre d'accueil du boulevard Dubouchage d'autres juifs, venus d'autres villes, avec la même folle espérance...

Les uns descendent vers Nice.

Et ceux de Nice, mis en route par d'autres bruits, frètent des taxis pour atteindre Saint-Martin-de-Vésubie où des centaines de juifs ont décidé de se joindre aux colonnes italiennes en retraite. Vers midi, le 8 septembre 1943, vieillards de 80 ans, femmes enceintes, parents traînant leurs enfants et traînant leurs valises, jeunes gens portant des sacs à dos commencent l'ascension de la montagne. La marche dure deux jours et deux nuits et ce n'est qu'à la fin de la seconde journée que les juifs errants abordent le village italien d'Entrelequa où les gendarmes les conduisent, et les portent parfois, vers des baraquements dont le sol a été jonché de paille fraîche.

Les plus solides, les plus jeunes sont arrivés vers 2 heures de l'après-midi, le 11 septembre. Les autres affluent encore par petits paquets jusqu'à minuit. A 6 heures du matin, alerte. Les Allemands approchent. Vite réveillés, à peine reposés, les pieds gonflés, le ventre creux, les huit ou neuf cents juifs reprennent la marche et s'abattent, comme un nuage de sauterelles, sur le petit village de Valdieri où, affamés, ils envahissent les magasins et, suivant le mot d'un témoin, « dévorent tout ce qui leur tombe sous la main ». Comme, à la fin du jour, les Allemands ne sont pas annoncés, ils s'installent dans ce bonheur précaire : les uns ont déniché une chambre, les autres un coin de grange, une place chaude près des bêtes à l'étable. Deux jours passent.

Ils recommencent à s'organiser. Valdieri, c'est peut-être le paradis retrouvé. Mais non ! Des S. S. envahissent le village et capturent 500 juifs pour qui, dans les camps d'Allemagne et jusqu'au crématoire, le souvenir de Valdieri restera comme celui de la dernière oasis terrestre.

Les autres ont fui dans la montagne. Juifs errants retrouvant le mouvement, la grande peur qui, à travers les siècles, a mis en marche leurs ancêtres.

Fuir, fuir.

Se fuir.

Cacher son nom.

Beaucoup ont de fausses cartes d'identité payées plus ou moins cher suivant l'authenticité des cachets et l'habileté des faussaires.

Quelques-uns possèdent de faux certificats de baptême. D'autres des vrais. Comme ce Marc Zamansky, brillant normalien, membre, avant la guerre, du Groupe catholique des étudiants en sciences, fiancé deux ans plus tard à une jeune fille dont le frère est dominicain, mais que la sincérité de son baptême protégera d'autant moins de la déportation qu'il joint, à ses qualités de chrétien et de juif, celle de chef de mission au B. C. R. A.

Dans tous les camps, il y a d'ailleurs des convertis dont on ne sait qu'au dernier moment, à l'heure de vérité, si le catholicisme est, ou non, une feinte.

A Drancy, on célèbre, le 25 décembre 1943, une messe, qui n'est pas de minuit, dans une chapelle où tous les fidèles portent l'étoile jaune sur la poitrine.

Dans le camp d'Ecrouves, près de Toul, l'abbé Rousselot rencontre plusieurs garçons et filles qui lui demandent la communion pour le lendemain.

« Mais vous êtes israélites ?

— Nous sommes catholiques. Nous avons été baptisés et confirmés par Mgr Blanchet, évêque de Saint-Dié.

— Prouvez-le-moi.

— Interrogez-nous. »

L'abbé Rousselot les interroge sur les effets de la confirmation, puis, l'épreuve étant concluante, s'écrie :

« Entendu, communion demain à la chapelle.

— Pourriez-vous plutôt nous communier ici, dans un coin des lavabos, en cachette de nos parents, car ils ignorent notre conversion. Si elle était connue, peut-être serions-nous gardés en France et nous tenons à les accompagner dans leur malheur. »

Le surlendemain, ils partaient pour l'Allemagne.

Fuir ? Et si, par quelque procédé magique, les

savants pouvaient *prouver* que les juifs ne sont pas juifs ? Les périodes tragiques engendrent de folles histoires.

Quelques juifs sépharades (juifs dont les ancêtres viennent d'Espagne et du Portugal) ont découvert un article d'un professeur à l'Institut Pasteur d'après lequel la formule de sang ne serait pas la même chez les Sépharades que chez les Aschkenazes. Conclusion : les Sépharades peuvent être considérés comme aryens.

En 1942, c'est une conclusion qui vaut très cher.

Les juifs sépharades se mettent avec fébrilité en quête de preuves nouvelles. Moyennant un million, un professeur de l'Institut anthropologique de Paris compose une dissertation démontrant que l'angle facial chez les Sépharades est droit, ce qui corrobore l'opinion du professeur de l'Institut Pasteur. On trouve également un texte réconfortant chez l'anthropologue allemand Chamberlain et chez Rosenberg, le théoricien nazi.

Munis de ces attestations, les juifs sépharades de Paris demandent à la Kommandantur une exemption globale des mesures antijuives.

La Kommandantur, qui ne retient que le côté scientifique de l'affaire, interroge le Q. G. qui s'adresse à l'Institut racial de Munich.

Stupéfaction ! Les savants de Munich donnent *avis favorable* et le dossier, gonflé de tous ces témoignages, aboutit enfin à la section juridique de l'Ambassade allemande à Paris.

Il ne reste plus qu'une seule personne à convertir à ce miraculeux changement de juifs en aryens. Mais Pierre Laval consulté, car c'est de lui qu'il s'agit, hésite à donner son accord.

Pendant que les quelques Sépharades qui sont à l'origine de la trouvaille, qui ont réuni l'argent, mis en branle professeurs sur professeurs et ont vogué d'incrédulité en émerveillement, cherchent quelle personnalité politique intéresser à leur sort et faire agir auprès de Laval, les hésitations du vice-président du Conseil rejoignent paradoxalement celles du docteur Modiano, chef du judaïsme sépharade en France.

Une véritable crise de conscience ravage cet homme lucide, obligé de choisir, soudain, entre le salut et l'honneur de sa race. La conclusion arrive enfin.

« Ce serait manquer de dignité que de poursuivre ces démarches. »

Les Sépharades resteront juifs.

Il y a ceux qui se défendent lorsqu'on vient les arrêter et qui meurent, du moins, en se battant, comme ce Pierre Chimènes et son fils dont le rapport du maréchal des logis-chef Rouanet, gendarme à la résidence de Labessonie (Tarn), raconte en style administratif la dramatique histoire.

« *Le mardi 4 janvier 1944, à 3 h 45, étant à notre caserne, avons été prévenus par Maurel Marcel, 36 ans, hôtelier à Labessonie (Tarn), que trois individus se disant policiers allemands, arrivés dans une camionnette, immatriculée sous le nº 3.404 FS 6, s'étaient présentés chez lui et l'avaient avisé qu'ils venaient procéder au contrôle des juifs se trouvant dans son établissement.* »

Les visites domiciliaires de ce genre sont fréquentes la nuit et, dans les petits hôtels de campagne encombrés de familles juives, elles sont toujours tragiquement fructueuses. Il y a quinze juifs cette nuit-là dans l'hôtel de Marcel Maurel.

Les policiers montent donc au premier étage

et frappent à la chambre n° 6, celle qu'occupent Pierre Chimènes et son fils Jacques, âgé de 19 ans. Dans une autre chambre, dorment les deux autres enfants de Pierre Chimènes : Jacqueline (20 ans), Gérard (14 ans). Au coup de poing des Allemands, les deux hommes ont bondi. Pierre Chimènes, qui a toujours dit à ses compagnons : « Si les Allemands arrivent, je ferai le nécessaire pour les tenir en haleine », se précipite sur une hachette et, dès que la porte est ouverte, se rue sur un policier qu'il blesse à la tête. Mais les autres se sont très vite ressaisis. L'hôtelier entend une dizaine de coups de feu, des cris, deux corps qui s'écroulent. Il voit descendre l'Allemand, blessé, qui lui demande d'aller chercher un médecin.

Quelques minutes plus tard, les policiers allemands entraînent, pressés les uns contre les autres, dans la camionnette, les treize juifs survivants. Jacqueline et Gérard Chimènes pleurent [1]...

Il y a ceux qui combattent avec le maquis, et ils sont nombreux dans la région de Grenoble et dans le Vercors. Là, du moins, s'ils arborent l'étoile jaune, c'est librement et comme un signe de ralliement qui préfigure Israël.

Il y a ceux qui se suicident pour en finir plus vite avec les horreurs qu'ils devinent ou qu'ils savent. La femme de la rue de Poitou qui, lors des grandes rafles de juillet 1942, précipite ses deux enfants dans la rue avant de se jeter elle-même par la fenêtre.

---

1. Jacqueline et Gérard sont morts en déportation.

Les femmes ou les hommes qui, au bord des wagons de déportation, avalent du poison ou se tranchent la gorge avec un bout de verre. On leur sauve parfois la vie. On les retire du convoi. Ils seront seulement du prochain départ.

Il y a ceux qui se cachent dans les fermes, qui restent pendant des années tapis dans des appartements muets, sombres et silencieux. Il y a ceux qui ont beaucoup d'amis fidèles et peuvent, de mois en mois, changer de maison.

Ceux qui ont « réalisé leur fortune » et dissimulent des diamants dans leur blague à tabac [1].

Ceux qui vendent leurs vêtements pour vivre.

Ceux qui font du marché noir pour vivre.

Ceux qui récitent la prière composée pour ces jours de malheur par le grand rabbin de France : « *Seigneur... avec sincérité nous reconnaissons que nous avons péché devant Toi... Grisés par le bonheur, des enfants d'Israël ont déserté ton Temple, renoncé à invoquer ton nom.* »

Il y a ceux qui ont une femme (ou un mari) aryen et qui ne seront parfois qu'à « demi déportés ». On les conduit à l'île d'Aurigny ou bien encore dans les anciens magasins généraux de la gare d'Austerlitz, 43, quai de la Gare.

Là, dans un vaste bâtiment en bois donnant sur l'arrivée des grandes lignes, 200 à 250 juifs trient, emmagasinent, chargent le produit des pillages allemands. Chaque matin, des camions apportent des caisses contenant tout ce qui a été raflé dans les appartements juifs.

Les hommes déballent. Les femmes arrangent les « rayons » où les officiers allemands (et parfois les miliciens, après les bombardements de

---

1. Un rapport sur les juifs en Tarn-et-Garonne signale que l'un d'eux a pour plusieurs millions de diamants dans sa blague à tabac.

la région parisienne) viennent choisir suivant leur grade : meubles, bijoux, montres, livres, fourrures. On se croirait dans un grand magasin.

Ce qui reste est envoyé, deux fois par mois environ, en Allemagne. Les expéditions se font avec une désinvolture voisine du « sabotage ». Si bien qu'un jour, les juifs expédient plusieurs wagons de portemanteaux à destination d'une ville bombardée !

Les détenus, gardés par des Russes que commande un vieil adjudant, amateur de cognac, sont enfermés pour la nuit. Alors, pour « le quai de la Gare », commence une vie extraordinaire. Tous ces juifs, pour la vie desquels bien des familles tremblent, ont droit de prendre dans les « magasins » ce dont ils ont besoin.

Ils mangent dans la vaisselle la plus fine, qu'ils brisent le repas terminé.

« Encore une que les Boches n'auront pas ! »

Ils boivent dans le cristal le plus pur, couchent dans les draps les plus fins, changent de linge presque tous les jours.

Ceux qui aiment la lecture ont à leur disposition les bibliothèques d'André Maurois et de Bergson.

On cause, on fume, on joue aux cartes.

Des ombres changent de dortoir...

Episode effarant et burlesque au milieu du drame.

Mais il arrive que la Gestapo vienne puiser parmi les juifs heureux du quai de la Gare...

Il y a ceux qui se font examiner par le très redoutable et très farfelu professeur Montandon en priant qu'il veuille bien ranger leur circoncision au nombre des circoncisions médicales [1]. Il y a Robert Grenate qui, avant chaque interrogatoire, passe de longues heures à aplatir sa chevelure à grand renfort de matières grasses, prises tantôt dans un colis, tantôt dans plusieurs fonds de gamelle.

Il y a celles qui, croyant avoir un certificat de vie, serrent dans leur sac le papier de leur concierge : « *Je, soussignée, Mme V. Lefranc, concierge, 46, rue Trousseau, certifie que Mme Goldstein Clara habite chez moi depuis le 15 janvier 1939, qu'elle a toujours travaillé honnêtement pour faire vivre sa petite famille et que jamais elle ne s'est occupée de politique, et que je n'ai rien à lui reprocher.* »

Il y a ceux qui ont un ausweis pour juif : « *Cette personne travaille dans la fourrure pour l'armée allemande. Elle et les personnes de sa famille désignées ci-dessous ne peuvent être arrêtées sans autorisation spéciale, sauf en cas de délit. Dès que l'ouvrier quitte le travail, cette carte est à rendre au service intéressé.* »

Mon Dieu, faites que le travail dure toujours.

Il y a ceux qui vivent, qui échappent à Drancy, à Compiègne, aux wagons, mais pas à la peur, ni aux terribles questions.

« Que fait-il ? Mon Dieu, ne l'a-t-on pas torturé ? Il a certainement froid, il n'a pas pris son chandail. Et sa chemise qui était sale. Comme il doit avoir faim. A quoi pense-t-il ? La dernière image que je lui ai donnée était celle d'une femme en larmes, bouleversée de détresse. »

---

1. C'est le Ministerialrat Schneider qui avait demandé que l'on adjoignît, pour les cas épineux d'appartenance à la race juive, à l'avis juridique du directeur du statut des personnes du C. G. Q. J., l'avis physiologique d'un ethnologue. Vallat proposa à Schneider, le 16 décembre 1941, le nom de Montandon.

Ceux qui ont vécu, aussi nombreux que ceux qui sont morts.

« *Pourtant on vit, bien sûr*, écrit l'une de ces rescapées, Mme Jacqueline Mesnil Amar. *On vit et nous avons vécu. Rien n'est continu, pas même le malheur. Sans cesse nous avons déménagé, bougé, pris des trains, des trains, des trains, nous déplaçant pour des raisons obscures et secondaires, pour tromper notre attente, combler notre vide, croire à notre activité, dans cette nasse de la zone libre qui se rétrécissait comme une peau de chagrin. Et nous allions à Marseille, à Nice, à Grenoble, à Toulouse, à Aix-les-Bains... même à Paris, fébriles passagers, pauvres voyageurs du danger et de la mort.* »

Et puis, il y a les enfants.

Durant l'hiver 1940-1941, Mme Pean-Pagès dirigeait une maison de vieillards à Montauban, lorsqu'elle reçut, un soir, la visite d'un israélite qui la supplie de l'héberger. Par crainte de son administration, Mme Pean-Pagès refusa, mais lui indiqua qu'il pourrait certainement se reposer dans la salle d'attente de la gare, ouverte toute la nuit. Le lendemain, elle apprit qu'un israélite s'était jeté dans le Tarn.

« *Je pensai immédiatement que ce devait être M. S...*, écrivit plus tard Mme Pean-Pagès. *Il s'était donc suicidé par ma faute. Toute la journée, le remords me torturait. Je me promis de faire tout mon possible pour les israélites persécutés.*

« *Grand fut mon soulagement lorsque M. S... revint me voir le soir.* »

Mais Mme Pean-Pagès ne devait pas oublier la promesse qu'elle s'était faite. Devenue directrice de la Maison de l'Union Chrétienne de Jeunes

Filles de La Tronche, près de Grenoble, elle allait, au fil des ans, héberger et sauver 93 jeunes filles juives.

Ce n'est là qu'un exemple de la longue lutte collective et à peine clandestine menée par beaucoup de catholiques et de protestants pour sauver les enfants juifs recueillis d'abord par les soins de l'organisation juive O. S. E., puis, au début de 1943, lorsque celle-ci fut débordée ou impuissante, par une véritable organisation de camouflage que présidait Mgr Saliège, archevêque de Toulouse, et que dirigeait M. Garel.

Muni d'une lettre d'introduction de Mgr Saliège, M. Garel rendit visite à vingt évêques de départements situés dans l'ancienne zone libre.

Il avait choisi de préférence des départements de montagne (Hautes et Basses-Pyrénées, Hautes et Basses-Alpes, Cantal, Puy-de-Dôme, Lot) où les petits villages dispersés étaient d'accès difficile. Il sollicitait le concours de l'évêque pour mettre rapidement sur pied une œuvre d'assistance aux enfants. Une œuvre non juive. Ce dernier point était essentiel. Il fallait que le camouflage fût parfait et que les hommes et les femmes qui acceptaient de s'occuper de l'œuvre fussent physiquement insoupçonnables.

Lorsque l'organisation était mise sur pied, on lui envoyait son contingent d'enfants juifs — vingt ici, vingt-cinq là — d'enfants juifs, rigoureusement, farouchement coupés alors de leurs parents.

Le secret devait, en effet, demeurer absolu. Les parents ignoraient l'adresse de leurs enfants. Mais ils pouvaient écrire. Des assistantes transmettaient les lettres et maintenaient ainsi le contact entre ces parents et ces enfants aux destins séparés. C'est grâce à cette rigueur (qui ne fut trompée qu'à deux ou trois reprises) que le

« circuit Garel » réussit à sauver plus de 1 500 enfants.

A Paris, les enfants juifs furent disséminés dans plus de 200 écoles ; les prêtres de Sion en hébergèrent 443. A Nice, l'évêque organisa, jusque dans ses appartements, des bureaux chargés de mettre à l'abri, et de faire vivre ensuite, des centaines d'enfants envoyés peu à peu dans des orphelinats, des couvents, des pensions ou plus simplement chez des familles chrétiennes ou des curés de montagne.

De leur côté, les protestants — qui à de nombreuses reprises, par la bouche du pasteur Boegner, avaient violemment protesté contre les persécutions raciales — se portent également au secours des enfants [1]. C'est ainsi qu'au Chambon-sur-Lignon, où 95 p. 100 des habitants sont protestants, sept œuvres vont être organisées à l'appel du pasteur Trocmé, véritable chef spirituel du pays.

La « Maison des Roches », l'« Abri », le « Guespy », le « Coteau-Fleuri » recueillent de nombreux enfants juifs et le pays tout entier se montre hostile aux mesures antisémites. Cependant, lorsque l'aumônerie générale israélite envoie une délégation visiter ces maisons, catholiques ou protestantes, elle conclut tristement et assez injustement : « *En résumé, ces œuvres, si méritoires soient-elles, ne sont qu'un moyen ; le but est la propagande religieuse et le prosélytisme.* »

La même délégation inspectant la « Maison

---

1. Il ne s'agit naturellement pas de recenser toutes les organisations religieuses ou de bienfaisance qui ont pu porter secours aux juifs persécutés. Mais il serait injuste de ne pas mentionner au moins les Quakers. Feuilletant le dossier des déportations, à de nombreux moments nous avons trouvé trace de leur présence charitable.

d'accueil chrétienne pour enfants », où sont héber-
gés une quarantaine de jeunes israélites, s'émeut
des croix et des nombreuses inscriptions religieuses sur les murs, alors que rien (et pour
cause, le danger serait trop grand) ne rappelle
le judaïsme aux petits juifs retranchés de leur
milieu social.

Tant de périls courus en commun n'empêchent
pas catholiques, protestants et juifs de se disputer des âmes, et c'est dans les couvents, les écoles,
les familles charitables de 1943 que mûrissent
les quelques « affaires Finaly » qui éclateront
plus tard.

★

Il y a les enfants que l'on sauve au prix d'arra-
chements atroces. Dans les camps de concentration de l'ancienne zone sud, on doit, parfois, les
enlever de force à leurs parents qui s'éloignent
vers l'Est. Leur salut est à ce prix.

Dans un camp du Loiret, il faut trouver 1 000
femmes pour le premier convoi, puis en préparer
immédiatement un second.

Quelles sont celles qui partiront ? Quelles sont
celles qui resteront ? Le choix, opéré par les autorités françaises, est l'objet d'autant d'intrigues
que de débats de conscience. Les Français obtiennent de conserver une femme pour six enfants,
puis les Allemands reviennent sur ce chiffre, et
il faut refaire hâtivement toutes les listes. Seules
seront épargnées les mères qui allaitent : la
proportion tombe à une femme pour quinze
enfants.

Le dernier geste des femmes qui s'en vont
consiste à coudre au bras des enfants un calicot
portant nom, prénom, date de naissance. Mais il
demeure toujours des petits oubliés, des errants

que les « assistantes » (juives ou non) interrogent.

« Comment t'appelles-tu ?
— Lulu.
— Lulu comment ?
— Non, pas Lulu comment : Lulu.
— Comment s'appelle ta maman.
— Maman.
— Et ton papa ?
— Papa.
— Comment ton papa appelait-il ta maman ?
— Ma chérie.
— Comment la concierge appelait-il ton papa ?
— Monsieur Paul. »

« *Nous avons assisté lundi*, écrit un membre de l'U. G. I. F. [1], *au départ des enfants. Pendant qu'on les faisait monter dans des cars avec leur mince bagage, des scènes déchirantes se sont produites. Les enfants jeunes, qui ne pouvaient comprendre les raisons de cette séparation, s'accrochaient à leurs parents et pleuraient. Les aînés, qui savaient combien la douleur de leurs parents était grande, tentaient de dominer leur peine et serraient les dents. Les femmes s'accrochaient aux portières des cars qui partaient. Les gardes et les policiers eux-mêmes dominaient mal leur émotion. Une résignation pesante et amère se lisait sur les visages. Il semblait qu'après tant d'épreuves les internés n'avaient plus la force de se rebeller contre leur destin.* »

Ces enfants, ils les voient pour la dernière fois. Les enfants éloignés, les parents s'en vont. On enfourne hommes et femmes dans des wagons de

1. C. D. J. C. dossier CCXIII, pièce 60. La scène se passe au camp des Milles, près de Marseille.

marchandises, recouverts d'un peu de paille. Ils ont traîné avec eux leurs bagages et le petit colis individuel (500 grammes de dattes, cinq croque-fruits, quelques morceaux de sucre, six bouillons Kub, 300 grammes d'olives, quelques dragées, de l'aspirine, du savon dentifrice, du savon de toilette, du coton hygiénique ou des lames à raser) que les organisations juives ont confectionné en hâte pour chacun des partants.

Dans un coin, un seau hygiénique.

Les portes se ferment.

Les déportés entrent dans la grande nuit.

Cependant, leur supplice n'est pas fini. Parfois, le garde-mobile qui se tient devant la porte l'ouvre avec fracas. Dehors, des juifs apportent quelques vivres. On appelle le responsable du wagon qui, seul, a le droit de sortir pour en prendre possession.

Il y a pire.

Voici la fin du rapport cité plus haut :

Au camp, les interventions de dernière heure se multipliaient pour arracher encore quelques-uns au départ. Chaque fois qu'un résultat était obtenu, on se précipitait vers le train. A moitié assoupis, les occupants des wagons se réveillaient, entendaient appeler un nom qui n'était pas le leur et se résignaient une fois de plus, sans cris, ni larmes. Celui qui était miraculeusement (et provisoirement) sauvé, sautait du train, ramassait ses bagages. C'était le plus souvent un malade qui criait, s'évanouissait de joie et qu'il fallait porter jusqu'au camp.

Au petit jour, un homme encore, dans un wagon, tente de s'échapper par la mort en avalant du poison... Malgré les cris de ses compagnons, le chef de train refusait d'intervenir, prétendant qu'il s'agissait d'un simulateur. Il fallut

*une démarche de l'aumônier pour que cet homme
soit transporté à l'infirmerie.*

*Au matin, pendant que les équipes sociales,
juives et non, faisaient la haie sur le talus, le
train prit lentement le départ. On agitait des
mouchoirs, comme pour de dérisoires vacances,
mais les larmes remplissaient tous les yeux. Pas
un cri, pas une protestation ne vinrent des
wagons où les visages se pressaient derrière les
croisillons des fenêtres. Et ce silence, ce courage
paisible jusqu'au dernier instant étaient plus
déchirants que des larmes...*

CHAPITRE V

LE ROYAUME DE VICHY

LE 1er *juillet 1940... une voiture tombe en panne au débouché du pont de Bellerive, tout juste à l'entrée de Vichy. Quelque chose vient de céder dans l'embrayage.*

— *Rien à faire, lance le chauffeur, on est bloqué. Faudrait changer la pièce.*

Lors, deux hommes descendent de la voiture et, à pied, se dirigent vers le centre de la ville. L'un porte une valise. L'autre porte une cravate blanche[1]...

La foule, encore mal remise de la défaite, une foule de réfugiés pas tout à fait comme les autres, mâtinée de curistes, de politiciens et de « célébrités », ne reconnaît pas immédiatement Pierre Laval.

Cependant, parmi ceux qui se protègent du

1. Saint-Bonnet : *Vichy capitale.*

soleil, dans les allées couvertes — la couverture date de 1900 comme presque tout Vichy d'ailleurs —, parmi ceux qui guettent déjà l'arrivée des officiels, amusés, intrigués par ces automobiles qui n'arrêtent pas de déverser leur cargaison d'excellences, on reconnaît l'allure, le geste, la cigarette allumée au mégot.

« C'est Laval... Pierre Laval. »

On applaudit.

Avec deux doigts, Laval touche le bord de son chapeau. Il gravit les quelques marches de l'Hôtel du Parc.

Demain, il ne pourra plus sortir de la chambre nº 5 sans être entouré de cent visages à demi inconnus sur lesquels, hâtivement, il doit mettre un nom.

« Pierre ! Comment vas-tu... Deux mots seulement.

— Tout à l'heure... J'ai une course urgente. »

Le bruit de sa présence, ici ou là, se répand, affirme plaisamment un journaliste, « *comme si un coup de gong annonçait l'entrée du pacha dans la salle des odalisques* ».

Débordant ce vaste quadrilatère du Parc que cernent les hôtels blancs, le Tout-Paris du Parlement, du Théâtre, de la Radio, de la Finance, qui s'efforce, avec plus ou moins de bonheur, de rester dans le sillage du gouvernement, bouillonne, s'agglutine, se fragmente, traversé de courants multiples, de cris de reconnaissance, de conspirations naissantes.

Des députés, qui ont couché sur la paille dans un dortoir improvisé au Casino des Fleurs, cherchent fébrilement une chambre, à défaut d'une chambre, un lit ; des ministres songent à installer leurs services géants dans le tiers d'un hôtel de province. Il y a partout un immense mouvement de plantons, d'officiers, de secrétaires, de femmes qui courent dans les bureaux pour arracher au sourire dix litres d'essence. Parisiens qui réquisitionnent. Vichyssois scandalisés par une réquisition qui les gêne dans leurs aises.

Les cafés sont pleins, transformés en buvettes parlementaires. On serre des mains.

Des milliers de mains. Vichy ressemble à un îlot sur lequel auraient abordé les nombreux rescapés d'une catastrophe maritime.

Les arrivants du jour, ou de la veille, s'habituent au paysage falot, à l'Allier médiocre, aux rues trop étroites entre les hôtels carrés, à la coupole dorée et faussement orientale des bains de première classe, au minaret des bains de deuxième classe, au Casino dont l'entrée fait songer au décor d'une pièce de Giraudoux.

Déjà, chacun a découvert un P.C., retrouvé des amis et a, dans un cadre nouveau, tenté de recréer les habitudes d'hier.

Les émigrés des *Deux magots* s'installent à *La Restauration*, les officiels au grill de l'*Hôtel du Parc*, les vedettes du cinéma ou du théâtre aux *Ambassadeurs*. Les repas se prennent à la chaîne. De l'œil, le nouveau venu guette les tables de ceux qui « en sont au dessert ».

Les conversations constituent un pot pourri de souvenirs sur la défaite, d'adresses de logeuses ou de gargotiers, de spéculations sur le régime futur. Que vont devenir les députés invités à voter un texte permettant de donner à la France « la constitution nouvelle qu'imposent les circonstances » ?

Maurice Martin du Gard inscrit sur un carnet les mille bêtises qui fusent à longueur de journée. Privés d'agir, mais non point de parler, les réfugiés refont le monde qui vient de s'ouvrir sous leurs pieds.

« C'est étonnant ! Ils n'ont pas violé une seule

femme et pas coupé une main d'enfant ! Je trouve tout de même abject qu'on leur ait offert des fleurs à Clermont ; un de leurs officiers les a piétinées ; c'est une leçon !

— Agir sans penser, penser sans agir... c'est agir en pensant qui est le plus difficile.

— Un État sain ne dépend pas plus de la victoire que de la défaite. »

Cocteau écrit à un ami : « *Moi, tu le sais, j'aime les grandes crises, mais je redoute le bûcher purificateur. On y brûle pêle-mêle Léonard et les croûtes* », et le mot fait le tour du Parc.

C'est la plus tragique, mais c'est aussi la plus belle de toutes les saisons de Vichy.

Au hasard de la promenade, on croise les vedettes d'hier, dont beaucoup tentent de s'installer dans le présent : Déat, Lafaye, Chasseigne, Bergery, Piétri, Monnet, Léon Bérard, Georges Bonnet, Montigny, Tixier-Vignancour, Paul-Boncour, Henry Haye, Blum et Marx Dormoy dont le passage est salué de rumeurs ; le général Serrigny qui tempête contre les officiers d'administration qui continuent à « transporter des poules », alors que l'essence est si rare, des sociétaires de la Comédie-Française, des ambassadeurs, des escrocs, des banquiers, les hommes de la « Cagoule » regroupés autour de Deloncle, de nombreux journalistes de tous les pays pour lesquels on construit, à la poste, treize cabines téléphoniques, des généraux, des amiraux, des généraux encore...

Tout le monde est dans la rue quinze heures sur vingt-quatre. Où peut-on être mieux d'ailleurs que dans la rue ? Il fait chaud, il fait beau. Dans un climat de grandes vacances retrouvées, la rue permet de papoter, d'échapper aux chambres trop petites, aux bureaux encombrés, d'échanger contre un bobard ancien un bobard nouveau.

« Le gouvernement part pour Paris demain ! » affirment trois fois par semaine les hommes « bien informés ». On s'arrache *L'Avenir du Plateau Central* dont la feuille unique commente, pour les bonnes âmes, le drame des trois cents vaches hollandaises abandonnées à Clermont-Ferrand et consacre deux colonnes de petites annonces à ceux qui se cherchent toujours.

Les journaux « parisiens » repliés publient de nombreux reportages sur les débris d'armée que nous a laissés la défaite et il n'est presque pas de jour où, pour la plus grande inquiétude de certains députés, qui rêvent de Brumaire, quelque reporter n'évoque la « Division des As » (celle de de Lattre) en manœuvre dans les champs du voisinage !

Au Casino, où le ministère de l'Intérieur s'est immédiatement installé dans les salles de jeux (le bureau de Peyrouton est immense, mais on dresse partout ailleurs de multiples cloisons), des machinistes préparent les accessoires qui serviront à cette séance historique du 10 juillet au cours de laquelle l'Assemblée Nationale, approuvée d'ailleurs par la plus grande partie de l'opinion, donnera tous « *pouvoirs au gouvernement de la République, sous l'autorité et la signature du maréchal Pétain, à l'effet de promulguer, par un ou plusieurs actes, une nouvelle constitution de l'Etat Français* ».

« Avez-vous une sonnette ? demande le président Herriot.

— Une sonnette ?

— Oui, pour la séance. On en avait emporté une, mais on l'a égarée à Tours.

— Oui, oui... Est-ce qu'une petite cloche ne ferait pas votre affaire ? Ou un gong ?... »

Dérangés dans leurs habitudes, chassés de leurs cantonnements, les curistes, qui ont vu, au début, avec assez de plaisir, les réfugiés poussiéreux de juin remplacés par 40 000 officiels et presque autant d'officieux, se demandent très vite pourquoi le gouvernement ne s'est pas installé ailleurs que dans la sage capitale des hépatiques.

« A Lyon, à Marseille, à Clermont-Ferrand, n'importe où, ce n'est pas la place qui manque. »

Pourquoi ? Lorsque le gouvernement du maréchal Pétain a quitté Bordeaux, où les Allemands entrent sur ses talons, il a d'abord rejoint Clermont-Ferrand, essaimé à La Bourboule, Royat, Châtelguyon, tandis que tous les cabinets ministériels s'entassaient dans les bureaux de la préfecture du Puy-de-Dôme.

Comment ne pas voir immédiatement que le gouvernement sera paralysé par la dispersion des services, l'incommodité (ou l'absence totale) des transmissions.

Vichy s'offre toute proche. Vichy et non Marseille ou Lyon, surencombrées, et qui ne bénéficient pas du privilège des villes d'eaux : des locaux vacants la moitié de l'année.

L'hiver, Vichy flotte, en effet, dans un immense vêtement d'hôtels et d'appartements vides. L'été, les curistes viennent occuper la place, remplir les chambres, animer les allées si mornes en novembre. Autour des sources — raison et prétexte — tous les hôtels sont au garde-à-vous. Il suffit de chasser les curistes de juin pour obtenir des chambres dont on fera des bureaux et réaliser cette centralisation souhaitée depuis bien longtemps, assez hypocritement, par l'administration parisienne.

A Vichy, du moins, tous les ministères vont se côtoyer, se coudoyer. On pourra s'interpeller de ministère à ministère, dire bonjour d'un signe de main à son camarade de la Marine de l'autre côté de la rue... Ah ! oui, chassons les curistes — Elvire Popesco en tête — puisque Vichy offre de telles commodités.

Voilà incontestablement la première et la plus importante raison du choix de Vichy pour capitale provisoire. On en trouvera d'autres.

On mettra en avant les désirs de Raphaël Alibert, garde des sceaux du nouveau gouvernement, qui, chaque année, vient faire sa cure à Vichy, et de Pierre Laval, enfant du pays, qui possède, à quelques kilomètres de là, le château de Châteldon où il aime passer la nuit.

Certains fabricants de littérature officielle n'hésitent pas à écrire enfin que Vichy, porte de l'Auvergne, de l'Auvergne où les contraires s'unissent, a été choisie par goût du symbole : « *Est-ce pour rien que l'eau de la source des Célestins, de toutes les eaux minérales du globe est la seule qui possède ce goût un peu salé des larmes.* » Passons...

Le maréchal Pétain, lui, n'a pas eu de panne de voiture. Il est arrivé le 1ᵉʳ juillet et s'est installé au troisième étage de l'Hôtel du Parc où il occupe la chambre 35. Il travaille dans un bureau de dimensions assez modestes auquel trois fenêtres, dont deux ouvrent sur le parc, donnent l'illusion de la grandeur.

Au mur, une cheminée mesquine, de ces cheminées d'hôtel où aucune bûche ne flambera jamais, une mauvaise glace, l'ameublement ordinaire :

bureau étroit qui sera remplacé par un meuble de style Empire, chaises qui seront plus tard recouvertes, comme tous les murs au-dessus de la boiserie, de damas rouge portant francisque et gerbe de blé.

Un balcon, de peu de profondeur, d'où le Maréchal apparaîtra parfois.

Collées sur toutes les portes, des étiquettes que nul ne se soucie d'enlever (elles y sont encore [1]) : « Fermez votre porte à clé. Please lock your door », semblent donner au régime un permanent conseil de prudence.

La chambre, suivie d'une salle de bains, contient un lit de cuivre sous lequel le Maréchal glissera sa cantine militaire. Sur la table de chevet, un réveille-matin, une boîte d'iodoformine, un album de photos de Villeneuve-Loubet et, dans les premiers jours de Vichy, un livre consacré au redressement de la Prusse après Iéna.

Dans le bureau du Maréchal, se tient également le général Campet. A deux mètres de lui, dans une petite pièce, le capitaine Bonhomme dont le docteur Ménétrel prendra bientôt la place.

C'est tout.

Le maréchal Pétain prend ses repas (viande matin et soir, peu de vin) à l'Hôtel du Parc « *d'où ses regards*, écrit du Moulin de Labarthète, *peuvent se poser, à l'heure du café, sur la foule des quémandeurs, des ruffians, des escrocs, des femmes de tout âge et de toute beauté, qui sont comme le bourbier mouvant de ces époques de transition* ».

Lorsqu'il quitte la table pour regagner son

1. Aujourd'hui l'Hôtel du Parc a été vendu par appartements. La chambre et le bureau du maréchal Pétain, totalement saccagés à la Libération, ont été achetés par l'A. D. M. P. (Association de défense de la mémoire du Maréchal Pétain) qui a l'intention de remettre ces pièces en état.

bureau, ou le Pavillon Sévigné qu'il occupera également après le départ du président Lebrun, que la défaite apporte et emporte dans la même vague, la foule des dîneurs se lève respectueusement, mais dans un brouhaha de chaises, de conversations interrompues...

Hommes et femmes, indifférents et partisans, sont saisis d'admiration devant ce grand vieillard — Philippe Pétain a 84 ans — qui a conservé l'allure de ses 60 ans. Il passe : l'œil clair, l'œil bleu, d'un bleu très pur, qui fera longtemps l'admiration des flatteurs comme des fidèles, la taille droite, la démarche assurée par une canne qui est, chez lui, coquetterie plus que nécessité.

Ses familiers — il en a peu par goût et, comme il ignore le personnel de la IIIᵉ République, il va s'entourer avant tout d'hommes qu'il a connus lors de son ambassade espagnole ou d'amis de la guerre précédente — ses familiers racontent ses « exploits », que toute la ville répète avec une maternelle jubilation.

« Le Maréchal soulève de sa canne, à l'horizontale, une petite fille de six ans (cet événement sera photographié). Il peut faire six kilomètres à pied. Avec cela, jamais malade. Un cœur de 30 ans, 9-13 de tension, pas besoin de lunettes. »

Sur le plan physique, ces qualités surprendront, jusqu'à la fin, les visiteurs. Voici le portrait que trace, au début de l'année 1944, un voyageur qui débarque d'une lointaine province : « *Le Maréchal est arrivé très exactement à l'heure prévue. Il était en costume de ville et tenait son chapeau mou, gris, à la main... Ce qui frappe en lui, d'abord, c'est la majesté. Cet homme, dont les ans n'ont point courbé les épaules, avance d'un pas vif et assuré... Le masque semble sculpté dans le marbre dont il a la blancheur et l'immobilité... Chacun de ses gestes un peu lents est* empreint d'une dignité naturelle surprenante. Ce chef d'un pays vaincu, quand il paraît, suscite la fierté et non le découragement humilié. »

Sur le plan intellectuel, en juillet 1940, aucune fatigue apparente, une grande facilité devant les dossiers qu'il dépouille rapidement, mais comment oublier que le chef de l'Etat a eu 40 ans en 1896, c'est-à-dire qu'il appartient essentiellement (par les études, les habitudes acquises, les réactions profondes, la morale) au XIXᵉ siècle ?...

Comment ne pas prévoir aussi que cet extraordinaire prolongement sera bientôt ruiné par l'addition de l'âge et des soucis quotidiens ?

Le flegme deviendra engourdissement, paralysie de la volonté ; la lucidité et l'agilité d'esprit ne seront plus présentes à tous les rendez-vous ; la mémoire fera défaut, non la mémoire lointaine, cette mémoire qui enchante à peu de frais les anciens combattants, mais celle des événements proches, les plus importants. Méfiant envers son entourage (il accueille du Moulin de Labarthète par ce mot : « Je n'ai pas plus confiance en vous qu'en d'autres »), il ne se gêne nullement pour envoyer, comme dans un bon vaudeville, son chef de cabinet écouter à la porte de Pierre Laval [1]. Méfiant donc, Philippe Pétain cède cependant moins à ceux qui le servent qu'à ceux qui l'obsèdent, l'assiègent, habiles à choisir l'heure et le lieu de l'attaque.

Car il a, de plus en plus souvent, de « bons »

1. Lorsque, après les événements du 13 décembre 1940, qui ont conduit à l'arrestation momentanée de Pierre Laval, celui-ci reçoit à Vichy Abetz, son « libérateur », et le conseiller d'ambassade Achenbach.

et de « mauvais » jours. L'amiral Leahy, qui remet ses lettres de créance au Maréchal, le 8 janvier 1941, est frappé par « l'énergie et la force de caractère » de son interlocuteur. Le lendemain, en fin d'après-midi, il n'a plus devant lui qu'un vieillard « las et découragé ».

Comme beaucoup de vieillards d'ailleurs, le Maréchal est assez naturellement indifférent aux malheurs de ses proches et d'avoir toute sa vie vécu dans l'armée lui a appris à quitter aisément un aide de camp pour un autre, un collaborateur pour un autre, assuré que l'homme compte moins que la fonction.

Mais ce chef d'Etat, qui gardera longtemps encore le goût de la taquinerie, du sarcasme, de la « phrase slogan », qui fait mouche et parfois fait illusion, est profondément sensible aux deuils d'un peuple dont il s'affirme sentimentalement très proche.

Il viendra un temps où ce « paternalisme », dépassé par les angoisses, les malheurs et les espoirs de l'époque, ne sera plus efficace. Il viendra un temps où les applaudissements et les ovations n'auront plus qu'une valeur d'hommage et non d'adhésion.

De nombreux amis mettront alors en garde le Maréchal et lui signaleront la désaffection rapide de la zone occupée, la désaffection plus lente de la zone libre. Il les croira difficilement, trompé par des manifestations plus ou moins organisées, par un aveuglement naturel, aussi, sur son prestige et par une ignorance politique du cours des événements qui lui fit longtemps espérer que cette guerre révolutionnaire pourrait être, un jour, arbitrée par les vaincus.

★

Les membres de son cabinet aimaient à dire qu'il avait reçu et cultivé trois qualités, « les trois S : simplicité, sérénité, souveraineté », vertus profondes certes, mais aussi vertus de façade qui rejettent la complexité, l'originalité, l'audace.

Vertus de parade, lentes à disparaître, qui font oublier que l'âme et l'esprit peuvent avoir vieilli plus rapidement, beaucoup plus rapidement, que le corps.

En juillet 1940, cependant, la foule désœuvrée qui stationne patiemment devant l'Hôtel du Parc dans l'espoir d'applaudir le maréchal Pétain — image d'Epinal descendue de son cadre — ne manque pas de distractions.

Partout on emménage. Les ministères se partagent les hôtels. La Guerre va au *Thermal Palace,* les Finances et la Production Industrielle au *Carlton,* la Marine au *Helder* où les planchers seront quotidiennement lavés à grande eau, comme un pont de navire, les Colonies à l'*Hôtel d'Angleterre,* ce qui donne naissance, on le conçoit, à de faciles plaisanteries. A l'*Hôtel du Parc,* si le maréchal Pétain occupe le troisième étage, on trouve Baudouin et les services des Affaires Etrangères au premier ; Pierre Laval au second en compagnie de l'Information ; à l'*Hôtel des Ambassadeurs...* les ambassadeurs.

On s'installe. Pour combien de mois ? Nul n'en sait rien. L'article 3 de la convention d'armistice avait laissé entrevoir la possibilité d'un rapide retour des ministres à Paris, l'installation même, dans une enclave affranchie de l'occupation militaire, du gouvernement français tout entier. A Wiesbaden, délégués allemands et français, membres de la commission d'armistice, étudient sérieusement, pendant des mois, le problème, mais déjà Berlin utilise la ligne de démarcation comme un efficace moyen de répression.

On parle toujours cependant de Versailles. On trace des plans, on délimite des « couloirs » démilitarisés. Le Maréchal souhaite franchir la ligne de démarcation avant le 14 août, il évoque la possibilité de contrôler la presse parisienne qui critique déjà le gouvernement ; Montoire redonne de l'actualité à tous ces projets, de l'espoir à tous ceux qui, maintenant exilés à Vichy, rêvent à la vie de Paris, plus difficile certes, mais moins austère et combien plus « excitante » que la vie de cette capitale provisoire dont on a très vite fait le tour ; à Versailles, le préfet Chevalier fait repeindre en bleu la chambre destinée au chef de l'État, 9, avenue de la Reine... Les orages du 13 décembre bousculent tout l'échafaudage. Pendant des semaines, plus un seul ministre français ne sera autorisé à franchir la ligne de démarcation.

Malgré les criailleries de Marcel Déat qui, dans *L'Œuvre*, ne cesse de réclamer le retour à Paris d'un gouvernement que la presse et les partis collaborationnistes auraient vite fait d'investir, le pouvoir demeurera donc à Vichy. Naturellement, le gros des services a peu à peu rejoint Paris, ce qui oblige les ministres — lorsqu'ils ont en poche la permission allemande — à faire, par l'autorail gouvernemental, qui part le samedi soir de Vichy et repart de Paris le jeudi matin, un voyage de 600 kilomètres pour inspecter leurs bureaux et prendre le pouls de l'opinion parisienne, la mesure de la force allemande.

Etonnant autorail ministériel chargé d'excellences, de directeurs de ministères, de chefs de cabinet, de chargés de mission, également lourds de projets et gonflés de papotages, dont l'importance décroît à mesure qu'ils s'éloignent de la capitale des songes.

Puisque l'on passera l'hiver à Vichy, il faut chauffer la ville. Fatou, maître des requêtes au Conseil d'Etat, chargé du secrétariat aux Colonies, y a songé l'un des premiers, alors que les jours étaient beaux encore, mais on lui a ri au nez.

« Du charbon, vous n'y pensez pas. Cet hiver, nous serons installés à Paris. Et, d'ailleurs, la guerre sera finie. »

La guerre n'est pas finie. Le vent souffle. Il gèle dans les allées du Parc. Rien n'a été prévu pour le chauffage de tous ces hôtels, habituellement fermés pendant l'hiver.

Les fonctionnaires, qui campent dans les chambres et travaillent en pardessus, installent donc, partout où ils le peuvent, des poêles à charbon dont les tuyaux, pointant par des carreaux cassés, donnent à la ville un aspect sordide et comique à la fois.

Tandis que la population sédentaire se réfugie à la poste, honorablement chauffée, partout, dans les hôtels, on obture portes et fenêtres de bourrelets d'étoffe et de papier.

Pauvres hôtels. Ils subissent mille et une transformations au gré des occupants, au désespoir des directions.

Sans doute, l'anarchie des premiers jours a-t-elle à peu près pris fin. La revue de presse radiophonique ne se fait plus sur le lit du rédacteur en chef occupé par trois journalistes, par des montagnes de journaux et de feuilles d'écoute, mais presque toutes les pièces sont chambres la nuit, bureaux le jour.

Le courrier est placé sur le lit, le coffre-fort dans la table de nuit. La secrétaire de Xavier Vallat, ministre des Anciens Combattants, s'assied sur le bidet et, partout, les dossiers disputent l'armoire aux caleçons de Monsieur comme aux jupes de Madame.

On ouvre les portes sur des spectacles de famille ; Madame se réfugie dans la salle de bains pendant que Monsieur reprend son rôle de fonctionnaire consciencieux, tout en surveillant les pommes de terre qui mijotent sur le poêle.

Hommes et femmes, civils et militaires manifestent, dans les hôtels réquisitionnés, une activité de termites.

Les tapis, souillés par les souliers boueux des visiteurs, déchirés par les enfants, découpés par les amateurs de pantoufles d'intérieur, seront presque tous à remplacer à la Libération. Les draps et les serviettes sont déchirés, volés, irremplaçables d'ailleurs. L'hôtel *Queen's*, à qui il faut 1 200 draps pour « tourner », n'en recense plus que 34 en août 1944. Dix mille serviettes de toilette ont disparu.

La vaisselle succombe. Les meubles s'effondrent. Les paravents prennent feu. Le parquet au point de Hongrie du restaurant est lavé à grande eau, tous les matins, par un popotier expéditif, qui a fait carrière dans la marine. Le directeur a la surprise de reconnaître ses doubles rideaux en velours sur les épaules de quelques-uns de ses « pensionnaires ».

Qu'un haut fonctionnaire soit appelé en consultation à Vichy, il reçoit un bon de logement dans l'une des chambres de passage du *Parc*, du *Majestic*, du *Queen's* ou d'un hôtel de moindre importance. En hiver, il doit parfois coucher tout habillé après avoir entassé, sur le lit, tout ce qui peut servir de couverture, y compris la descente de lit.

Des popotes ont surgi partout, qui bénéficient pour leur ravitaillement d'autos ministérielles et de véhicules militaires, que les Vichyssois moins favorisés voient passer avec colère.

Les restaurants pratiquent d'ailleurs le respect du rationnement officiel avec un soin vertueux. Volonté de « donner l'exemple », car Vichy se veut austère, ou crainte d'une nombreuse police ? on y mange mal avec ostentation. Tel haut personnage, qui refait en pensée le monde, veille avec un soin jaloux sur ses vingt-cinq grammes de pain et ses matières grasses.

Le général Serrigny — le même qui reprochait aux officiers de transporter « des poules » — lorsqu'il fait le voyage de Paris à Vichy, s'arrête dans des fermes où son chauffeur a des relations et glane ainsi des provisions dont la moins intéressante n'est pas ce cochon de 220 kilos acheté 7 200 francs.

Le dimanche, à pied ou à bicyclette, tout le monde va battre la campagne dans l'espoir d'assurer le ravitaillement de la semaine.

Quant au corps diplomatique — qui a mal supporté l'hiver dans le glacial *Hôtel des Ambassadeurs* — il a réussi à louer quelques villas.

Seuls les bureaux demeurent à l'hôtel dont on chasse les lits et les coiffeuses qui, dans les premiers jours, servaient d'écritoire, tandis que des pyramides de caisses et de valises encombrent toujours les couloirs. Qui bénéficie de l'amitié d'un ministre ou d'un secrétaire d'ambassade est assuré de faire de temps à autre bonne chère.

« *A l'instar des bandes qui, dans les films policiers américains, se partagent la souveraineté de certains quartiers*[1] », chaque mission diplomatique a « sa » ferme sur laquelle elle veille jalousement et vers laquelle elle délègue presque quotidiennement un chauffeur maître coq.

Peu de distractions : cinq ou six cinémas où le Tout-Vichy se retrouve devant de vieux films américains, d'interminables séances de bridge, les spectacles du Casino qui reprennent en 1942, puis émigrent un an plus tard au Théâtre des Fleurs.

De nombreux galas, généralement au profit des prisonniers de guerre, permettent d'applaudir la *Charlotte Corday* de Drieu La Rochelle, *Cyrano de Bergerac*, *Léopold le Bien-Aimé* avec Bertin, Balpétré, Jean Meyer, Germaine Rouer ; *Le Cid* avec Maurice Escande ; *Tartuffe*, *L'Ecole des cocottes*, *Trois Valses*, *La Reine morte*, *Carmen* avec José Luccioni ; *Faust, Manon, Orphée...*

Tout le monde paye sa place, y compris le Maréchal qui, d'habitude, va s'asseoir au premier rang des fauteuils d'orchestre.

Ce monde étrange, replié sur lui-même, coupé de la plupart des réalités, occupé de grands projets mais aussi de petites querelles qui ont pour objet le déplacement d'une cloison, ce monde où les ministres qui passent d'un hôtel obscur à

1. Acevedo : *A notre corps défendant.*

l'*Hôtel du Parc* sont transformés de « paria en brahmane [1] », où les titulaires de cartes roses, donnant accès au siège du gouvernement, se croient déjà dans les secrets de la paix et de la guerre, ce monde où les bruits les plus invraisemblables trouvent créance, a été décrit avec finesse par Abetz : « *Pour comprendre les événements du 13 décembre* (qui ont conduit au renvoi de Laval), écrit-il dans son télégramme du 18 décembre, *il faut tenir compte de l'ambiance de Vichy, où quelques centaines d'hommes d'Etat, de politiciens, de militaires, de journalistes et de diplomates étrangers vivent depuis des mois, serrés, en partie avec leurs femmes, dans quelques hôtels et y font des intrigues.*

« *Ces mêmes personnes voient toujours les mêmes gens et bâtissent facilement, à leur usage, un monde factice qui trouble leur faculté d'apprécier les véritable rapports des forces et ce qui se passe effectivement dans l'ensemble du monde.* »

Un diplomate a écrit que le bridge et les bobards constituaient les deux principales distractions de Vichy. Le mot va loin malgré son exagération.

Sachant que leur édifice est provisoire, regardant sans cesse vers les tentations et les satisfactions intellectuelles de Paris, tous ceux qui travaillent à Vichy voudraient accélérer le cours de la guerre, s'insérer à nouveau dans l'histoire, n'être pas simplement les serviteurs modestes d'un royaume menacé dans cette capitale ancrée sur un fleuve sans histoire.

D'où l'extraordinaire floraison de bobards qui répond à un véritable appétit d'espoir. Histoires semblables à celles que les prisonniers forgent

1. Le mot est de Jérôme Carcopino qui, ministre de l'Instruction publique, proteste vigoureusement contre l'exil hôtelier dans lequel on le tient et se voit attribuer alors une chambre à l'Hôtel du Parc.

dans leur cellule, histoires colportées d'un hôtel à l'autre, amplifiées, dénaturées, appuyées de confirmations aussi inexactes que retentissantes : « L'Amiral a dit que la chose était vraie... Le Général n'a pas démenti..., je le tiens de la secrétaire du ministre. »

Dès le 19 juillet 1940, le bruit court de la formation à Paris d'un gouvernement dissident ayant Pierre Taittinger à sa tête ; le 12 août, le bruit de la mort du Maréchal circule un moment ; en décembre, le 21, on annonce que la flotte de la Méditerranée a appareillé et que Laval a formé un ministère à Paris avec Marcel Déat.

Le 31 janvier 1941, les augures affirment que le cardinal Gerlier sera le prochain ministre des Affaires étrangères ; à partir d'août 1942, le bruit d'une paix générale, ayant pour artisans le Vatican et les évêques européens, ou encore d'un compromis germano-soviétique, commence à circuler avec insistance. La nouvelle est lancée périodiquement — cinq fois du 18 au 31 juillet 1944 — et elle a des influences certaines sur la Bourse qui, en février 1943, par exemple, s'effondre devant la perspective d'un renversement des alliances qui mettrait fin, cette fois, au conflit germano-anglo-américain.

Vichy se passionne aussi pour le cancer de Mussolini (!), pour un prétendu débarquement américain en Espagne, pour l'amputation d'Hitler qui aurait eu les deux jambes arrachées à la suite d'un attentat !

Rumeurs dont se repaissent un moment ceux que leur grandeur ou leur obscurité attache encore aux « hôtels nationaux » de Vichy.

Peu à peu, cependant, tous ceux qui en ont eu la possibilité ont regagné Paris où Laval, lorsqu'il gouverne, passe le plus clair de son temps. Vichy, agitée, effervescente, imaginative, brillante, cocardière, optimiste, oui optimiste, de juillet et août 1940, ronronne, s'ennuie, bat la semelle, travaille et se glorifie d'une austérité officielle qui a pour emblèmes le manteau râpé du Maréchal et les mauvaises chaussures des membres de son cabinet.

Les ministres les plus clairvoyants savent bien qu'ils broient le vide, qu'ils ne sont plus obéis, que leurs ordres n'arrivent même pas aux extrémités d'un pays découpé par l'occupant en zones de législations différentes, qu'au surplus leurs lois les plus parfaites seront inapplicables en cas de victoire allemande, comme en cas de victoire anglaise.

Les acteurs de ce « monde où l'on s'ennuie » — ministres, fonctionnaires, peu estimés du petit peuple de Vichy qui se scandalise de voir un ministre convoquer une voiture pour parcourir les cent mètres qui le séparent de l'*Hôtel du Parc*[1] et s'irrite des réquisitions — les acteurs vivent et s'agitent dans l'ombre du maréchal Pétain. Vainqueur de Verdun, chef de l'Etat français, mage dont on attend la guérison, sage dont les discours constituent un catéchisme civique, Philippe Pétain est pendant longtemps tout cela, aux yeux de nombreux Français de zone non occupée.

Mais il est aussi, pour les Vichyssois, ce vieux monsieur que l'on peut applaudir dans les allées du Parc, apercevoir à l'église Saint-Louis, qui aime les enfants (il recevra deux millions de lettres d'enfants en décembre 1940, dont certaines sont adressées à « Monsieur le Maréchal dans l'hôtel de Madame de Sévigné ») et achète un couteau de trois francs à la fête de la Légion.

---

1. Cité par Jérôme Carcopino : *Souvenirs de sept ans.*

Le héros d'une image d'Epinal au milieu des difficultés de la vie quotidienne.

On sait tout de l'existence du maréchal Pétain à Vichy. A défaut de biographes, les hagiographes ne manquent pas. Amis, ennemis, serviteurs, journalistes, écrivains de profession (René Benjamin sera le porte-drapeau grandiloquent et ridicule de cette cohorte), témoins occasionnels qui, sitôt regagnée leur chambre au papier fané, couchent sur un carnet les circonstances de la rencontre, les mots prononcés et s'efforcent d'analyser jusqu'aux silences...

Le Maréchal se réveille à 7 h 30, jette un coup d'œil aux journaux régionaux, déjeune avec la Maréchale (café au lait, tartine de pain). A 9 heures, le général Laure, secrétaire général du chef de l'Etat, fait son apparition suivi, peu après, par du Moulin de Labarthète qui dirige le cabinet civil. Discussion des demandes d'audience (dix ou douze par jour), signature des décrets d'ordre militaire, lecture des notes d'état-major, commentaire des opérations en cours.

Du Moulin présente ensuite à la signature quelques lois et décrets qui n'ont pas été contresignés, dans le bruit des chaises, la fumée des cigarettes, à la fin du dernier conseil des ministres.

Après la signature, le Maréchal reçoit plusieurs ministres, préside, à 11 heures, le conseil restreint — le général Weygand, Pierre Laval, Baudouin, Bouthillier — qui se tient dans son bureau, conseil où l'on règle d'abord les questions soulevées aux commissions d'armistice de Wiesbaden et de Turin, où l'on évoque les problèmes posés par l'administration dans les deux zones, l'état des relations avec les occupants.

Vers 12 h 30, le Maréchal sort pour une promenade dans les allées du Parc, promenade qu'il accomplit le plus souvent en compagnie de Ménétrel, son médecin, du capitaine Bonhomme, son officier d'ordonnance. Quatre policiers suivent à quelques pas.

Le public attend cet instant. Public de petites gens, de boutiquiers, de légionnaires, d'enfants, de visiteurs appartenant à l'une ou à l'autre de ces corporations assurées d'une audience collective. Le Maréchal parle peu, mais rend leur salut à de très nombreux passants.

Les repas ont lieu à l'*Hôtel du Parc* d'où l'on a fini par chasser — au bout d'un an — tous les convives importuns qui s'y succédaient : quémandeurs, politiciens de la nouvelle vague, observateurs de l'un et l'autre bord, pour installer un salon et une salle à manger à l'usage exclusif du Maréchal.

A table, jamais moins de dix convives.

« Je reçois de l'argent pour cela, dit le Maréchal, je n'ai pas le droit de le détourner de cet usage. »

Les familiers — du Moulin, Ménétrel et Mme Ménétrel, l'amiral Fernet — rencontrent des généraux de l'une ou l'autre guerre, des ministres, des évêques qu'accompagne alors l'abbé Côte, curé de Saint-Louis, paroisse du Maréchal, des hauts fonctionnaires, des personnalités arrivant de zone occupée.

Dans le salon et la salle à manger, la francisque triomphe : en stuc, en bois, en bronze, sur les couverts, les rideaux rouges, les fauteuils bleus, les cigarettes. Né, dans l'esprit d'un capitaine soucieux de flatterie plus que d'héraldique, du mariage de la francisque gallique et du bâton de maréchal, ce curieux emblème s'étale partout et, notamment, dans les vitrines où sont exposés quelques-uns des innombrables présents apportés en hommage par les délégations qui se succèdent.

Les menus sont simples. Voici, par exemple, celui du déjeuner du 4 août 1943 :

> *Colin froid sauce tartare.*
> *Petit salé aux choux.*
> *Salade.*
> *Fromages.*
> *Poires Condé.*

Le texte en est tapé sur un bristol de format réduit (12 × 9). Le maréchal Pétain mange de bon appétit, heureux lorsque l'absence du docteur Ménétrel lui permet quelques légères incartades au régime.

« Vous voyez ce serveur, dit-il à l'abbé Côte, eh bien, si Ménétrel était là, il ferait comme ça (le Maréchal secoue la tête) et tout maréchal que je suis, je n'aurais pas de boudin. »

Il existe de nombreux récits des repas à la table du Maréchal. Le meilleur, je veux dire le plus naturel, sans doute, est resté jusqu'à ce jour inédit. Il s'agit d'un texte écrit par une jeune fille de 18 ans, Mlle Marie-Benoîte Feuillade, fille du lieutenant de vaisseau Feuillade, héros des deux guerres et l'un des trois vice-présidents de la Légion. Le Maréchal a invité Mlle Feuillade pour son anniversaire et, la soirée achevée, la jeune fille s'empresse de noter les événements de cette journée — 11 mars 1943 — pour elle, historique.

Avec beaucoup de fraîcheur et de vivacité de plume, d'invention dans le choix des mots,

Mlle Feuillade raconte son émotion lorsque la nouvelle de l'invitation lui est confirmée.

Vite, vite, elle abandonne l'allegro de la *Pathétique* qu'elle répétait alors ; vite, vite, elle se précipite chez sa coiffeuse à qui elle confie son chignon et sa joie. Après avoir annoncé la nouvelle à plusieurs amies, elle rentre chez elle pour se changer : robe bleu-mauve, manteau rose. Résolutions de calme, mais comme les minutes passent lentement !

L'heure du départ pour l'*Hôtel du Parc* arrive enfin. Les gardes saluent les visiteurs que Mme Ménétrel accueille et accompagne jusqu'au salon : *Quelle émotion en apercevant le Maréchal et la Maréchale assis l'un près de l'autre, chacun dans un fauteuil, à la façon des souverains.*

Quelle impression de paix, de calme, de sérénité, sur le visage de notre Maréchal, et toujours cette jeunesse qui m'avait frappée la première fois. Il ne semblait pas fatigué, un peu triste, préoccupé... Le Maréchal me tendit la main et me fit asseoir. A ce moment, entrèrent le docteur Ménétrel par la baie de la salle à manger et le ministre de la Police, M. Bousquet, venant par le même chemin que nous, il me présenta ses hommages.

Chaque minute où je respirais cet air, j'en jouissais profondément, car je pensais bien que cela ne reviendrait jamais. Le Maréchal me fit asseoir dans un fauteuil à sa gauche, maman à sa droite, la Maréchale tournant le dos à une fenêtre, le général Philipot à sa droite ; puis papa, le ministre, le docteur, sa femme et moi. Nous étions disposés en cercle. Puis le maître d'hôtel vint annoncer d'une voix retentissante : « Madame la Maréchale est servie. »

Nous passâmes à table dans une salle à manger immense, très lumineuse, presque toute blanche, sauf les rideaux rouges avec les francisques. Il y

*avait beaucoup de glaces et une bataille qu'avait
sans doute dû livrer le Maréchal qui était reconsti-
tuée dans une petite boîte de verre, éclairée. Nous
nous mîmes à table. »*

Le Maréchal place ses convives et la conversation aborde les sujets les plus divers. On parle
de la Relève, Mme Ménétrel rapporte une conversation politique entendue dans un train, mais le
Maréchal s'inquiète poliment de sa jeune invitée
et lui demande si elle va à cheval.

Au dessert, comme on verse du champagne, il
la regarde et lui dit :

« C'est pour vous. Je bois à votre avenir. »

« *Comme j'étais touchée, et tout cela à cause de
mon anniversaire. Quelle gentille attention, digne
d'un bon papa. J'étais rouge de confusion, de
bonheur. Comme il avait su me rendre heureuse,
le Maréchal... Puis on sortit de table, on passa
dans le salon pour prendre le café. Le Maréchal
prit de l'infusion, pas d'alcool, ne fume pas. Le
Maréchal me mit de nouveau à sa gauche sur le
fauteuil bleu à francisques. Je vivais chaque
minute avec amour.*

*J'avais emporté mon menu de table, le Maréchal
m'avait offert de me le signer, puis ce fut une longue dédicace avec le stylo de M. Ménétrel cherché
par lui. Je n'avais rien demandé au Maréchal et je
n'y avais même pas pensé. J'étais tellement com-
blée déjà, que je n'en demandais pas plus.*

*Le Maréchal écrivit sur ses genoux, sans aucun
support, sans lunettes. Pour cette dernière chose,
maman le lui fit remarquer. Il répondit :* « *Comment, vous en mettez ?* » « *Comme votre écriture
reste semblable ou parallèle à elle-même* », *dit
maman au Maréchal, lorsqu'il écrivit sur ses
genoux mon autographe.* « *Il le faut* », *répondit-il.* »

Le Maréchal et le général Philipot échangent
ensuite quelques souvenirs sur la guerre de 1914-

1918 et, poussé par une histoire de Philipot, le Maréchal fredonne même un air du premier acte de *Faust*.

Les minutes passent, trop vite certes au gré de Mlle Feuillade. Il est 22 h 30. La Maréchale (tailleur noir en satin, tour de cou en velours rouge) et Mme Ménétrel se retirent. Le Maréchal raccompagne ses hôtes dans le salon d'entrée où il tient absolument à leur montrer les cadeaux reçus dans la journée. Le docteur Ménétrel bougonne :

« S'il commence à vous montrer tout, il n'en finira plus. Il a besoin de se reposer, il est fatigué. »

Mlle Feuillade ose un compliment qui risque de faire rebondir la conversation : « *Papa me pinça le bras, je compris que c'était sans rémission. Je ne sais alors si mes yeux ont assez brillé pour dire au Maréchal tout ce que je ressentais. J'ai tâché de faire passer dans mes yeux une flamme d'ardeur, de bonheur, de joie. Le Maréchal que j'ai remercié de tout mon cœur, j'étais tellement émue que j'ai pensé un moment pleurer, me dit, en me mettant la main sur une épaule : « Au revoir, mon enfant. »*

C'était vraiment fini. Papa, le général Philipot, maman et moi ressortîmes et nous nous sommes retrouvés de nouveau tous les quatre très simplement devant la cheminée du salon, comme si rien ne s'était passé. Mais mon cœur garde toutes ces choses intactes et c'est une force que d'avoir un si beau souvenir [1]. »

Le conseil des ministres se tient, deux ou trois

1. Témoignage écrit le 12 mars 1943 par Mlle Feuillade, aujourd'hui Mme Delmas. Elle a appelé son récit : *Journal d'un soir*.

fois par semaine, dans le grand salon du rez-de-chaussée du pavillon Sévigné. Le Maréchal préside, selon le mot de du Moulin, « sans fatigue apparente, mais sans activité réelle ». A sa droite (au début de 1941), Huntziger, ministre de la Guerre ; à sa gauche, Barthélemy, le garde des sceaux. En face de lui, Darlan.

Parmi les ministres, lorsque Laval n'est pas au gouvernement, il en est assez peu qui possèdent une formation politique. Ce sont des militaires, des hauts fonctionnaires, des industriels, des juristes, quelques sénateurs, parlant peu, se réfugiant dans leurs compétences, préférant — Darlan donne l'exemple — la note écrite à l'exposé oral qui invite à la discussion.

Au cours des mois qui suivent la débâcle, ces ministres, dont l'honnêteté et la conscience civique sont évidentes, ont l'épuisante tâche de remettre la France en état de marche. Il faut rapatrier les réfugiés, démobiliser l'armée, organiser la jeunesse, relancer les usines, recenser et protéger les maigres stocks, lutter contre le marché noir, arracher quelques milliers de prisonniers aux Allemands, négocier secrètement avec l'Angleterre, vivre enfin, alors que l'ennemi occupe les deux tiers du pays.

Capitaine d'un navire dont il doit disputer la barre, le gouvernement poursuit une route difficile.

Les conseils des ministres ne manquent pas pendant lesquels le Maréchal ne prononce pas une parole. Tous les observateurs, et notamment Paul Schmidt, interprète d'Hitler à Montoire, notent ses silences qui correspondent d'ailleurs à son goût du secret [1]. Il est cependant attentif aux querelles

---

1. Le général Weygand : « Vous ne pouvez pas vous imaginer à quel point le Maréchal est un homme secret. »

de préséance, aux conspirations qui se nouent et se dénouent, aux plaintes des ministres qui affirment *mezza voce* que trop de choses se décident au conseil restreint et qu'ils sont tenus au courant de l'activité intérieure ou extérieure par la lecture de ces pauvres feuilles mal renseignées qui s'appellent *Progrès de l'Allier*, *Avenir du Plateau Central* ou *Moniteur du Puy-de-Dôme* [1]. C'est à la fin des conseils que le Maréchal contresigne, trop rapidement parfois, les textes les plus importants.

Lorsqu'il sort d'une séance particulièrement chargée, il a, raconte Jean Tracou, un geste familier, toujours le même : lentement, il passe sa main droite sur le front, de gauche à droite, comme pour effacer les soucis quotidiens.

« Allons, dit-il, n'y pensons plus... A chaque jour suffit sa peine. »

Auréolé de la victoire remportée à Verdun et plus encore peut-être de la victoire de 1917 sur les mutins et les désespérés, le maréchal Pétain croit toujours au contact physique, au prestige et au rayonnement du chef, à la propagande sommaire, grossière, mais efficace des voyageurs dans les trains, des concierges, des boutiquiers, des ménagères.

Il n'a pas agi différemment en 1917, visitant les troupes, se montrant, goûtant la soupe, ordonnant des permissions plus nombreuses, réprimandant quelques chefs, exigeant, et le faisant savoir, que l'on dépense moins d'hommes et

1. Jérôme Carcopino, qui fut ministre de l'Instruction publique, écrit même : « Le plus souvent, c'est par les journaux que j'étais mis au courant d'événements dans lesquels le gouvernement m'avait engagé. »

davantage d'obus, prodiguant des paroles de bon sens au milieu d'une époque folle, homme d'avant les « relations publiques », mais en inventant naturellement les techniques.

Pour lui, 1940 c'est 1917 qui aurait mal tourné.

En 1940, il met immédiatement (et avec un évident plaisir) sa popularité au service d'un pouvoir qui sera de plus en plus discuté, d'un gouvernement bientôt désobéi par les uns, dépassé par les autres.

Sans doute donne-t-il le brouillon de ses messages à écrire à quelques-uns de ses collaborateurs : René Gillouin, Bergery, Massis, du Moulin de Labarthète, le général Laure, l'amiral Fernet, mais, tout en prenant son bien où il le trouve, il corrige, taille à grands coups de ciseaux, simplifie, car il est ennemi de l'emphase et, par-delà les intellectuels, souhaite atteindre l'immense armée des deuxième classe, des paysans pour lesquels il a toujours éprouvé une vive sympathie et qu'il veut conquérir à quelques idées simples : l'amour du travail bien fait, le respect de la vie familiale, l'obéissance, la patience, le sens de la responsabilité, toutes vertus fort peu praticables en un temps troublé, dans un pays aux deux tiers occupé !

Son rôle, essentiel sur le plan de la propagande, il le joue et le joue seul face à ces nombreuses délégations qui affluent à Vichy, devenu le Lourdes politique de l'Etat Français.

Au cours de ces cérémonies, qui empruntent à la France de la monarchie son goût des présents, des révérences et du sacré, il aime parcourir les rangs des visiteurs et interroger. Sans espérer que la réponse lui apporte l'écho véritable de l'opinion publique, peut-être attend-il de ce dialogue facile, où il a aisément le dernier mot, un repos de l'esprit, la preuve aussi que le peuple — résumé en quelques notables, quelques prisonniers libérés, quelques jeunes hommes, quelques anciens de Verdun — est toujours derrière lui.

« Que voulez-vous faire dans la vie ? » demande-t-il à une jeune fille.

Trouble... Hésitations... Rougeur.

« Me marier, monsieur le Maréchal.

— Ça, c'est bien ! C'est normal... Mais il faudra prendre un bon mari. Avez-vous une recette pour le découvrir ?

— Non, monsieur le Maréchal...

— Moi non plus, hélas ! Sinon, je vous l'aurais révélée. »

Et, à une autre, qui habite la campagne :

« Alors, vous serez cultivatrice ?

— Oui, monsieur le Maréchal.

— Et pour le moment, que faites-vous ?

— Je suis étudiante, monsieur le Maréchal.

— Etudiante ! Mais, pour être cultivatrice, il n'y a pas besoin de faire tant d'études... Il vaut mieux apprendre à traire les vaches.

— Oh ! Je sais faire, monsieur le Maréchal... J'ai un petit cousin qui m'a initiée. »

Et, comme cette réponse provoque quelques rires, le Maréchal de dire en se retournant :

« Messieurs, je vous en prie, soyez sérieux[1]. »

Les cérémonies ont lieu dans le salon de l'*Hôtel du Parc* où sont exposés quelques-uns des cadeaux offerts par les délégations précédentes. Rangés en demi-cercle autour de la vaste table qui supporte leurs présents, face à un portrait romantique du maréchal Pétain, œuvre du peintre espagnol Benito, les délégués attendent le Maréchal qui, annoncé par Brochier, le chef des huissiers, paraît soudain, aussi peu romantique que possible,

---

1. Témoignage Georges Planes.

tandis que les gardes, en grande tenue, rendent les honneurs. Le voici, prêt à effectuer ce que ses familiers appellent irrévérencieusement son « tour de piste ».

Remerciements pour tous les cadeaux qui offrent un échantillon de la production française, sinon toujours du goût français. Il y a là, au hasard de ces réceptions où la courtisanerie joue un rôle autant que la sincérité, des fruits, des bouteilles vénérables, des fromages, des oies, des galettes, des agneaux frisés, enrubannés, qui vont rejoindre la propriété de Charmeil que le Maréchal a louée pour l'été, des théières, d'innombrables francisques, des cannes, des dizaines de cannes qui seront plus tard vendues aux enchères, des parapluies, des couteaux, des pièces de broderie, toute une flotte en réduction, des soldats de plomb apportés par Sacha Guitry, des gravures sur bois, sur cuivre, sur cuir, sur dentelle, une forge miniature, un « *lion de Belfort* » que le Maréchal songe à faire installer dans son jardin de Villeneuve-Loubet, une magnifique épée de cristal venue de Baccarat.

Le Maréchal va de l'un à l'autre, causant familièrement, écoutant les doléances des maires, des industriels, des paysans, égrenant des souvenirs de sa jeunesse, souvenirs qui sont en lui, comme chez beaucoup de vieillards, à fleur de mémoire.

On lui présente un président de Légion qui vient de l'Ardèche.

« L'Ardèche ? Je sortais de Saint-Cyr et j'ai parcouru toute l'Ardèche à pied pour faire la révision de la carte d'état-major. C'était en 1879 ou 80. Mettons 80, c'est plus facile à compter. Cela fait soixante-trois ans... J'ai fait mon premier déjeuner à Saint-Peray avec du vin excellent de Saint-Peray, c'est du champagne doux. »

Il bavarde avec les paysans, et se montre fier

des résultats de son jardin de Villeneuve-Loubet.

« La Coopérative de Villeneuve-Loubet envoie chaque semaine deux tonnes de légumes au marché de Nice. »

Lui signale-t-on que ses photos disparaissent des vitrines, il se contente de remarquer avec philosophie :

« Elles vieillissent. »

Qu'un préfet est médiocre :

« Il faut en trouver, le stock commence à s'épuiser. »

Il aime à s'informer des états de service.

« Quelles campagnes ?

— L'Alsace, la Somme, le Chemin des Dames, monsieur le Maréchal. J'étais aussi à Verdun avec vous.

— Rappelez-moi donc votre nom. Vous étiez si nombreux... Mais je vous retiens comme témoin, les mauvaises langues prétendent que je n'y ai jamais mis les pieds. »

Bien des maires, des chefs d'entreprises se plaignent de la Relève. Alors, le maréchal Pétain défend sa politique, justifie son refus de quitter le sol métropolitain en novembre 1942.

« Si les Allemands occupaient, ils régleraient ces questions de relève eux-mêmes et de façon brutale, avec des exécutions. Ils ont déjà menacé de le faire et ce serait le gauleiter. Avec le gauleiter, tous ceux qui n'obéissent pas sont exécutés. »

On le voit, rien de très original, ni même d'exactement informé. Mais des phrases faciles à retenir, des pensées simples et d'un apparent bon sens, la glorification de ce que le Maréchal croit être le moindre mal, une aisance et une simplicité naturelles qui le mettent « à la portée » de tous les auditoires, une vision limitée par l'âge, comme

aussi lorsque les voyages se raréfient [1], par l'ignorance du détail des affaires, de la complexité des
problèmes, de l'évolution sentimentale des Français, une vision limitée aux étroites frontières du
royaume de Vichy, puis à l'horizon que l'on voit
du balcon de l'*Hôtel du Parc*, lorsque montent les
couleurs.

Chaque dimanche matin, la cérémonie se déroule
en présence d'une petite foule émue. La garde
montante, accompagnée par la musique personnelle du chef de l'Etat, vient remplacer la garde
descendante. Soldats qui manœuvrent impecca-
blement mais n'ont guère plus d'importance militaire que des figurants du Châtelet.

Le Maréchal apparaît sur le seuil de l'*Hôtel du
Parc*, au moment où le grand drapeau aux trois
couleurs monte lentement le long de sa hampe...
La foule peut croire un instant, et peut-être le
croit-elle, qu'il existe une force derrière ce décor,
une armée derrière ces gardes solitaires, un gouvernement uni derrière ce vieillard.

Le dimanche, après l'hommage à sa patrie, le
maréchal Pétain se rend à l'église Saint-Louis
qui se trouve à quelques centaines de mètres de
l'*Hôtel du Parc*.

Les sentiments religieux de cet homme, que
l'on a accusé de « cléricalisme », étaient sans doute
assez tièdes, plus proches de la religiosité que de
la religion véritable, mais il range la religion au
nombre des grandes forces morales capables de
provoquer la renaissance du pays et, à ce titre,
rend scrupuleusement à Dieu ce qui est à Dieu.

1. Sur les voyages du maréchal Pétain, cf. le chapitre « Le
mystique du Maréchal ».

A 11 h 15, le dimanche, la voiture du Maréchal arrive donc par la rue Sainte-Cécile. Le chef de l'Etat descend face à la sacristie devant laquelle il est accueilli par l'abbé Côte. Lorsqu'il est en retard pour l'office, il a, devant le prêtre, de légères et amicales disputes avec la Maréchale. Le couple s'éloigne ensuite vers les fauteuils placés dans la petite nef d'où le Maréchal peut voir, comme il le souhaite, à la fois l'autel et le prédicateur.

A la sortie de la messe — l'église est toujours pleine, car la paroisse Saint-Louis compte maintenant 52 000 fidèles — les assistants font naturellement une ovation discrète au Maréchal, victime satisfaite de toutes les jeunes quêteuses qui papillonnent sur la place.

C'est dans cette atmosphère provinciale, qui a le calme apparent et les soudaines turbulences des grands fonds, que s'écoulent les jours du nouvel Etat.

Périodiquement, en effet, la ville est secouée de « coups de tabac », de moins en moins nombreux il est vrai, ou, plus exactement, de moins en moins conséquents à mesure que, perdant ses colonies, sa flotte, son armée, sa liberté, Vichy perd également toute son importance.

Cette atmosphère provinciale est troublée par les lendemains de Montoire qui introduisent le mot « collaboration » dans le vocabulaire officiel ; elle est troublée, dans la nuit du 13 décembre, par la galopade des motocyclistes montant, dans les escaliers de l'*Hôtel du Parc*, à l'assaut des chambres où se déshabillent les amis de Pierre Laval, par l'arrivée d'Abetz et d'une douzaine de S. S. venus « délivrer » le ministre français, par le renvoi de Weygand, par le débarquement américain en Afrique, par l'entrée des Allemands en zone libre, par le survol des avions qui méprisent la capitale provisoire et vont ravager des villes industrielles de la vallée du Rhône, par la disparition de fonctionnaires, de militaires enfermés dans les prisons allemandes ou déjà sur les chemins qui mènent à Londres.

Pendant la première année de Vichy, tout un petit monde, bruyant et nerveux, s'agite autour de quelques personnages importants : Pétain, Laval, Darlan, Weygand.

Weygand disparaîtra le premier de l'horizon politique, puis ce François Darlan que l'opinion publique n'estime guère car, malgré ses qualités d'organisateur, il manque de prestige, de « présence » et calque finalement son personnage sur celui des « traîtres » de mélodrame, sans que la mort lui laisse une chance de s'expliquer un jour.

A partir de l'année 1943, le maréchal Pétain sera déserté par les habiles, les ambitieux, par tous ceux qui devinent aisément qui détient le pouvoir, c'est-à-dire les faveurs et les places.

En 1944, Pierre Laval, à son tour, se verra menacé ; Déat, Darnand, Doriot, Henriot, soutenus par les Allemands qu'ils soutiennent, le jugeront trop timide et trop libéral et, dans l'exil de Sigmaringen, ils imposeront aux Français qui les ont suivis jusqu'au bout par peur du châtiment légitime, espoir d'une vengeance ou fidélité à un idéal fasciste, une intégration presque totale à l'Allemagne en agonie.

Cette fin démentielle était cependant dans la logique involontaire de Vichy. Il était prévisible que seraient chassés, les uns après les autres, tous ceux qui tenteraient de freiner légalement la mainmise allemande, fût-ce en prêchant le res-

pect étroit des clauses de l'armistice ; il était prévisible que des ambitieux aveugles se mettraient,
avec toutes leurs passions et leurs exigences, au
service des Allemands ; il était prévisible, enfin,
que l'Allemagne menacée, luttant pour sa vie,
serait, de jour en jour, moins soucieuse de respecter les formes et les hommes.

Russes et Anglo-Saxons partout poussent leurs
armées.

Où elle est présente encore, sur des conquêtes
qui lui échappent, et dont elle sent la haine,
l'Allemagne pèse de tout le poids de sa police
et de ses troupes. Comment pourrait-elle tenir
compte des volontés d'un vieux maréchal de
France sans marine, sans armée et qui n'a derrière
lui que des quinquagénaires aux glorieux rubans
fanés ?

La présence du Maréchal n'empêchera donc ni
les massacres, ni les représailles, ni les pendai-
sons, ni les fusillades, ni les incendies d'hommes,
vivants encore !

Ainsi, dans le royaume de Vichy, le pouvoir
appartient toujours plus étroitement, toujours
plus visiblement à l'occupant libre d'interdire au
chef de l'Etat l'usage de la radio, comme de lui
« suggérer » le renvoi de ses collaborateurs les
plus fidèles et les moins souples et, finalement, de
lui imposer ses ministres, sa politique, ses lois [1].

En octobre 1941, les Allemands ont envoyé à

1. Le 4 décembre 1943, l'ambassadeur Abetz remet au maréchal Pétain un véritable ultimatum aux termes duquel toutes
les modifications de lois projetées doivent être soumises à
l'acceptation du gouvernement du Reich, et M. Laval est « chargé
de remanier sans délai le cabinet français dans un sens accep-
table pour le gouvernement allemand ».

Vichy le consul général Krug von Nidda et une quinzaine d'observateurs, mais leur présence demeure, somme toute, relativement discrète. Après l'occupation de la zone libre, lorsque la souveraineté de la France n'est plus qu'une fiction, la Gestapo s'installe dans une villa du boulevard des Etats-Unis et procède immédiatement à des arrestations. Les Allemands envahissent la légation du Mexique et l'ambassade du Brésil qu'ils fouillent de fond en comble. Des troupes massées près de Vichy constituent par leur présence un « argument » politique d'importance. Plus tard, M. de Renthe-Fink exigera d'occuper une chambre voisine de celle du Maréchal et, faute de réussir à coucher à l'*Hôtel du Parc*, y placera du moins ses bureaux et ceux de son adjoint le S. S. Böhland.

Ainsi, au fil des jours tristes, le rôle de Vichy va s'amenuisant et le côté « provisoire » de la capitale apparaît davantage dans sa cruelle nudité.

Les visiteurs qui viennent encore rendre hommage au vieux soldat — dont la presse de Paris attaque sans cesse violemment les collaborateurs directs — espèrent qu'il pourra s'opposer un jour à Laval, qu'il n'aime pas, on le sait, mais auquel, par lassitude, il finit par céder, qu'il pourra atténuer les exigences allemandes, impressionner ses interlocuteurs, qu'il pourra user, gagner du temps, finasser, dire « oui » en pensant « non ». Mais, à partir du 17 novembre 1942, lorsque Laval reçoit le pouvoir de promulguer les lois et décrets, le Maréchal n'est plus qu'un figurant de grande envergure et de belle prestance.

Lorsqu'il résiste, lorsqu'il boude la cérémonie des couleurs, lorsqu'il se révolte même, écrivant à Laval, en décembre 1943, qu'il méprise Déat, et que Darnand et Henriot sont dangereux, lorsqu'il menace de partir, les Allemands lui font comprendre qu'on ne le retiendra pas. Et il reste.

Il entre enfin dans sa zone d'ombre. Ses paroles sont contradictoires, elles changent avec l'heure et l'interlocuteur. On lui arrache par la contrainte morale, qui s'appelle ici simplement insistance, des textes contre les alliés, on « refait » ses allocutions — celle qu'il prononce de l'Hôtel de Ville de Paris notamment — lorsqu'elles déplaisent aux Allemands.

La confiance s'effrite. Le laisser-aller au sein de l'administration qui, par prudence ou conviction, donne des gages à la Résistance, va en grandissant. Vichy perd ses habitants provisoires.

Rappelés par leurs gouvernements, la plupart des diplomates sud-américains s'en sont allés. A l'exception du nonce et du Suisse Stucki, il ne reste plus guère de neutres à Vichy. Les étrangers qui partagent encore l'existence vichyssoise appartiennent presque tous à des pays alliés à l'Allemagne, mais, déjà, dans l'ombre de la Russie.

Beaucoup de ces officiers, qui paradaient en juillet 1940 dans les rues de Vichy, se battent maintenant en Italie ou entraînent les garçons du maquis.

Le ministère des Affaires Etrangères n'est qu'un grand hôtel vide d'où l'on ne tire aucun fil. Le ministère de la Guerre également. Celui de la Marine est veuf de bateaux. Celui des Colonies a vu rapidement l'empire entier passer sous le double contrôle anglo-saxon et gaulliste. Tout est dérisoire dans cette capitale provisoire où l'on avait, un temps, espéré fournir au monde en guerre le salut d'une voie moyenne.

Tout est illusoire. Sauf la peur.

Les Allemands ont peur que le maquis « blanc »

n'enlève le Maréchal ou bien qu'à l'annonce du débarquement il ne tente de rejoindre les armées alliées. Ils promènent donc celui qui est déjà leur captif de résidence en résidence.

Tristes voyages qui ressemblent plus à ceux d'un prisonnier qu'à ceux d'un chef d'Etat. En mai 1944, pour accompagner le Maréchal au château de Voisins, il y a, dans le cortège de dix-neuf voitures, douze voitures de policiers allemands ! Rien n'est prêt au château. Il faut faire venir en hâte des draps de l'hôpital de Versailles, emprunter le poste de T. S. F. du gardien pour le chef de l'Etat Français ! La première lettre que le Maréchal reçoit dans son exil provisoire souligne toute la distance parcourue en quatre ans :

Vénérable octogénaire,

Philippe Henriot nous apprend que tu n'es pas du tout prisonnier, ni en pénitence dans le château princier du comte de Fels. Ton ami, Adolphe, n'aurait pas voulu faire ça. On nous raconte que tu es venu t'y établir pour partager nos malheurs. Ne prends pas les Parisiens pour des imbéciles. Pour nous : la misère, les bombardements, les tickets ; mais pour toi qui es responsable des bombardements, des ruines, des morts, une villégiature dorée à l'abri de tous les risques.

Quelle sinistre comédie. Tu as permis que l'Allemand s'installe en France comme chez lui et c'est pour cela que nous sommes bombardés. Tu as livré la France, son territoire, ses hommes, ses richesses. L'heure de la justice viendra. Les Français te jugeront et confisqueront les biens immenses que tu as acquis sur notre détresse.

Le 26 mai, le Maréchal quitte Voisins pour Nancy, Epinal, Dijon, Lyon, Saint-Etienne, où il arrive le lendemain du débarquement et reçoit de la population — qui déteste la politique de collaboration — un chaleureux accueil qui va à l'homme, plus qu'au chef d'un « Etat » en voie de disparition.

De retour à Vichy, les Allemands exigent qu'il se rende chaque soir au château du Lonzat, vaste demeure de style gothique anglais, facile à protéger et à surveiller, sur une hauteur d'où le regard domine la vallée de l'Allier.

Chaque soir, lorsqu'il parcourt les dix-sept kilomètres qui le séparent du Lonzat, le Maréchal croise des patrouilles allemandes, qui ne représentent qu'une faible partie des forces d'intervention immédiate stationnées près de sa résidence. Le parc du château est occupé par les deux cents hommes de sa garde personnelle, le château par la police française.

Le Maréchal se couche à 10 heures, non sans avoir somnolé sur la terrasse embaumée des odeurs de l'été. Il se lève à 5 heures, lit et travaille jusqu'à 9 heures. Après une conversation avec Tracou et le colonel de Longueau-Saint-Michel, qui pointe sur les cartes l'avance alliée, il part pour Vichy et descend vingt minutes plus tard devant l'*Hôtel du Parc*, déserté, protégé par de nombreux policiers, séparé en tranches par des grilles qui ont été posées en août 1942.

« *Ils sont loin*, remarque Jean Tracou, *ces jours de 1940-1941 où la rue se prolongeait librement dans les salons et les couloirs, où les vedettes de tout poil et de tout plumage se rencontraient dans le hall. Aujourd'hui, c'est le vide... La fidélité au Maréchal fond comme neige au soleil... La onzième heure approche.* »

Sous la porte des chambres occupées par des

fonctionnaires compromis, on glisse des menaces de mort, des cercueils dessinés de manière plus ou moins réaliste. Les lettres de fusillés circulent, accompagnées de tracts injurieux.

Le 6 juin 1944, jour du débarquement, les principaux ministères sont entourés de barbelés ridicules et la foule se rue sur les boulangeries.

En juillet, les communications téléphoniques sont coupées avec la France entière, à l'exception de Lyon et de Clermont.

Le 8 juillet, le train Paris-Vichy met vingt-quatre heures pour relier les deux villes, vingt-cinq heures le 14 juillet, cinquante et une heures le 3 août. Les miliciens, avant de s'enfuir vers l'Est, campent dans l'établissement thermal avec leur ravitaillement vivant : poules, agneaux, cochons.

Quand le monde entier a les yeux tournés vers Paris, Vichy recule chaque jour un peu plus à l'horizon des Français.

Ce soir-là, au Casino des Fleurs, on joue *Liberté provisoire*. Rencontre symbolique de la comédie et de l'histoire. Ce soir-là, précisément, le 19 août 1944, les Allemands s'apprêtent à mettre fin à la liberté provisoire du maréchal Pétain.

Depuis plusieurs jours déjà, le bruit courait à Vichy d'une prochaine arrestation du Maréchal. En se promenant longuement, sans escorte supplémentaire, dans les allées du Parc, en assistant à la messe du 15 août, le Maréchal s'efforce bien de rassurer la population, mais, dans le même temps, il prie M. Stucki, ministre de Suisse, de bien vouloir « répondre à son appel à toute heure du jour ou de la nuit pour assister à tout ce qui se passera ». Il étudie avec le général Barré, directeur général de la Garde, une marche chimérique de

3 000 ou 4 000 hommes mal armés en direction des Américains. Lorsque Renthe-Fink notifie officiellement les ordres allemands : rejoindre Nancy où Laval vient d'arriver volontairement, affirme Renthe-Fink (ce qui est faux), il cherche à gagner du temps en envoyant un messager auprès de Laval, dont il désire connaître la position.

Mais il sait bien qu'il finira par céder aux menaces allemandes, ne fût-ce que pour protéger la population vichyssoise.

« Je n'ai pas le droit de laisser bombarder Vichy pour entrer dans l'histoire avec plus de gloire », dit-il à Stucki.

Ainsi, jusqu'à la fin, le maréchal Pétain demeure fidèle au geste et à la logique de juin 1940.

S'il a demandé l'armistice, s'il a traité avec l'adversaire, c'est pour mettre fin aux combats comme au supplice des Français sur les routes. Le 11 novembre 1942, s'il a refusé de quitter Vichy pour Alger, alors que son départ pouvait, sans doute, préserver l'unité nationale, c'est pour éviter à la France les exigences d'un gauleiter.

S'il a abdiqué, dit « oui » trop souvent à Laval, encouragé la collaboration, signé des messages à la L. V. F., tenu secrètes ses nombreuses protestations, accepté Darnand, Henriot, Déat, s'il a boudé — se privant de la cérémonie des couleurs — sans se décider à la retraite, c'est parce qu'il n'a pas pleine conscience de l'évolution rapide des événements et croit pouvoir s'interposer toujours.

« J'irai trouver le Führer comme je suis allé trouver les mutins de 1917 », dit-il à Charles Roux avant Montoire.

Mot prodigieusement irréel et qui marque les limites d'un caractère et les limites d'une information.

Le 19 août, Renthe-Fink et le général von Neubronn insistent : les exigences allemandes ne sauraient être repoussées plus longtemps. Bien qu'il sache maintenant que Laval n'a pas quitté Paris de son plein gré, bien qu'il lutte encore pour demeurer à Vichy, le Maréchal finit par s'inquiéter de l'heure du départ. Renthe-Fink voudrait qu'il ait lieu dans deux heures à peine : vers 22 heures.

Le Maréchal et ceux qui l'entourent — les amiraux Bléhaut et Fernet, les généraux Bridoux et Debeney — protestent. Entre Renthe-Fink, Neubronn et Pétain a lieu alors un rapide marchandage. 5 h 30 ? Non, c'est trop tôt. 6 heures ? 7 heures ?

C'est alors que Mgr Valerio Valeri et Stucki sont introduits dans le bureau. Pour l'histoire, ils viennent enregistrer la violence qui est faite au Maréchal.

Dans la dernière nuit qu'il passe à Vichy, le Maréchal repousse une proposition de Ménétrel de fuir déguisé en ouvrier ou de se cacher à la légation de Suisse.

« Cette escapade n'est ni de mon âge, ni de ma dignité », murmure-t-il, et il rédige paisiblement un appel aux Français qui sera affiché dans la matinée sur les murs de Vichy, puis publié par *L'Avenir du Puy-de-Dôme*.

Il relit le « testament politique » qu'il a écrit l'avant-veille, « testament » dans lequel il a sereinement évoqué l'œuvre accomplie : institution de la province, charte du Travail, corporations, Code de la Famille, et qui s'achève sur ces mots irréels à l'heure où la France soulevée oublie et répudie tout le passé : « *En attendant, je suis là, prêt à compléter l'exécution du mandat qui m'a été confié en juillet* 1940 *et à discuter les problè-*

mes qui se poseront pour l'achèvement de la Constitution. »

Il relit également un message aux Français, composé depuis plusieurs jours déjà : « *Ceux qui vous tiendront un langage propre à vous conduire vers la réconciliation et la rénovation de la France par le pardon réciproque des injures et l'amour de tous les nôtres, ceux-là sont des chefs français... C'est avec joie que j'accepte mon sacrifice, s'il vous fait retrouver la voie de l'union sacrée pour la renaissance de la Patrie. »*

Ensuite, il va se coucher.

Il est une heure du matin.

On a raconté bien des fois « l'enlèvement » du Maréchal : enlèvement réglé comme un scénario que le ministre de Suisse négocie « *pour que la violence faite soit assez apparente pour figurer dans l'histoire, et assez inoffensive pour ne pas entraîner de mort d'homme* [1] ».

Face à face, dans la nuit, deux troupes se groupent. D'un côté, les gardes, massés à l'intérieur de l'*Hôtel du Parc* avec des armes dont ils savent qu'ils ne se serviront pas [2]... et deux chaises pour bloquer le tambour de la porte d'entrée.

De l'autre, une centaine d'hommes de la Feldgendarmerie et de la Police de Sécurité S. D. rangés autour de l'*Hôtel du Parc* et du *Majestic*.

A 6 h 45, Detering, officier de la Gestapo, se présente devant la porte de l'*Hôtel du Parc*, fait arracher une des portes du tambour, passe devant la garde impassible, fracture les grilles de l'esca-

---

1. Robert Aron : *Histoire de Vichy*.
2. M. Stucki a suggéré, en effet, que, dans les deux camps, fusils et mitrailleuses ne soient pas chargés.

lier, arrive devant la porte du Maréchal et renonce à entrer par effraction.

Une vingtaine de Français sont présents : hommes de la Légion rassemblés par Lachal à 2 heures du matin autour du docteur Dillenseger, familiers dont l'émotion est perceptible : l'amiral Fernet, Henri Massis, l'amiral Bléhaut, les généraux Bridoux, Caldairon et Perré, le général Barré qui commande la Garde.

Il y a également, témoin pour l'histoire, le ministre de Suisse Stucki.

Dans le bureau du général Barré, Detering rend compte au général von Neubronn. Quelques minutes plus tard, le général arrive, fait écarter poliment les spectateurs, tente d'ouvrir la porte fermée et, comme elle résiste, laisse la place à un sous-officier allemand qui brise une vitre. Quelques pas plus loin, von Neubronn se trouve devant la porte de la chambre du Maréchal ; elle résiste à une tentative de crochetage, on la sortira de ses gonds et von Neubronn arrive enfin devant Philippe Pétain qui, vêtu seulement d'une chemise et d'un pantalon, noue paisiblement ses lacets de chaussures...

Il est 7 h 30. A 8 h 15, après avoir fini de s'habiller, pris son petit déjeuner, reçu le nonce qui vient d'arriver et M. Stucki, salué les personnes présentes et une dernière fois parcouru le front du détachement qui, dans le hall de l'Hôtel, présente les armes, le Maréchal descend les marches de l'*Hôtel du Parc*, tandis qu'une *Marseillaise* crispée monte de la petite foule rassemblée.

Combien sont-ils ceux qui, dans la rue, ont assisté et participé à cette scène ? A cette cène, peut-on écrire sans mauvais jeu de mots, car les hommes qui sont là portent tous témoignage d'une fidélité au malheur. Un peu plus d'une centaine sans doute, réunis sous la pluie.

Voici le témoignage de l'un d'entre eux, le lieutenant de vaisseau Feuillade, qui a été éveillé à 6 h 45 par la pétarade des motocyclistes allemands. Il quitte rapidement son appartement pour rejoindre quelques amis, près de la Rotonde : « *Le petit jour est lugubre, gris et sale sous la pluie battante. Le cordon clairsemé des S. S. est tragique d'allure et d'immobilité. Le général von Neubronn, en culotte à bandes rouges, se promène sur le trottoir avec un civil : chef de la Gestapo. Peu de mouvements... A 8 h 5, remous à l'entrée de l'Hôtel. Les voitures se mettent en marche et on apporte des valises. Le Maréchal paraît... Notre groupe s'est rapproché jusqu'à la galerie depuis quelques instants déjà. Des cris s'élèvent : « Vive le Maréchal ! » répétés et déchirants, presque comme de grandes plaintes. Le Maréchal salue avant de descendre les marches et monte en voiture... La Maréchale près du Maréchal et le docteur Ménétrel, sur le strapontin Longueau. Encore un instant. Le Maréchal salue de la main les personnes sur les marches du Parc, cabinet et fonctionnaires. Parmi nous, la Marseillaise éclate, cependant que Decroux est emmené avec son appareil photo par un S. S. qui a surpris sa dernière tentative...* »

Le Maréchal est parti. Dans la matinée, le docteur Dillenseger, chef de la Légion des combattants de l'Allier, fait apposer sur les arbres et les murs de la ville cet appel dactylographié que la milice lacérera :

Pour les légionnaires,

Le Maréchal est prisonnier des Allemands. De ce fait, l'armistice est rompu. Nous sommes en guerre avec l'Allemagne.

Quel est notre devoir ? Il est impératif. Le Maréchal nous le dicte dans son message.

Groupez-vous autour de ceux qui vous donneront la garantie de vous conduire dans le chemin de l'honneur et la voie de l'ordre.

C'est la mobilisation générale de toutes les volontés que le Maréchal a décrétée par ces paroles. Ralliez donc sans arrière-pensée ceux qui, dans le mouvement de Résistance, n'ont qu'un seul amour : la France.

Sage conseil, mais dont on peut dire, comme de bien des choses à Vichy, qu'il arrive très tard.

CHAPITRE VI

POUR OUBLIER
LE TROP TRISTE AUJOURD'HUI

Les bombes sont tombées. Les bombes ont traversé le ciel bleu de cet après-midi d'avril. Les bombes ont écrasé des maisons ouvrières de Billancourt. Les bombes ont mordu dans cette foule qui avait frété, pour assister à la réouverture de Longchamp, chars à bancs et vélos-taxis. Au bout du champ de courses, une batterie allemande crache quelques obus retardataires. Sirènes. Hurlements. Ambulances. Il y a des morts et des blessés parmi les parieurs qui n'attendaient que la fortune [1].

Rien ne va plus.

Tout va bien. Le service d'ordre, qui craint d'être débordé si le public se disperse, demande

1. Quatorze bombes tombèrent sur le champ de courses et, fort heureusement, sur la partie la moins fréquentée par le public. Il y eut sept victimes.

aux commissaires de reprendre les opérations.
Alors, avec une heure et demie de retard, une
heure et demie cruelle, pendant laquelle on
ramasse les blessés mais pendant laquelle, aussi,
à cause des trous de bombes, on modifie le parcours, les courses commencent.

La foule se rue de nouveau vers les guichets
du P. M. U., désorganisés par l'absence de courant
qui bloque les totalisateurs.

Elle discute des chances de « Vigilance » et de
« Tornado » pour le *Prix des Sablons*, qui débute
à 17 h 7. Elle crie. Elle souffre. Elle gesticule
lorsque, dans la ligne droite, « Arcot » et « Tornado », ayant passé « Vigilance », « Tifiner », « Fla-
mingo » et « Lazare », luttent sans réussir à se
distancer et finissent dans la même foulée.

Elle triomphe. Elle touche son argent, la foule.
Et plus tard, s'écoulant, elle s'attarde et s'agglutine autour des innombrables camelots qui sont
à leur poste, comme d'habitude : vendeurs de
sandwiches de faux pâté, de crêpes sans œufs,
d'ail, d'oignons, de tabac, de chaussures, de chemises, de tout ce qui fait défaut aux Parisiens :
du hareng à la volaille.

Lorsque les « habitués de Longchamp », parmi
lesquels il se trouve bon nombre d'officiers allemands qui ont, comme naguère les officiers français, l'entrée gratuite au pesage, apprennent le
lendemain, 5 avril 1943, le bilan du bombardement (plus de 300 morts) ont-ils quelque remords
d'avoir continué à s'intéresser à la race cheva-
line ? Il faut bien vivre. Et vivre, pendant l'occupation, cela signifie aller à la conquête des haricots, mais aussi à la poursuite du bonheur.

Pour oublier le trop triste aujourd'hui, pour
oublier, pendant quelques heures, l'occupation,
le marché noir, les incertitudes de la guerre, les
Français qui n'ont plus d'essence pour leurs voi-

tures et réservent les pneus de vélos aux raids de ravitaillement, les Français disposent du théâtre, des cinémas, des champs de courses, des bibliothèques, des stades.

Ils en profitent, s'entassent dans le métro pour aller à Vincennes, assiègent les théâtres, font la queue sans rechigner aux portes des cinémas, dévalisent les librairies de tous leurs invendus, investissent leur argent, bien ou mal gagné, en tableaux et livres de prix. Rarement époque aura connu un tel engouement pour l'art. Faute de pain, on dévore des livres.

Tandis que la France traverse le plus grand drame de son histoire, des faiseurs d'opérettes affûtent des couplets qui seront applaudis par des milliers d'amateurs...

Et puis, il y a les chansonniers. Comme ils se moquent gentiment du malheur ! Des tickets, du tabac sans tabac, du sucre qui ne sucre pas, des jours sans viande. On se transmet leurs histoires.

« Vous connaissez celle-là ? C'est Ded Rysel qui la raconte. Un client entre dans une brasserie près de la gare de Lyon. Il commande un demi. On lui apporte le demi posé sur une soucoupe de feutre marron. Il boit un peu de bière, regarde sa soucoupe, la prend entre les doigts, la retourne en tous les sens, mord dedans, en mange un petit bout, boit un peu de bière et dévore le rond de feutre avec une satisfaction évidente. Ensuite, il vide son verre et appelle le garçon :

« Garçon, donnez-moi un autre demi, mais cette « fois, sans gâteau. »

On admire l'audace de Martini qui entre en scène, en faisant le salut hitlérien et, gardant le bras tendu, annonce :

« Jusque-là ! Jusque-là ! Nous sommes dans la merde jusque-là. »

Le même chansonnier lance à un soldat allemand qui n'arrive pas à enfiler la manche de sa capote :

« Hein ! C'est difficile à passer, la Manche. »

Petites histoires qui sont le plaisir et la revanche des vaincus, des affamés, des occupés.

Les chansons à la mode sont, elles aussi, bien souvent inspirées par les malheurs de l'époque : les prisonniers, les restrictions, la défaite. Léo Marjane chante *Te revoir, Je suis seule ce soir* ; Maurice Chevalier *La chanson du maçon* et *Ça sent si bon la France.*

Les nostalgiques de Paris fredonnent *Si tu vas à Paris, dis bonjour aux amis* ; ceux des bistrots d'avant-guerre *Chez Bébert, on n'y danse plus la java.* Si un air comme *Elle avait des semelles de bois* ne peut être qu'un air de circonstance, Johny Hess, en lançant *Je suis swing*, crée un style, un type d'adolescents, « le zazou » aux cheveux longs, au veston long, aux pantalons très courts, qui appartient à l'histoire de ces années d'occupation, mais leur survivra.

Pour les dessinateurs qui ne veulent pas se brûler les doigts à la politique, qui refusent de caricaturer de Gaulle et les hommes de Londres, il reste la ressource du marché noir. Mine inépuisable. Aldebert représente un couple attendri et rondouillard attablé devant un énorme plat de purée. Et le garçon, complice, de souffler :

« Dans la purée, vous trouverez l'oie qui contient les biftecks qui enrobent les grives farcies aux champignons. »

André François dessine un immeuble en cons-

truction. Les ouvriers n'ont pas terminé le rez-
de-chaussée, mais déjà une queue se forme
et la première cliente arrivée souffle à sa voisine :

« Paraît qu'il va y avoir une charcuterie dans
la maison. »

M. Max Bonnafous, ministre du Ravitaillement,
qui connaît l'adage latin *Castigat ridendo mores*,
imaginera même de lutter par le rire contre le
marché noir. C'est sous son patronage que l'on
publiera, en 1943, un recueil de quelques-uns des
meilleurs dessins humoristiques inspirés par le
ravitaillement, ses insuffisances et toutes les parades imaginées par les Français.

Il est difficile de croire que cette œuvre ait eu
quelque effet moralisateur. Du moins fit-elle sourire des hommes et des femmes qui, malgré rutabagas, topinambours, mauvais plats cuisinés et
bolsang gardaient le courage de plaisanter de leurs
malheurs.

Ce courage, ou cette inconscience, l'ont-ils d'ailleurs jamais perdu ?

Le 10 juin, quelques jours avant l'occupation
allemande, l'*Œuvre*, dernier théâtre parisien
encore ouvert, remboursera le seul spectateur
présent dans la salle, mais l'interruption des
spectacles sera de très courte durée et, dès le 20
juin, le théâtre *George-VI* lance un appel aux
artistes encore à Paris.

Si, en juillet 1940 — période traditionnelle de
relâche — les théâtres parisiens ne font que 55 000
francs de recettes et 523 000 en août contre plus

de 2 millions et demi en août 1939, les cinémas et music-halls ne manquent pas de clientèle.

Clientèle mêlée d'ailleurs. Vainqueurs dans une guerre facile, ayant conquis une capitale sans ruines, les soldats allemands font du *Gay Paris* un but d'excursion et, dès la seconde semaine de juillet, prennent le chemin du *Lido*, du *Casino de Paris*, des *Folies-Bergère*, du *Concert Mayol*, de toutes ces salles qui, par la plume et la cuisse, prouvent abondamment que « Paris reste toujours Paris »... A leur intention, le *Pariser Zeitung* a d'ailleurs publié une « carte spéciale » des établissements et boîtes de nuit recommandés.

Pour les grandes manœuvres galantes, Paris est divisé en trois secteurs : Montmartre, Montparnasse, Champs-Elysées. De même, pour leurs achats, on remettra aux soldats le *Guide aryen*, brochure de 128 pages rédigée en français et en allemand.

Un mois après l'entrée des Allemands à Paris, une rédactrice de *La Gerbe* recense les cabarets où l'on s'écrase : « *A La Roseraie, pas une place libre... Au* Paradis, *nous nous retrouvons juchés sur de hauts tabourets, au bout d'un couloir étroit de jambes et de bras... Beaucoup d'uniformes, maintien très digne, tenue impeccable.* »

Et pendant toute la durée de l'occupation, certains journaux parisiens continueront à vanter (contre argent comptant) le « chaud décor de tentures rouges » de telle boîte, la « bonne chère et jolie chair » de telle autre. Lorsque tant de Français ont faim et froid, dans ce cruel hiver 1941, par exemple, ils évoqueront sans dignité ce club où « les murs, rose et or, enclosent précieusement une atmosphère tiède », où « le rayon du projecteur sent l'orange cependant que le tintement de la glace dans les seaux meuble les brefs silences de l'orchestre »...

Dernier théâtre à avoir clos ses portes, l'*Œuvre* sera le premier à les ouvrir en reprenant, le 11 juillet, *Juliette* de Jean Bassans. Bientôt, tout le monde suivra.

Tout le monde ? Non, il y a les morts, les prisonniers, les juifs, ceux qui préfèrent le climat de la zone sud ; mais enfin, pendant quatre ans, les scènes ne manqueront ni de directeurs (anciens ou nouveaux), ni d'auteurs, ni d'acteurs, ni de public.

La Comédie-Française, qui avait terminé sa saison le 9 juin 1940 sur *On ne saurait penser à tout*, titre d'un humour noir à l'instant où la France succombait pour n'avoir pensé ni aux blindés, ni aux avions, affiche le 8 septembre, en matinée, *Un Caprice* et *Le Misanthrope*.

Déjà, l'Opéra avait rouvert ses portes, « à la demande des Allemands », précisait le préfet de police Roger Langeron. *La Damnation de Faust* venait donc combler les amateurs de grande musique. Et quelques semaines plus tard, Sacha Guitry remontait sur les planches du théâtre de *La Madeleine* devant une salle comble où les chroniqueurs notaient, au hasard des loges, le général de la Laurencie, représentant du gouvernement français à Paris ; le préfet Langeron, Mme Lanvin, l'actrice Danielle Darrieux...

Les trois coups sont frappés. En scène pour le un.

On joue *Pasteur*, de Guitry, dont le public applaudit follement quelques phrases. On joue *les Mouches*, de Jean-Paul Sartre ; *la Reine morte*, de Montherlant ; *Sodome et Gomorrhe*, de Giraudoux ; *Jeanne avec nous*, de Vermorel ; *Antigone*, d'Anouilh. Pièces qui sont, pour un public hypersensible, prétexte à manifestations contradictoires [1].

Lorsque le Créon d'Anouilh évoque les difficultés du métier de roi : « *Mon rôle n'est pas bon, mais c'est mon rôle et je vais te faire tuer* », comment une partie des spectateurs ne songeraient-ils pas au réaliste Pierre Laval ? Lorsque les gardes, vêtus de cuir, coiffés de feutres trop penchés, bousculent la petite Antigone, comment la salle ne songerait-elle pas à d'autres argousins et à d'autres victimes ?

Mais comme rien n'est simple, dans ce monde étrange du théâtre où les mots, chaque soir, changent de sens, au gré des intonations des acteurs et de l'humeur des spectateurs, cette Antigone que les résistants adoptent, les rédacteurs de *Je suis Partout* l'applaudissent également.

Que dans un vaudeville de Labiche, un personnage s'appelle Adolphe, et une partie de la salle éclate de rire. Et là tout est limpide.

Au nom de la morale, *la Parisienne* rebaptisée devient *Clotilde du Mesnil* et *Tartuffe* est déconseillé.

Au nom du racisme, on ne joue plus les auteurs juifs, on interdit *les Parents terribles* de Cocteau et Charles Dullin vient habiter l'immense théâtre de la *Cité*... ex-*Sarah-Bernhardt*.

Au nom de la collaboration artistique, le Schiller Theater donne, sur la scène du Français, *Cabale et Amour* (13 087 francs 50 de recette le 25 février 1941), et l'ambassade d'Allemagne reçoit ensuite plusieurs artistes français qui auront la (mauvaise) surprise de retrouver leur nom et leur photo dans l'hebdomadaire allemand *Signal*.

---

1. Dans *la Reine morte* ces deux répliques sont applaudies chaque soir : « Il est rare qu'un homme de valeur ne finisse pas par être arrêté » ; « En prison, se trouve la fleur du royaume. »

Présents en coulisses, les Allemands le sont aussi, chaque soir, dans la salle, et à la fin de l'occupation, ils auront réquisitionné à l'Opéra des places pour un total correspondant à 6 millions et demi de francs 1944 !

La politique, la guerre, le couvre-feu, les restrictions, l'heure trop avancée des spectacles, tout devrait ligoter, tout devrait étouffer le théâtre et, cependant, le public, indifférent aux alertes, aux difficultés de transport, aux décors rudimentaires, faute de partir en week-end, continue de courir les salles de spectacle.

Public nombreux. Dans beaucoup de villes de province, naissent alors de « jeunes » ou de « nouvelles » compagnies.

Tout est difficile, mais l'enthousiasme supplée à tout.

Les costumes et les décors sont souvent faits par les acteurs amateurs qui, pour se procurer de la toile de jute, des maquillages, de la peinture, n'hésitent pas à faire appel aux ressources du marché noir.

Devant un public privé des tournées et qui a perdu soudain le goût et le souvenir des « vedettes », ces compagnies d'amateurs payent d'audace et, aux yeux de la province du moins, font un théâtre d'avant-garde en jouant, c'est à Bordeaux, *Chacun sa vérité, l'Otage, Don Juan, Eurydice* [1].

Public patient. Sur le livre de bord de la Comédie-Française, Pierre Bertin note, le 16 juillet 1943 :

« *L'Ecole des femmes* commence à 7 h 50, alerte à 8 h 2, fin de l'alerte à 8 h 52, la pièce reprend à 9 heures et se termine à 10 h 40, sans entracte.

---

1. Pièces jouées à Bordeaux par la « Nouvelle Compagnie » qui, représentant plus tard, à Toulouse, l'*Electre* de Giraudoux, dut accepter 400 personnes debout.

« La représentation de *Feu la Mère de Madame*
est annulée. M. Pierre Bertin fait une annonce au
public, qui ne manifeste pas. »

Plus tard, cependant, la patience s'usera.
Edmond Dubois raconte qu'en juin 1944 il voulut
assister à une représentation de *Cyrano* :

« *Théâtre d'Etat, la Comédie-Française bénéficiait du droit de lever son rideau à 19 heures. Il
était donc 5 heures au soleil*[1]. *Et du soleil, il y en
avait, inondant cette place du Théâtre-Français où
les spectateurs tournaient en rond en attendant
la sonnette d'appel.*

*L'attrait du panache des vers de Rostand offrait
une agréable diversion à l'inquiétude des esprits.
Agréable, mais fugitive... car le rideau venait à
peine de se lever sur le décor de l'Hôtel de Bour-
gogne, Cyrano venait à peine de prononcer la
tirade des nez que le régisseur vint annoncer la
sixième alerte de la journée.*

*Le théâtre se vida selon l'inexorable décret de la
Défense passive... La fin d'alerte devait permettre
d'enchaîner l'œuvre de Rostand avec le deuxième
tableau, celui de la Rôtisserie. Toutefois, le rideau
ne se leva pas. Le semainier — en l'occurrence
Pierre Bertin — annonça au public, sur le
ton de la confidence :* « *Il faut que je vous dise
qu'une autre alerte vient de sonner et que nous
ne pouvons pas encore reprendre le spectacle.* »

*Nouvelle sortie des spectateurs, nouvelle flâ-
nerie au Palais-Royal. Fin de l'alerte. Le rideau se
lève sur les saucissons, jambons et tartelettes
amandines de Ragueneau. Mais la scène est vide
et Pierre Bertin fait une troisième apparition :*
« *J'ose à peine vous dire qu'une autre alerte est*

---

1. Les Français avaient dû, rappelons-le, mettre, en zone
occupée, leurs montres et pendules à l'heure allemande.

annoncée. La situation se complique, car l'heure avance. Que devons-nous faire ? »

La salle était houleuse. Diverses propositions jaillissaient... Pierre Bertin fit semblant de résumer l'opinion générale en concluant :

« — C'est entendu, le spectacle est annulé ; la presse et la radio vous feront connaître quel jour nous pourrons à nouveau vous l'offrir. »

Promesse imprudente ! Pour *Cyrano de Bergerac,* la représentation ne devait pas avoir lieu avant plusieurs mois [1]...

On peut jouer *Sylvie et le Fantôme ; les J 3* qui mettent en scène une jeunesse qui trafique des cigarettes et élève un porc dans un réduit de la classe de philosophie ; *Vingt-cinq ans de bonheur ; Renaud et Armide,* dont Cocteau donne une lecture chez Mme Boudot-Lamotte ; *Hyménée,* de Bourdet ; *Mademoiselle de Panama,* d'Achard ; *Une grande fille toute simple,* de Roussin ; *N'écoutez pas Mesdames,* de Guitry, pièces de circonstance ou œuvres solides, la grande affaire de cette « saison d'occupation », c'est, après l'apparition de Raimu au *Français* dans *le Bourgeois gentilhomme,* la création du *Soulier de satin.*

Œuvre terrible, démesurée et dont la mise en scène paraîtrait peu convenable en ces temps de restrictions si le Théâtre-Français ne multipliait, comme à plaisir, les pièces à costumes et les décors fastueux.

La réalisation du *Soulier* est précédée d'un long et difficile échange de cartes interzones entre Paul

1. *Paris sans lumière.* A plusieurs reprises également (8 décembre 1941, 4 janvier 1942, 19 et 20 septembre, 19 mars 1944), les théâtres durent faire relâche sur l'ordre des autorités allemandes et dans le cadre de mesures de représailles.

Claudel, qui vit dans son château de Brangues, en zone libre, et Jean-Louis Vaudoyer, administrateur de la Comédie-Française.

Lettres grinçantes parfois. Face à l'immensité de l'œuvre, Jean-Louis Vaudoyer tente d'obtenir d'importantes coupures. Furieux de ce qui lui paraît une dérobade, Claudel réplique ainsi le 17 décembre 1942 :

> *Monsieur l'Administrateur général,*
> *Les deux cartes postales du 10 courant que je reçois à l'instant ajoutent une péripétie de plus à l'histoire assez mouvementée de mes rapports avec la Comédie-Française. Après m'avoir proposé une représentation semi-intégrale du* Soulier de satin, *puis suggéré une révision radicale de cette pièce, j'ai dû me résigner, non sans une vive répugnance ; vous me demandez maintenant d'envisager l'ajournement jusqu'au mois de novembre prochain de vos promesses... Je crois, dans ces conditions, préférable de remettre la représentation de la pièce à un moment où les circonstances permettront plus de suite dans les desseins.*

Est-ce la rupture ? Non. Simplement une péripétie. Vaudoyer informe, le 24 décembre, son correspondant que *le Soulier de satin* a franchi les barrages de la censure allemande et Jean-Louis Barrault se rend à Brangues pour mettre au courant Claudel et lui parler de la distribution. Mission réussie. Le 16 janvier 1943, Barrault envoie à Vaudoyer cette carte interzone qui est un cri de victoire :

> *Monsieur,*
> *Mes deux jours passés chez l'ambassadeur peuvent nous rassurer. Claudel est ravi. La distribution lui plaît d'autant plus qu'il connaît à peine*

les comédiens dont je lui parle. Il s'en remet à nous... Je lui ai fait ressortir les perturbations administratives et financières qu'une telle représentation apportait. Il était ému comme un ange...

Les « perturbations » seront nombreuses en effet. Claudel avait initialement prévu que sa pièce serait jouée en deux représentations. Des modifications et coupures permettront de la donner en une seule fois ; mais, à cause du couvre-feu, les représentations devront commencer à 17 h 30 pour finir à 22 h 30.

L'administration prévoyante établit, sous la signature de M. Bourdet-Pléville, une liste des dépenses supplémentaires et Jean-Louis Vaudoyer sollicite le droit d'augmenter le prix des places. Le parterre sera à 100 francs au lieu de 70 francs.

Dans le même temps, on s'affaire sur le plateau et dans les ateliers. Tandis que Jean-Louis Barrault fait répéter, tandis que les journalistes prévoient que Mlle Blondeau, la concessionnaire du bar, devra songer aux sandwiches pour spectateurs affamés et pourvus de tickets, Mme Lalique qui dirige les ateliers de costumes (il en faudra 50) fait ses achats. Au Louvre, elle acquiert pour 2 645 francs de gants ; chez Milon, elle achète les bas de Mlles Marie Bell et Marquet, le maillot et le slip de Mlle Deudon ; chez Galvin, 21 paires de souliers d'hommes et pour 34 370 francs de fausses barbes...

Les frais de montage du *Soulier* atteignent finalement 1 130 200 francs, y compris une gratification de 100 000 francs accordée à Jean-Louis Barrault ; les dates prévues pour la représentation sont repoussées, Paul Claudel, qui est venu à Paris assister aux dernières répétitions de novembre, refait « comme dans une illumination » la dernière scène de la troisième journée.

Sur le pied de guerre, « Mesdames et Messieurs les Sociétaires » sont privés de congé jusqu'au jour de la dernière représentation de travail publique qui a lieu, enfin, le vendredi 26 novembre 1943, à 13 h 15.

La représentation commence devant des fauteuils vides... Une alerte aérienne a dispersé, en effet, tous les spectateurs. Mais, bientôt, académiciens, hommes de lettres, jolies femmes, généraux allemands, reprennent leur place pour ne l'abandonner qu'à 18 h 40, fatigués, scandalisés, enthousiasmés, partagés entre la crainte de passer pour des imbéciles ou pour des esthètes.

Car, déjà, la politique s'empare du *Soulier de satin.* « *Depuis plusieurs mois*, lit-on dans *Je suis Partout*, bien ignorant des impatiences claudéliennes, *depuis plusieurs mois la représentation aurait pu avoir lieu. Mais on attendait... quoi ?... Vous ne devinez pas ?... Mais oui ! bien entendu !... L'arrivée des Américains.* »

Cependant, le public ne se mêle pas de ces querelles. Attiré par tout ce que *le Soulier de satin* représente de hors-saison, de non-conformisme, il fait queue devant les bureaux de la Comédie-Française. Quant au poète, négligeant les critiques pour ne retenir que les approbations, il note sur son journal : « 25, matinée ; 27, soirée ; 29, soirée. Représentations triomphales, acclamations. On me fait venir sur la scène. La Presse id. »

Il a raison. Jean-Louis Vaudoyer, qui tient enfin son Austerlitz, lui envoie quelques semaines plus tard une moisson de bonnes nouvelles :

Paris, le 10 décembre 1943.

Monsieur l'ambassadeur,
Je suis heureux — mais nullement surpris — de vous dire que le succès du Soulier *prend « des proportions triomphales » ; les bureaux de loca-*

*tion sont assiégés par une foule si avide et si
démonstrative que, certains matins, « la force
publique » a été contrainte d'intervenir pour rétablir l'ordre ! Toutes les représentations se donnent
à bureaux fermés.*

Et, sur sa lancée, Jean-Louis Vaudoyer annonce
à son correspondant qu'il ne touchera pas de
droits d'auteur sur l'augmentation du prix des
places...

Le public se presse aux guichets des théâtres.
Il se presse également devant les portes des cinémas, de ceux du moins qui ne sont pas réservés
aux soldats allemands [1].

Dans un monde écorché vif où la guerre fait
rage, dans ce monde où, chaque nuit, de Coventry
à Hambourg, des milliers d'innocents périssent
dans le feu, dans ce monde de la propagande et
de la haine, le cinéma français fleurit les ruines
d'extraordinaires fleurs bleues.

Par obligation et prudence, le cinéma des années
1940-44 demeure généralement étranger au drame
qui se joue sur tous les continents. Il offre aux
spectateurs affamés et inquiets des images dépay-
santes et satisfaisantes.

Habituée aux murs patinés, aux fossés pleins de
boîtes de conserve rouillées et d'étrons, la France
entière se passionne pour ce château des *Visiteurs
du soir*, que Marcel Carné a voulu d'une éblouis-
sante blancheur.

Et la France qui a faim ne voit pas sans émotion défiler, pour le repas de fiançailles d'Anne

---

1. Pour la France entière, 79 établissements de spectacles ont
été, au total, réquisitionnés par l'armée.

et de Renaud, ces onze serviteurs qui portent, sur d'immenses plats d'argent, cochons de lait, chevreuils, paons, cygnes « et toutes sortes d'oiseaux de rivière ».

Et la France qui rêve fredonne la chanson de Gilles :

Démons et merveilles
Vents et marées
Au loin déjà la mer s'est retirée
Et toi
Comme une algue doucement caressée par le vent
Dans les sables du lit tu remues en rêvant...

Ce film, qui a demandé douze mois de travail, coûté 20 millions et qui rassemble Arletty, Alain Cuny, Jules Berry, Marie Déa, Ledoux, a, pour le cinéma, l'importance du *Soulier de satin* pour le théâtre.

Dans son ombre, quelques œuvres fortes : *Le Corbeau*, de Clouzot, que l'on présentera, hélas ! à Berlin sous le titre *Une petite ville française* ; *La Nuit fantastique*, de Marcel L'Herbier, qui, au concours organisé en 1942 par *Ciné-Mondial*, obtiendra, d'un jury de critiques, le prix du « meilleur film de l'année » ; *les Enfants du paradis*, *les Inconnus dans la maison*. Beaucoup d'œuvres charmantes aussi évoquant les heureux avant-guerres : *Douce*, *les Dames du bois de Boulogne*, *le Mariage de Chiffon*, *Premier rendez-vous*, *la Duchesse de Langeais...*

Cependant, le cinéma français, s'il n'en reflète presque jamais l'image, souffre des réalités de notre défaite.

Les 220 films de long métrage produits pendant l'occupation l'ont été le plus souvent au milieu des plus grandes difficultés.

Il faut un mois au réalisateur de *L'Aventure est*

au coin de la rue pour obtenir l'autorisation d'avoir un browning pour un acteur. Lorsque l'on tourne *Le Ciel est à vous*, qui retrace l'aventure de cette petite garagiste landaise devenue pilote et recordwoman, le metteur en scène a les plus grandes difficultés à obtenir qu'un avion français décolle et se pose au Bourget.

Les vedettes, qui possèdent une carte de textile spéciale, se rendent au studio à bicyclette, à mesure que les années passent, sont de plus en plus souvent immobilisées par des pannes d'électricité. C'est ainsi que Raymond Rouleau qui, sous la direction de Jacques Becker, tourne *Falbalas*, doit garder quatre heures durant la pose dans un escalier postiche avant de pouvoir reprendre la scène, dès le retour de la lumière [1]...

Les Allemands savent que le cinéma, au même titre que la radio et la presse, constitue un puissant moyen de propagande. Aussi s'empressent-ils de retirer de zone occupée (ordonnance du 21 mai 1941) tous les films sortis antérieurement au 1er octobre 1937, de proscrire les productions anglo-saxonnes, de soumettre les films français à leur censure et d'inonder les salles (dont, grâce à la Société S. O. G. E., ils possèdent un bon nombre) de films produits à Berlin et à Vienne. Les Français, à qui les distractions font défaut, auront droit à des films qui iront du *Juif Süss* à *la Fille du Vautour*, de *la Campagne de Pologne* à *Effeuillons la Marguerite*, de la propagande la plus grossière au plagiat des comédies américaines.

Mais aller au cinéma constitue encore le meilleur moyen de lutter contre les soucis quotidiens, parfois contre le froid et, lorsque les restrictions

---

1. Il y a plus grave : ce sont les bombardements. Au début de l'année 1944, les anciens studios Jacques Haïk à Courbevoie sont complètement détruits. Une bombe tombant sur une tranchée-abri fait 35 morts.

d'électricité obligeront les salles à réduire le nombre de leurs séances, l'amateur déçu regrettera le temps où, après avoir attendu longtemps sous la pluie, il assistait à un film délicieusement anachronique, tout en tremblant pour son vélo parqué, parmi trois cents autres, dans un garage proche et gardé par un chômeur...

Il y a peu à dire sur l'activité des cirques pendant l'occupation.

A la vérité, la plupart des cirques sont cloués au sol par les difficultés de transport. Pinder, retiré près de Tours, dans l'ancien château d'Eve Lavalière, a loué ses éléphants, ses tigres et ses camions. Bureau, qui « tourne » en zone libre, ne voyage plus, et lentement, que par chemin de fer. Amar reste en sommeil pendant quatre ans et se contente d'exploiter Bordeaux et Paris. Bouglione, qui a perdu ses fauves, abattus par les Anglais pendant la campagne de Belgique, ne quitte pas le Cirque d'Hiver.

Le Cirque ne transporte plus, d'une ville à l'autre, son odeur et son mystère. Il n'est plus ce rêve matérialisé et détruit d'une aube à l'autre. Faute d'essence, il s'installe, prend racine ou sommeille, vaste empire de la belle écuyère au bois dormant.

Les Allemands cependant sont pleins d'attentions pour le cirque. Amateurs et connaisseurs, ils fournissent du fourrage à la cavalerie, de la viande aux bêtes, des engagements et de l'argent aux artistes « sollicités » pour des tournées dans les villes de province allemandes, à l'arrière des fronts et jusqu'au Wintergarten où Hitler se rendit deux fois pour applaudir les Alizées et ces extraordinaires jongleurs sur fil de fer, les Revehros [1]...

Le Tout-Paris ne va plus à Deauville, mais il est présent dans les salles de ventes où, des meubles aux autographes, des réfrigérateurs aux tableaux de maîtres, tout s'arrache de plus en plus cher, puisque l'argent facile (pour certains) et les restrictions contribuent à la hausse permanente des cours [2]. Sages encore en fin 1940, ils bondissent en 1941, s'élancent vertigineusement en 1942. Les Allemands, peu nombreux parmi le public, ont partout des observateurs et des acheteurs. Ils influencent les cotes ; leur choix se porte surtout sur les tableaux de haute époque, ils négligent Dufy, Soutine, Modigliani, Pissaro, les peintres juifs et les abstraits.

Des commerçants, qui ont gagné beaucoup d'argent avec des haricots ou du faux pastis, sont présents à la vente de la bibliothèque de Louis Brun, ancien directeur de Grasset. Ils assistent à la vente Viau, qui se déroule le 11 décembre 1942 et le 24 février 1943, et au cours de laquelle sont dispersés, pour un total de 53 millions, des Degas, des Corot, des Manet, un Cézanne qui « fait » plus de cinq millions et qu'un Allemand s'est adjugé, sans doute pour la collection du maréchal Gœring.

Les spécialistes notent que les 43 œuvres de Degas vendues alors ont atteint 10 000 pour 100

---

1. Lorsque le cirque-music-hall de Berlin fut détruit par les bombardements aériens, les Alizées perdirent tout leur matériel et notamment leur filet, qui avait appartenu aux Codonas.

2. Une circulaire d'avril 1941 interdisait pour les objets usuels tout dépassement des prix fixés à l'avance. Lorsque ces prix, ceux de la taxe, étaient atteints, le commissaire-priseur annonçait : prix limite. Les enchères continuaient bien, mais le produit du dépassement était alors intégralement versé à l'Etat.

de hausse par rapport à 1918 !... Et, dans le véritable vent de folie qui souffle alors, les toiles les plus banales cotent des prix stupéfiants.

On adjuge un Corot très ordinaire pour 1 210 000 francs. Six mois plus tôt (en juillet 1942) une toile plus importante, du même maître, n'avait pas dépassé... 28 000 francs !...

Sacha Guitry continue à enrichir sa collection. En juillet 1941, il achète, pour 60 000 francs, la fade romance que le roi Henri IV composa à l'intention de la belle Gabrielle :

> *Charmante Gabrielle*
> *Percé de mille dards*
> *Quand la gloire m'appelle*
> *Dans les sentiers de Mars,*
> *Cruelle départie*
> *Malheureux jour,*
> *Que ne suis-je sans vie*
> *Ou sans amour.*

Les prix sont fous. L'ignorance et la spéculation, la nécessité et la crainte du fisc, la dévaluation permanente et le snobisme contribuent au dérèglement de l'esprit public.

Tandis qu'en 1942 les tapis tissés à la mécanique valent quinze fois le prix de 1939, et que les dessins de Degas et les livres du XVIII° ont décuplé, les objets de Chine et les monnaies ont à peine doublé... Une seule erreur d'impression à la page 132 du tome IV des Œuvres complètes de Molière (édition de 1730) fait monter les volumes jusqu'à 160 000 francs. Une semaine plus tard, la même édition, mais du deuxième tirage, donc sans faute, ne se vendra plus que 13 000 francs... Curieuse époque où il est au moins aussi difficile de se retrouver dans les prix des tableaux et des livres d'art que dans ceux de la saccharine et du jambon.

Tout le monde ne peut pas courir l'Hôtel Drouot, chasse gardée des esthètes et des nouveaux riches.

Pour ce peuple immense — et qui s'ennuie — il y a, outre les cinémas et les champs de courses, la distraction des bals, le plus souvent clandestins.

Afin que la France comprenne mieux l'ampleur de sa défaite, le gouvernement a interdit les bals et le préfet de Police réglemente les cours de danse : pas plus de quinze couples par séance et nul orchestre. Dans les caves parisiennes, dans les bois qui entourent les villages, une jeunesse avide de s'amuser quand même tourne aisément le règlement. Les braves pandores entendent parfois de mystérieuses musiques. C'est ainsi que ceux de Saint-Pardoux-la-Rivière, au son de ces airs qui ne venaient pas du ciel, se dirigent, en avril 1942, vers un bois proche « *et découvrent, au milieu d'un taillis, une cabane fort bien camouflée avec des genêts et des branchages. De nombreux couples du voisinage y dansaient au son de l'accordéon* ».

Les parents traînent les gosses au Musée Grévin, dont le roi et la reine d'Angleterre ont été chassés dès l'automne 1940, mais où *Je suis Partout* se scandalise que l'on trouve encore, en 1943, « *parmi les très parisiennes figures de cire Tristan Bernard et Mireille, sans étoiles naturellement. Et aussi Jean Borotra qui fut sans doute un grand champion de tennis, mais qui est actuellement sous les verrous pour gaullisme et qu'on ne peut décemment pas offrir en exemple aux jeunes Français* ».

Privés de bals et de longues sorties dominicales, les jeunes — et les moins jeunes — se précipitent vers les stades qui, pour l'athlétisme du moins, n'ont jamais connu pareille affluence. Un peu partout, en France, on court, on saute, on joue au football. Sevrés d'alcool, les Français découvrent les joies du sport. Vaincus par une armée allemande en short, et que n'arrêtaient pas les rivières, ils découvrent que les chemins de la renaissance passent par les cendrées.

Au collège national d'Antibes, fondé par le Haut-Commissariat aux sports pour former des cadres, se succèdent les plus grands champions français : Cerdan, Lucien Roup, Pierre Louis, Pierre Montanet pour la boxe ; Max Rouzié, Trescazes, Marens, Barthès pour le rugby ; Valmy, Pujazon, Lapointe, Brisson, Prouteau, Cros pour l'athlétisme ; Allais, James Coutet, Rebuffat pour le ski... Les athlètes qui travaillent sous la pointilleuse direction du colonel Beaupuy ont, en ces temps difficiles, l'avantage d'ignorer les difficultés de ravitaillement [1]. Mais sortis d'Antibes, les sportifs français pratiquent « la course au bifteck ». Les « enveloppes » sont négligées au profit de jambons ou de lapins. Les organisateurs périgourdins, charentais ou vendéens, qui ont l'astuce de doter leurs épreuves de prix en nature sont assurés de ne jamais connaître de forfaits.

Et la fortune du « Lyon O. U. » vint en partie des assurances alimentaires que Tola Vologe donnait à ses camarades pour qui il était, aussi, un merveilleux ami [2].

Il ne faut pas seulement se défendre contre la pénurie alimentaire. Le sport, pour qui l'on défriche des terrains, manque de ballons, de chaussu-

1. Du moins jusqu'en février 1943 où le C. N. M. A. d'Antibes fut dispersé.
2. Tola Vologe, athlète et international de hockey, était aussi agent de l'I. S. Arrêté en mai 1944, il fut abattu à Lyon par un S. S. allemand qui avait été son rival dans un match international de hockey.

res, de maillots. L'équipement, comme le reste, est bien souvent affaire de marché noir.

Et la politique n'épargne pas plus le sport que le cinéma ou le théâtre. Tandis que les athlètes israélites (le nageur Nakache par exemple) sont privés de compétition, à travers toute la France non occupée, on produit les athlètes d'Antibes dans des fêtes mi-folkloriques, mi-patriotiques où les autorités officielles sont au premier rang. C'est ainsi qu'un beau jour de juillet 1941, les garçons du C. N. M. A. effectuèrent une démonstration sur le stade de Vichy en présence du maréchal Pétain et de la plupart de ses ministres.

Pour les besoins de la propagande, les mensurations des performances étaient, dans ces manifestations, assez souples. Ce jour-là, lorsque Paul Bourron, le meilleur lanceur de poids de l'époque, eut terminé ses jets, on lui demanda un lancer supplémentaire « pour le Maréchal ». Le mulâtre ne se fit pas prier. Après l'annonce faite au micro, dans le grand silence du stade, décontracté, rapide, puissant, il expédia le poids, presque sans effort, par-delà le petit drapeau du record. Ovations. Que la présence du Maréchal puisse donner aux lanceurs une vigueur supplémentaire ne devait étonner ni les badauds... ni les initiés qui savaient que Bourron venait, pour son dernier jet, de remplacer le poids réglementaire de 7 kg 257 par un engin de 5 kilos...

« *Nous regrettons de n'avoir pu joindre à notre envoi la brochure Larousse* l'Escargot *et la* Pêche Moderne, *ces titres étant épuisés.*

Mais, en remplacement de la Pêche Moderne, *nous vous proposons* Pour devenir un bon pêcheur, *par R. Guinot. Ce volume qui contient tous les éléments qui éliminent les risques d'insuccès don-nerait certainement satisfaction à votre clientèle ; son prix est de 26 francs.* »

Cette lettre, envoyée par la Librairie Larousse à un libraire de province, porte témoignage d'une époque où les livres font rapidement défaut en librairie, où tous les stocks, tous les invendus, les romans édités à compte d'auteur, les plaquettes de poésie, s'arrachent aussi rapidement que ces brochures de circonstance qui apprennent « comment rouler sans essence..., comment fumer sans tabac..., comment obtenir un laissez-passer..., comment détruire le lapin de garenne sans fusil ».

Pendant les quatre années d'occupation, le libraire (qui fera moins souvent fortune) est presque considéré à l'égal de l'épicier. C'est que, dans bien des cas, le livre est presque aussi rare que le beurre.

Les Allemands ont commencé, dès octobre 1940, par interdire plusieurs centaines de titres. Livres antinazis, livres d'auteurs anglais, polonais, juifs, biographies consacrées à des juifs. Dans la fameuse liste Otto, dont chaque libraire reçoit copie, on trouve côte à côte l'œuvre de Léon Blum *Du Mariage* et celle de Léon Daudet, *le Drame franco-allemand*. Hansi n'a plus droit de cité. Le général de Gaulle non plus et l'on doit retirer des librairies *Vers l'armée de métier*.

René Bazin est censuré. Hitler également. Les Français ne pourront plus lire *Mein Kampf*. Ni le livre de Charles Maurras *Devant l'Allemagne éternelle*. Pêle-mêle, Vicki Baum, Pierre Gaxotte, Myriam Harry, le cardinal Baudrillart, Duhamel, Benda, Claudel, Emil Ludwig, Malraux, Freud, Carco voient leur œuvre partiellement ou totalement interdite.

Sont proscrits non seulement les livres qui attaquent la politique hitlérienne, mais aussi les reportages, les romans d'espionnage, les récits de la guerre 1914-1918 qui pourraient rappeler aux Français qu'ils furent, il n'y a guère, vainqueurs.

Par ailleurs, il arrive que la censure interdise de parler de certains livres nouvellement parus. C'est le cas de *Pilote de guerre*, de Saint-Exupéry, qui, bien vite, n'aura plus droit ni à un compte rendu, ni à une publicité. Pouvait-il en aller autrement sous l'occupation allemande ? L'un des héros du livre ne s'appelle-t-il pas Israël ? Cousteau, dans *Je suis Partout*, n'a-t-il pas écrit que ce livre était « *l'apothéose du judéo-bellicisme, l'illustration de toutes les âneries et de toutes les saloperies dont nous sommes en train de crever* » ? L'œuvre, tout entière consacrée au récit d'une défaite, ne s'achève-t-elle pas sur cette phrase lourde de sève : « Les vaincus doivent se taire ; comme les graines » ?... Alors ?...

Cette saignée (2 242 tonnes de livres seront saisies) coïncide avec les restrictions de papier. D'année en année, les éditeurs informent leurs clients des diminutions prochaines.

« *D'accord avec tous nos confrères, nous avons décidé d'appliquer un plan de rationnement qui nous assurera une assez longue survie... Nous avons donc fixé pour nos clients un plan de rationnement, en prenant pour base le chiffre des commandes expédiées par nous pendant les trois derniers mois de 1941 et en appliquant un coefficient à chacune de nos collections, selon l'état actuel de nos stocks... Nous pourrons livrer, par mois, par rapport au mois moyen de ce dernier trimestre 1941 :*

     50 % du Livre de Demain,
     50 % des Grandes Etudes Historiques,
     25 % du Livre Populaire. »

Cette circulaire Fayard du début de l'année 1942 est suivie, le 15 septembre de la même année, d'une autre circulaire précisant que « *la pénurie presque totale du papier... oblige à diminuer d'un tiers le contingent (alloué aux libraires) par notre dernière circulaire pour les collections...* ».

L'édition française, qui consommait 32 000 tonnes de papier en 1938, n'en a à sa disposition que 16 000 en 1941 et 2 933 en 1943.

Miracle de la pénurie. Il paraît cependant 2 600 titres de plus en 1943 qu'en 1940 !... Là où on comptait 377 ouvrages sur la religion, on en publie 529. Cette multiplication des titres n'a rien d'inexplicable. Avec ses pauvres 3 000 tonnes de 1943, l'édition française fait paraître près de 8 000 ouvrages dont aucun, ou presque aucun, ne connaîtra de gros tirages [1]. Finis les succès de librairie. Sitôt édité, un livre est épuisé. Les « amateurs » achètent les volumes de la Pléiades six ou sept fois leur prix et *la Mousson* ou *Autant en emporte le vent* valent exactement le prix d'un kilo de jambon ou d'un litre d'huile au marché noir.

Les lecteurs se passionnent pour *Travelingue*, de Marcel Aymé ; pour *Premier de cordée*, de Frison-Roche ; pour *l'Ancre de Miséricorde*, de Pierre Mac-Orlan ; *Quand le temps travaillait pour nous*, de Paul Mousset ; *l'Etranger*, d'Albert Camus ; *Le Pain des rêves*, de Guilloux ; *Lunegarde*, de Benoît ; *La mort saisit le vif*, de Troyat ; *Corps et Ames*, de Maxence Van der Meersch ; *la Grande Meute*, de Vialar ; *les Amitiés particulières*, de Peyrefitte.

Ils se passionnent également pour tous ces essais qui s'efforcent de découvrir les causes lointaines ou immédiates de notre défaite. Un si grand désastre libère un flot d'encre. La France détruite est une France à refaire. Des centaines de littérateurs

---

1. L'histoire, la littérature, la poésie sont d'autant plus défavorisées qu'en 1942 87 p. 100 du papier va aux éditeurs de livres scolaires.

s'y emploient. Les uns au grand jour, les autres dans la clandestinité. C'est l'époque de *Solstice de juin*, de Montherlant ; d'*Au-delà du nationalisme*, de Maulnier ; des *Décombres*, de Rebatet ; des *Notes pour comprendre le siècle*, de Drieu La Rochelle ; du *Journal de la France*, de Fabre-Luce ; des *Beaux Draps*, de Céline. Mais c'est l'époque où fleurit aussi l'essai philosophique et littéraire. Entre *le Mythe de Sisyphe*, de Camus, et *Variétés V*, de Valéry, il y a place pour cent ouvrages, dignes de retenir l'intérêt et l'attention de ces Français qui bénéficient de longues soirées... lorsque l'électricité ne fait pas défaut.

Laissant à d'autres le soin d'écrire l'histoire immédiate, celle de la guerre qui continue, les hommes des années 1940-44 se plongent avec volupté dans tous ces livres d'histoire qui paraissent chaque jour et semblent avoir pour but de consoler des malheurs présents en évoquant toutes les gloires passées.

Henri IV, Jeanne d'Arc, Napoléon réconfortent la France vaincue et l'historiographe ne manque jamais de trouver à son héros quelques traits de ressemblance avec le maréchal Pétain...

Dans ce monde partisan où les radios se battent, où les hommes se battent et où il ne fait pas bon montrer à visage découvert son hostilité au régime, beaucoup d'opposants, beaucoup de timides aussi, se réfugient dans la poésie qui permet l'évasion intellectuelle et dont le lyrisme et les mystères sont assez vastes pour enfermer toutes les allusions.

Auprès des éditeurs comme auprès du public, la poésie trouve généreusement audience. Dans cette rencontre, bien des poètes ont fait d'ailleurs le premier pas. De formelle et difficile, la poésie, qui pousse partout des bourgeons (mille petites revues parisiennes et provinciales[1]) se transforme au contact d'un public nouveau et des réalités de l'occupation.

Sous la direction d'Aragon et d'Eluard, cessant d'être un scalpel au service des esthètes, elle devient arme et drapeau. En alexandrins, la provocation n'a plus les allures d'une provocation, c'est presque un chant religieux.

Il faut savoir lire entre les mots. Mais il est presque aussi troublant (quoique moins dangereux) de décrypter un poème qu'un message secret. Ce *Nymphée,* par exemple, qu'Aragon publia dans *Confluences* après Stalingrad et qui signifiait aux initiés que la victoire avait changé de camp.

Prisonnier en Alsace, Robert Brasillach remarque combien la religion fleurit sur la défaite de l'été : « *L'Eglise, il faut le dire, ne désemplit pas. Quand l'homme est seul et malheureux, il pense à Dieu. On prêche deux fois, trois fois, le dimanche, aux messes où il est difficile de trouver une place. Les autorités allemandes nous laissent la plus entière liberté et ont facilité les choses aux prêtres pour les hosties et le vin de messe. Et même, quelques dominicains ou jésuites ont organisé de petits cours de théologie, dans la sacristie... Sur les bancs du catéchisme, bien sagement, une vingtaine d'officiers et de soldats écoutent, lèvent la main et se nourrissent avec étonnement de ce symbolisme*

---

1. *Fontaine, Poésie* 40, *Confluences, Poètes, Profil littéraire de la France* qui paraissait à Nice, *Méridien* à Rodez, *Les Cahiers du Sud, L'Ecole de Rochefort.*

magnifique. Puis, rentrés dans leurs chambres, ils discutent. »

... Il n'existe pas de recensement des confessions, des communions, ni surtout de recensement des sentiments. Tour à tour dispersés aux quatre vents puis repliés sur eux-mêmes, persécutés, ayant, plus que par le passé et grâce aux douleurs du présent, des occasions de réflexion, les Français ont certainement, pendant les années d'occupation, amorcé un retour vers la religion dont on trouve mille signes divers. Il y a les conversions qui interviennent dans les camps, les baptêmes d'adultes, les confirmations d'officiers prisonniers (45, en 1943, à l'oflag VI A). Il y a le succès de ce recueil d'invocations à « 322 *saints différents selon la nature de la demande à faire à Dieu* » que l'on propose en septembre 1940. Il y a également, on l'a vu, le texte de certaines lettres écrites de la main de condamnés à mort : « *Tous les samedis, vers* 10 *ou* 11 *heures, j'ai la visite de l'aumônier qui m'apporte la Sainte Communion. Pourriez-vous ce jour-là, en union avec moi, réciter à la chapelle une dizaine de chapelet avec invocation des saints de France* [1]. »

Mais le témoignage le plus émouvant de la piété populaire restera le Grand Retour, pèlerinage monstre qui, en pleine occupation, lance sur les routes des foules immenses à la suite d'une statue. Foules et statue que n'arrêtent ni les lignes de démarcation, ni les batailles...

C'est en 1938 que l'Eglise décida de renouveler le vœu de Louis XIII qui, trois cents ans plus tôt, avait mis sa personne et son royaume sous la protection de Notre-Dame. Quatre statues, parties d'Arras pour Boulogne, « visitent » alors plusieurs centaines de paroisses du Nord et du Centre de

---

1. Lettre d'Estienne d'Orves, 29 mai 1941.

la France. La guerre arrive. Les statues sont mises à l'abri. Les pèlerins sont mobilisés.

En pleine défaite, au moment où le destin hésite, le R. P. Ranson, qui devait devenir plus tard l'aumônier national et l'animateur du Grand Retour, décide d'aller reprendre, en compagnie de quelques scouts, la statue de Notre-Dame de Boulogne qui a été déposée dans un monastère de Seine-et-Oise. On la conduira au congrès marial qui doit s'ouvrir le 15 août 1942 au Puy-en-Velay. Cette décision se heurte à mille complications. Le Puy est en zone libre et il faut faire « passer » la Vierge clandestinement. Comme un agent secret, comme un juif, comme un pourchassé, on l'embarque dans un camion de légumes et c'est ainsi, après avoir visité Domrémy, qu'elle franchit la ligne.

A la fin du congrès marial du Puy, qui réunit 60 000 pèlerins, répétant : « Notre-Dame-des-Douleurs, priez pour la France qui souffre, Notre-Dame-des-Douleurs, priez pour la France qui a péché », la statue gagne Lourdes. Ce n'est pas un voyage rapide. Il faut marcher à pied, en égrenant des chapelets, sur les routes chaudes et à travers les villages surpris du Midi. Tout un cérémonial s'élabore avec les jours. Aux scouts se sont joints des missionnaires et c'est bientôt, de paroisse en paroisse, de foule en foule, que l'on se transmet la statue de la Vierge assise dans sa barque de pêcheur, comme sur un trône.

Dans les villages, les soldats de cette nouvelle croisade, sans armes, sans souliers, les bras en croix, pénètrent en récitant le chapelet et les cérémonies se poursuivent, tard dans la nuit, par une veillée de prières qui s'achève généralement vers minuit, tandis que dans la barque s'accumulent les formules de consécration...

Aux missionnaires qui sont chargés d'escorter

la Vierge, à ces Pierre l'Ermite 1942, les organisateurs du pèlerinage donnent des conseils de modération, d'autocritique et de ferveur : « Ordinairement, les missionnaires parlent beaucoup trop. Ne pas oublier que la conversion d'une âme est une affaire divine qui ne peut se mériter que par un effort surnaturel que donne une prière collective bien faite, plutôt que par des paroles. »

Cette procession qui déferle sur la France, car de Lourdes elle repartira le 28 mars 1943 pour ne s'arrêter qu'à Paris le 29 juin 1946, ébranle croyants et incroyants.

Elle a ses miracles. Ses statistiques : 10 millions de consécrations à la Vierge [1], 5 millions d'images et plus d'un million et demi de chapelets distribués. Ses aventures naïves et terribles que l'on colporte de village en village et qui lui font un halo mystique et romanesque.

L'histoire du paysan, installé sur sa faucheuse, et qui maugrée au passage du cortège :

« S'il ne tenait qu'à moi, j'lui couperais la tête. »

Et, le jour même, tombant de sa machine, il a la tête coupée.

L'histoire de ce maire qui meurt mystérieusement après avoir refusé de prêter ses cantonniers pour nettoyer les abords de l'église.

L'histoire de ce cycliste ariégeois qui proclame :

---

1. Voici le texte de la Consécration : « Pour bien montrer ma volonté d'être de plus en plus fidèle à mon Dieu et à ma Patrie, je me suis consacré au Cœur Immaculé de Marie, comme l'ont demandé la Très Sainte Vierge Elle-même, Sa Sainteté le Pape Pie XII et nos Cardinaux, Archevêques et Évêques de France.

« Je m'efforcerai de vivre conformément à ce qu'exige cette consécration.

« Je m'emploierai même à décider tous mes compatriotes à la faire également et à la mettre en pratique dans leur conduite, afin de hâter le retour, sur la terre, de la Paix dans la vérité, dans la justice, dans la charité du Christ.

« En foi de quoi j'ai signé. »

« S'il faut la mettre en morceaux, je m'en charge... », et qui lui-même, le lendemain, est déchiqueté par une auto.

Si la justice divine se montre implacable pour quelques opposants (qui sont plutôt des « fortes têtes »), les missionnaires ne cessent de cueillir ce qu'ils appellent, par allusion à saint François d'Assise, des « fioretti ».

On dirait que, sur les routes de Charente, de Dordogne, des Bouches-du-Rhône, de l'Hérault, se sont mises en marche, sans aucun souci de respect humain, les foules de Lourdes.

Ici, c'est un enfant déchaux sur un mauvais chemin de l'Aude qui prie pour « son papa qui a dû travailler tout l'hiver en Allemagne, dans la boue et la neige, avec des souliers qui laissaient passer l'eau ». Là, c'est une jeune fille qui, la messe de minuit terminée, poursuit sa veillée et que le missionnaire retrouve le lendemain à l'aube, toujours agenouillée.

« Allez vous reposer, vous n'en pouvez plus !

— Il y a quatre ans, mon Père, que je suis séparée de mon fiancé prisonnier. J'allais manquer au serment que j'avais fait de lui rester fidèle... »

En 1944, le Grand Retour connaît des heures tragiques. Mais la statue poursuit sa route avec une tranquille opiniâtreté. Sous les fleurs, parmi les ruines de Saint-Nazaire, sous la dangereuse surveillance des avions de chasse. Le 6 août, à La Roche-Bernard qui vient d'être mitraillé, les guirlandes sont accrochées par des hommes qui, quelques heures plus tôt, fuyaient dans les champs.

« Alors, mon Père, nous continuons à décorer ?

— Continuez, Notre-Dame passera quand même, le Grand Retour ne s'arrête jamais. »

Et Notre-Dame passe en effet. Elle passe sans trop se soucier de la bataille qui tourbillonne sans arrêt. « Prisonnière » dans la presqu'île guérandaise, délaissée par les Américains, elle ne peut obtenir un laissez-passer des Allemands et c'est transportée et protégée par des maquisards qu'elle va franchir la Vilaine le 11 août, sur une des barques épargnées par les belligérants.

Accompagné presque jusqu'à la rive par tout le village de Saint-Dolay, le char de Notre-Dame de Boulogne, tiré par plusieurs jeunes paysans, suivi du père Tanguy, du père Boisson, du père Clairet et de quelques scouts routiers, fonce vers les bateaux. Après un embarquement délicat, la Vierge et sa garde s'éloignent enfin en direction de l'autre rive. Alors, la joie éclate au cœur des garçons qui ont réussi cette opération, où le religieux, si étroitement, est mêlé au militaire.

A tue-tête, sans se soucier des Allemands proches, ils entonnent leur cantique favori :

> *Vierge, notre espérance,*
> *Etends sur nous ton bras.*
> *Sauve, sauve la France,*
> *Ne l'abandonne pas...*

CHAPITRE VII

LA MYSTIQUE DU MARÉCHAL

Français, suivons le Maréchal,
Unis dans une foi nouvelle.
Par lui notre France immortelle
Ira vers son pur idéal.

Ce quatrain n'a, certes, rien de remarquable sur le plan poétique. Sur le plan politique non plus. Car dans les années 1940-1941, des centaines de rimeurs professionnels ou occasionnels vont composer des hymnes au Maréchal.

La célébrité de l'un d'eux, ce *Maréchal nous voilà*, qui deviendra le *Chant du Départ* de l'Etat Français :

Maréchal, nous voilà !
Devant toi, le sauveur de la France,
Nous jurons, nous, tes gars,
De servir et de suivre tes pas.

ne doit pas faire oublier la multitude de chansons

politico-patriotiques qui fleurissent à l'ombre de
la défaite.

A Villefranche-de-Rouergue, c'est un ménage (le
mari parolier, la femme musicienne) qui proclame :

Pour nous guider, nous avons un Pilote.
Obéissons toujours à son signal.
Nous savons bien qu'il n'est pas un despote.
Avec amour, suivons le Maréchal.

Le chef Imbert, de l'école des Chantiers de Jeunesse, harmonise un texte du chef Bellec et, en
décembre 1941, les garçons des Chantiers de Jeunesse, comme les écoliers de zone libre, promettent au Maréchal

De ne plus tricher désormais
D'être toujours loyaux, de haïr la paresse
Et de ne plus mentir jamais.

Ces poésies de circonstance partent presque
toujours de zone libre... et, le plus souvent, d'un
cœur sincère.

Elles vont de pair avec d'autres manifestations
d'enthousiasme, de reconnaissance, d'affection, de
servilité aussi : « *Monsieur le Maréchal, Je crois*
fermement toutes les vérités que vous enseignez,
parce que vous ne pouvez ni vous tromper, ni
tromper le peuple [1] », manifestations qui paraî-
tront inexplicables et parfois inexpiables aux
Français d'août 1944.

Met-on aux enchères la canne du maréchal
Pétain, elle atteint la somme considérable de
144 000 francs au cours d'un gala qui a lieu en
septembre 1941 au Casino de Vichy ! Au mois de

---

1. *Le Franciste*, 19 avril 1942. L'Amiral Esteva, farouchement
antiallemand, mais qui avait voué au maréchal Pétain un culte
aveugle, usait d'une formule à peu près semblable. « Le Maréchal ne peut ni se tromper, ni nous tromper », disait-il souvent.

janvier 1941, des portraits du Maréchal sont mis en vente en zone libre, comme en zone occupée.

Voici les réflexions qu'un bourgeois bordelais, M. B..., confie à son journal intime lorsque paraît cette imagerie :

« *14 février : On a eu la bonne idée de faire distribuer des portraits du Maréchal par le postier. On a le choix entre cinq portraits et ça coûte cinq francs.*

28 février : Vais chez l'encadreur pour faire faire un cadre au portrait du maréchal Pétain... Il y a un élan extraordinaire ; de toute part, on fait encadrer, mais le verre manque. Ils ont un travail fou à cet égard.

13 mars : Questionné facteur au sujet distribution portrait Maréchal. Ce qu'on prend le plus c'est le n° 2 (profil à gauche, nu tête) et le n° 5 (profil à droite coiffé). Très gros mouvement ; beaucoup de gens achètent les cinq portraits pour 25 francs. D'après la Radio, c'est le n° 3 (Maréchal en pied) qui est le plus demandé.

29 juillet : La vente des portraits du Maréchal dans la zone occupée, par les facteurs, a rapporté 12 millions. Le département de la Gironde s'est distingué avec 173 220 portraits. C'est lui qui vient en tête après Paris [1]. »

Ces portraits trônent dans les administrations, dans les mairies où, parfois, bien que le cabinet du Maréchal s'en défende, le buste dû au sculpteur François Cogné remplacera celui de Marianne. Ils trônent aussi, pour quelques mois du moins, dans beaucoup de salles à manger françaises et dans de très nombreux magasins, surtout de zone libre.

---

1. Le 9 mars 1941, la presse de zone non occupée annonçait qu'il avait été vendu, à Paris, 1 368 420 portraits par les seuls facteurs. Le renseignement donné par M. B... sur la Gironde qui viendrait « en tête, après Paris pour l'achat des portraits du Maréchal », ne paraît pas exact. Rouen en achète en effet 175 000, soit trois pour cinq habitants.

« *A Lyon,* écrit le docteur Vourc'h, qui avait dû fuir la Bretagne en 1942, *c'en était une profusion ridicule dans toutes les vitrines.* » Et c'est sous l'œil du Maréchal que l'on écoute, en 1940, la radio anglaise dont beaucoup d'auditeurs fidèles regretteront longtemps qu'elle ne ménage pas davantage le chef de l'Etat.

Avec cérémonie, on installe la photo du maréchal Pétain dans toutes les écoles [1]. Voici, sous la plume du correspondant local, le récit de cette manifestation dans le petit village béarnais de Verdets :

« *Surpris, les élèves admirent la photo qui vient d'être fixée au-dessus du bureau de la maîtresse, entre deux bouquets de fleurs ; leur émotion est visible, le doux regard paternel du Maréchal les impressionne fortement* [2]. »

Puis, c'est le dialogue de la maîtresse et des enfants :

« Qui vive ?
— France.
— Qui êtes-vous ?
— France.
— Quelles sont les consignes de notre Chef ?
— Travail, Famille, Patrie.
— Serez-vous fidèles à ces consignes ?
— Oui, toujours... »

D'autres manifestations collectives ont lieu sur tout le territoire non occupé.

La ville de Bourganeuf (Creuse) ouvre un livre d'or sur lequel un très grand nombre d'habitants viennent signer. Des unités de l'armée de l'armis-

1. Il y a parfois des incidents. Un instituteur d'Ille-et-Vilaine sera arrêté pour avoir brûlé le portrait du Maréchal destiné à sa classe.
2. La cérémonie eut lieu le 20 mai 1941. Au début de l'année 1941, le gouvernement institua, dans toutes les écoles de zone libre, le salut aux couleurs.

tice campent dans les villages et, après le salut aux couleurs, crient trois fois : « Vive le Maréchal ». D'autres débaptisent l'aiguille de Chamonix (3 507 mètres) pour l'appeler « aiguille Maréchal-Pétain ». Plus de deux millions de dessins d'enfants (c'est du moins le chiffre officiel) arrivent à Vichy pour les fêtes de Noël 1940, accompagnés de lettres plus ou moins inspirées par les instituteurs qui ont reçu des consignes précises.

Quant à la presse, à l'exception d'une partie de la presse parisienne, déjà fortement pro-allemande, elle multiplie, dans le troisième trimestre de 1940, les assurances de fidélité personnelle et de reconnaissance.

Des hommes, dont quelques-uns reviennent des batailles de juin, et qui pourraient pratiquer l'opposition du silence, parlent ou écrivent avec l'impression de se faire les interprètes du sentiment populaire.

Après la Libération, Paul Reynaud reconnaîtra qu'aux yeux des Français « Pétain était, parmi les vivants, la gloire nationale de la France ». Cette gloire grandira encore, si possible, au cours des semaines tragiques.

Alors que tout s'effondre, les Français se raccrochent au plus âgé d'entre eux et cette adhésion n'est nullement le fruit d'un complot, mais celui d'une grande peur.

En demandant l'armistice, l'arrêt d'une guerre à laquelle le peuple français n'avait jamais rien compris, Philippe Pétain restera dans sa tradition de chef : « ménager du sang de ses soldats », et les images d'Epinal, dont René Benjamin sera le plus talentueux et le plus naïf coloriste, auront, pendant quelques mois, partout droit de cité.

La France voit Pétain avec des yeux de femme amoureuse. Elle le magnifie, le rajeunit et confond en lui père, époux, sauveur. « *A 85 ans*, écrit René

Benjamin, *il est droit, non comme un jeune homme, mais comme sa conscience. Il marche d'un pas net. Sa moustache a l'impeccable blancheur de la vertu. Le visage est clair ; rien ne l'a terni ; il reste lisse...* »

C'est ce portrait amélioré qui trônera dans les vitrines et dans beaucoup de cœurs.

On pourrait composer une anthologie dans laquelle se retrouveraient bien des noms d'hommes qui, déçus, aigris, révoltés, ou mieux renseignés, se détacheront avant longtemps, mais dont l'adhésion de l'été, de l'automne... et de l'hiver 1940 est indiscutable, même lorsqu'ils se sont efforcés, par la suite, de la faire oublier.

Rivière et Albert Sérol, deux socialistes, ne siègent pour quelques jours au gouvernement Pétain qu'avec l'accord de Léon Blum ; dans une affiche apposée le 26 juin, Vincent Auriol demande à ses compatriotes de Muret de « n'écouter que les ordres du Gouvernement et du Préfet » et de leur faire confiance ; Paul Reynaud affirme au Maréchal, le 8 juillet 1940, « avoir gardé de notre travail en commun un tel souvenir qu'il me serait odieux qu'il pût être terni par un soupçon » ; Herriot et Jeanneney emploieront le même mot : « vénération » ; Claudel et Mauriac apportent l'hommage des intellectuels ; le général de Lattre évoque « l'image sereine et magnifique du maréchal Pétain » ; Vincent Badie, André Philip, Ramadier, Noguères, d'autres encore, sont d'accord pour réclamer, en juillet 40, « tous les pouvoirs » pour le Maréchal qui, « en ces heures graves, incarne si parfaitement les vertus traditionnelles françaises [1] ».

---

1. Ces vingt-sept députés appartiennent aux quatre-vingts qui voteront le 10 juillet 1940 contre le projet de résolution tendant à modifier les lois constitutionnelles, hostilité dirigée, semble-t-il, plus contre Laval que contre le Maréchal. « La vérité, dira en 1949 l'ancien ministre Marcel Héraud, c'est que nous nous méfiions de Laval, mais que nous ne nous méfiions pas de Pétain. »

Oui, ils sont nombreux et sincères ceux qui, en Pétain, voient d'abord un sauveur avant de voir bientôt en lui un vieillard, un naïf, un velléitaire, un orgueilleux ou un traître.

La presse de la Résistance, elle-même, établit, pendant longtemps, une distinction fondamentale entre le Maréchal et ceux qui l'entourent.

« *Le Maréchal agit avec toute son honnêteté de soldat de France et ses sentiments personnels d'estime et d'affection ne vont pas aux collaborateurs.* » (Liberté, 10 juillet 1941.)

« *Il faut savoir gré à Pétain d'avoir limité la collaboration à Montoire et d'avoir arrêté Laval le 13 décembre* », écrivent les *Petites Ailes*, le 17 août 1941, et *Vérités*, le 25 août 1941 : « *Monsieur le Maréchal, des milliers de Français respectent votre personne, mais n'ont nulle confiance dans vos collaborateurs.* »

Enfin, avant de mourir, fusillé par les Allemands, Honoré d'Estienne d'Orves, l'un des premiers compagnons de De Gaulle, écrit dans sa prison un testament qui s'achève par ces lignes : « *Je n'ai jamais fait de politique autre que celle qui tendait à la libération intégrale de mon pays. Comme mes camarades, j'ai toujours respecté le Maréchal et tenu à maintenir l'intégralité de l'Empire Français.* »

Cette volonté de conciliation entre « l'épée et le bouclier », cet espoir de découvrir un jour que Charles de Gaulle et Philippe Pétain avaient été secrètement d'accord, et que ceux qui ont servi l'un ont également servi l'autre, ne résistera pas plus aux événements de novembre 1942 qu'à l'entrée massive des communistes dans la Résistance.

Mais prenant ses désirs pour la réalité, le peuple a longtemps répété la fable selon laquelle le rebelle de Londres était le fils naturel du monarque de Vichy.

★

On trouverait également des témoignages valables de l'adhésion populaire dans le volumineux courrier qui parvient quotidiennement à Vichy.

Le général Campet, qui en a la charge, doit, certains jours, affronter plus de 2 000 lettres.

Lettres d'enfants dont Pétain dira, un jour d'amertume : « Eux m'ont compris. »

« *Monsieur le Maréchal, je travaille très bien, je vous aimerai très bien je cerai bien sage en classe j'ai couterai a ma métraisse j'ai écouté votre discours.* Colette C..., à Meaux. »

« *Monsieur le Maréchal, le 13 octobre* (1941), *nous avons entendu le message que vous nous avez adressé. Avec mes camarades, nous avons monté une ligue de loyauté et de vérité. Comme vous avez demandé d'être loyaux, francs et travailleurs. Depuis le commencement de l'école, je m'applique à bien travailler et à bien m'appliquer, à ne pas voler, à ne pas tricher aux compositions, à ne pas mentir, ne pas copier sur les camarades. Alors, Monsieur le Maréchal, je m'appliquerai à être comme vous le demandez. Je veux vous faire plaisir : vous en faites tant pour nous.* Arlette M..., Langon. »

Lettres de femmes de prisonniers, de condamnés politiques, d'anciens de 1916, de juifs inquiets, de Français de tous les âges et de tous les milieux, dont beaucoup se retrouveront, avant 1944, du côté de la Résistance, mais qui, dans les jours amers, demandent aide au Maréchal... ou lui soumettent leur plan de redressement.

Lettres émanant de ces « Amis du Maréchal » qui, nombreux, se regroupent en zone occupée comme en zone libre, à l'appel emphatique de Pierre Boutang et Henri Dubreuil : « *Ce qu'il nous faut, c'est une chevalerie, il faut que la fidélité nous fasse retrouver le merveilleux dans le quoti-dien... C'est une chose étrange et belle, cette ren-contre du Maréchal avec les principes tutélaires de la France, une espèce de mystère national de l'Incarnation. »*

Les prisonniers écrivent également sur du papier qui porte parfois la francisque ou la men-tion : « Tous dévoués au Maréchal » (Stalag XVII A), « Au service du Maréchal » (Stalag IX C). Cap-turés au plus fort de la bataille, ou dans le désar-roi d'une défaite totale, ils ont eu d'autant moins l'occasion d'évoluer politiquement qu'ils sont sou-mis, la plupart du temps, dans les camps, à une intense propagande « pétainiste ».

« *Ce que je dois faire*, déclare le général Didelet, aux aspirants du stalag I A, *c'est vous fondre en un bloc, faire de vous une cohorte massée derrière le Maréchal Pétain, prête à le suivre, tant sur le plan extérieur que sur le plan intérieur... »*

Aussi, même rapatriés — et leur libération ne la doivent-ils pas à l'action du gouvernement ? — demeurent-ils longtemps partisans du Maréchal. Du Maréchal dont les discours sur l'impuissance du régime, sur la responsabilité des partis résu-ment assez bien les conversations habituelles des captifs.

A la longue, les correspondants découvriront, cependant, que le Maréchal est de plus en plus impuissant à faire cesser les malheurs dont cer-tains ne sont d'ailleurs que la conséquence de ses décisions politiques.

Mais, du moins, son cabinet, au contraire de quelques autres, intervient-il presque toujours... même lorsqu'il est sans illusions.

★

Cette confiance, presque physique, envers un homme, beaucoup plus qu'envers une politique, revêt toute sa signification au moment des « voyages » officiels, tous organisés suivant le même modèle, avec le même cérémonial et les mêmes mots.

Ils rassemblent les foules. A Lyon, en deux jours (18 et 19 novembre 1940), il y a 150 000 personnes pour acclamer Pétain. Des drapeaux ornent tous les immeubles de la place des Terreaux, balcons et fenêtres sont chargés de peuple et bien peu, alors, trouvent à redire au cri lancé par le cardinal Gerlier, du haut de la chaire de Saint-Jean : « ... car Pétain c'est la France et la France aujourd'hui c'est Pétain ».

A Vienne, au printemps 1941, sous un soleil que l'on appelle « le soleil du Maréchal », la population a triplé pour accueillir le chef de l'Etat ; au Puy, une foule énorme voit le Maréchal recevoir, à la porte de la cathédrale, le goupillon de la main de Mgr Martin ; renouant avec une tradition interrompue depuis quatre cents ans, il suit le pèlerinage de Notre-Dame, ce qui permet au *Nouvelliste* d'écrire : « *Monsieur le Maréchal, après le pèlerinage, la France ne vous considère plus seulement comme son chef, mais comme l'envoyé de Dieu et l'instrument de la Providence.* »

En Savoie, l'ancien préfet de Seine-et-Oise, M. Billecart, note que toute la région se vide lorsque le Maréchal passe par Chambéry.

Des villes que l'on pouvait croire *a priori* hostiles — Toulouse, Toulon, Marseille — s'abandonnent également à l'enthousiasme.

Le Maréchal arrive à Toulouse, le 5 novembre 1940, dans l'ancien wagon-salon du président Lebrun, que les Allemands ont expédié de zone occupée. La population, assez réservée au début de la matinée, est vite « dégelée ». Elle fait une ovation au Maréchal lorsqu'il tend un drapeau vers elle, puis le presse sur son cœur. Ce geste, il le répétera quelques heures plus tard à Montauban et il obtiendra le même triomphe.

A Marseille, un observateur, peut-être complaisant, note que l'on trouve dans les ruelles du Vieux Port, « là où nulle voiture ne passe », une image du Maréchal, entourée de fleurs ou de banderoles de papier argenté et devant laquelle une bougie brûle en guise de cierge. Même observation dans le petit village savoyard de Rumilly où le Maréchal ne s'attarde que quelques minutes mais où, dans les rues les plus éloignées, presque toutes les maisons sont ornées.

A Pau, la visite, qui a lieu le 20 avril 1941, est précédée d'un « concours tricolore » de vitrines, de fenêtres et d'immeubles. Un arrêté préfectoral a autorisé spécialement la circulation automobile pour le dimanche 20 avril, retardé l'heure de la fermeture des cafés et, un peu partout, dans la région, les autorités ont organisé des collectes au bénéfice du Secours National.

La Chambre de métiers des Basses-Pyrénées verse 27 000 francs, qui seront offerts dans une bourse de soie brodée aux sept étoiles d'or ; les commerçants et industriels de Pau, 300 000 francs ; les 10 000 habitants d'Oloron, 500 000 francs.

Une foule immense, venue par autobus et voitures particulières des vallées d'Aspe, d'Ossau, du Pays Basque, va se mêler aux Palois pour faire, place de la République, une ovation au Maréchal devant qui défilent délégations de Jacistes et de Jocistes, scouts, jeunes filles en costumes régionaux, garçons des patronages, légionnaires.

On s'attendrit aussi, en ces temps de restriction, sur le saumon offert par les pêcheurs de Navarrenx ! C'est une magnifique bête de onze kilos, qui paraîtra sur la table officielle ornée d'un côté d'un bâton de maréchal en beurre manié, de l'autre d'une médaille militaire en jaunes d'œufs durs et épinards hachés. La médaille elle-même est faite de filets d'anchois argentés en torsades.

Quant au filet de bœuf béarnais, il est paré en forme de pic du Midi d'Ossau !

Ces merveilles gastronomiques et régionales ne peuvent laisser les cœurs insensibles ! D'ailleurs, les paysans, qui, suivant les conseils du Ravitaillement général, ont apporté avec eux de solides nourritures terrestres, banquettent à leur tour, envahissant les cafés palois, dans une ville tout entière décorée, joyeuse et bien loin de la guerre comme des soucis de la zone occupée !

Sous le titre « Une belle journée », un habitant du petit village d'Escos raconte, dans le journal local, cette manifestation du 20 avril :

« *Ce fut tout d'abord le plaisir de voir notre bon vieux Pétain, que l'on traite si familièrement, vu sa proverbiale bonhomie, mais aussi avec quel respect... Puis pouvoir l'acclamer, lui jurer notre foi en lui et notre résolution de le seconder dans sa tâche de rénovation de notre chère France.*

Mais même les plus grandes cérémonies ont une fin. Le Maréchal était attendu ailleurs. Il dut nous quitter.

C'est alors qu'une trentaine de légionnaires de notre section communale se donnèrent rendez-vous chez un enfant de la commune établi restaurateur à Gelos. Là, un succulent repas les attendait, arrosé des meilleurs crus régionaux qui eurent tôt fait de délier la langue aux moins expansifs. Le thème de la conversation au cours du repas fut, on le devine sans peine, la visite du Maréchal. »

Ces voyages se déroulent toujours suivant la même ordonnance.

Présentation des corps constitués. Banalités que les témoins recueillent comme autant de mots historiques.

« Messieurs les pères de famille nombreuse, annonce le préfet.

— Ah ! ah ! fait le Maréchal.

— Huit enfants, dix enfants, douze enfants.

— Où sont les enfants ? demande le Maréchal en serrant la main du dernier.

— Dame, un peu partout... », répond le bonhomme [1].

Il y a les membres du Tribunal qui bredouillent et ne savent plus s'ils doivent se montrer indulgents aux grands délits et sévères pour les petits trafics, ou le contraire ; les membres de la Chambre de commerce, le directeur de l'hôpital, les anciens syndicalistes qui boudent parfois et refusent un instant leur main, le directeur du Conservatoire de musique.

Le Maréchal donne aux uns et aux autres, d'une voix dont les chevrotements touchent les cœurs, de paternels conseils.

Il ne se prive pas de petites remarques ironiques, de « pointes » contre les occupants qui sont de l'autre côté de la ligne, de phrases sans grande importance mais auxquelles leur concision donne du poids.

« Monsieur le Maréchal, pouvons-nous vous chanter *La Marseillaise* ?

— Le quatrième couplet seulement. C'est le plus beau, on n'y égorge personne. Il met la concorde dans les esprits et ne chante pas la haine. »

1. D'après René Benjamin, *Le Maréchal et son peuple*.

C'est très approximatif puisqu'il y est question de « bras vengeurs » ; mais qu'importe, et tous les assistants, qui ignorent d'ailleurs les paroles du quatrième couplet, affichent une admiration béate.

La prestation de serment des Légionnaires couronne la journée[1].

« Devant vous, au nom de tous mes camarades présents, au nom des absents dont la place est marquée dans nos rangs et qui attendent, dans la douleur de l'exil, de se joindre à nous, je jure, sur ce drapeau déployé, sur la mémoire sacrée de ceux qui ont tout donné, je jure de continuer à servir la France avec honneur dans la paix, comme je l'ai servie sous les armes.

— Nous le jurons ! »

Alors, la foule des légionnaires, hommes de 40 à 60 ans pour la plupart, coiffés du béret, abondamment décorés, héroïquement mutilés, d'entamer le dialogue avec le président de la Légion.

« Je jure de consacrer toutes mes forces à la Patrie, à la Famille, au Travail.

— Nous le jurons.

— Je m'engage à pratiquer l'amitié et l'entraide vis-à-vis de mes camarades des deux guerres, à rester fidèle à la mémoire de ceux qui sont tombés au champ d'honneur.

— Nous nous engageons.

— J'accepte librement la discipline de la Légion pour tout ce qui me sera commandé en vue de cet idéal.

— Nous l'acceptons librement. »

L'enthousiasme tourne parfois à l'idolâtrie.

René Benjamin rapporte qu'un tambourinaire ayant demandé au Maréchal la permission de l'embrasser, une jeune Arlésienne déclare :

1. A Lyon, 25 000 légionnaires, d'après X. Vallat, prêtèrent le serment. Quelques jours plus tard, ils étaient 30 000 à Marseille.

« Si ç'avait été moi... je ne me serais plus jamais lavé les lèvres de ma vie ! »

A Lyon, un aveugle murmure : « Ah ! si je pouvais voir... y voir pendant cinq minutes seulement, ce serait la plus grande joie de ma vie », et le canut dont le Maréchal visite l'atelier, rue Richan, arrête la pendule de la maison sur 11 h 2.

Des enfants à qui l'on demande d'abord : « Où est Papa ? Et Maman ? » puis : « Où est le Maréchal ? » mettent le doigt sur leur cœur en répondant « Là [1] ».

Décorant l'église Notre-Dame, le curé d'Annonay fait figurer le maréchal Pétain dans la foule qui se presse devant la Vierge...

Il y a des porte-plume, des baromètres, des presse-papiers, des protège-cahiers, des timbres, des mouchoirs, des cendriers, des assiettes, à l'effigie du Maréchal, et l'empressement, plus ou moins adroit, est tel qu'une loi soumet toute reproduction des traits du chef de l'Etat à l'autorisation préalable de la censure. Quant au préfet de Lyon, il va, dans son zèle, jusqu'à proposer un jour aux écoliers « de suivre le Maréchal comme les Hébreux suivaient la colonne lumineuse dans le désert » !

Toutes ces manifestations trouvent en zone libre un climat longtemps favorable. La plupart des Français font la distinction entre le Maréchal et son gouvernement, les Allemands ne sont pas là pour rappeler les réalités de l'occupation et les deux morceaux de la France voguent, bientôt séparés, comme ces îles de glace qui se divisent et dont le courant écarte les débris.

★

Certes, l'antiparlementarisme, l'anglophobie et le soulagement provoqué par l'armistice sont des

1. Noté par Christian Pineau.

sentiments communs à la majorité des Français en juin et juillet 1940.

Mais, tandis qu'ils s'estompent assez rapidement en zone occupée, ils persisteront longtemps en zone libre, alimentant le grand feu du pétainisme.

Aux parlementaires, la nation vaincue reproche tout... et d'abord sa défaite. Elle les rend responsables de notre impréparation militaire, de l'absence d'avions, de l'absence de divisions blindées, de l'absence de moral [1].

Elle les rend responsables de nos alliances imparfaites, de l'entrée en guerre, des drames de l'exode. Furieuse contre les « messieurs à cocarde », elle se venge soudain d'avoir eu peur, et d'avoir marché à pied.

Le nouveau régime orchestre et nourrit cette indignation. Que dit-on aux soldats rapatriés d'Allemagne ? Que la France a été menée à la défaite par « des Français ratés qui, ne pouvant réussir dans aucun métier, avaient pris celui de politicien ».

Qu'apprend-on aux jeunes ? Que ceux qui avaient en main « les destinées du pays étaient médiocres ou criminels ».

Encore ne s'agit-il là que de critiques exprimées sur un ton « mesuré ». Les journalistes d'hebdomadaires ou de quotidiens parisiens adoptent, pour évoquer le Parlement, un tout autre ton.

Alors, le peuple réinvente sans effort les slogans de *Je suis Partout*, et le procureur Mornet, songeant aux menaces adressées à certains parlementaires en juillet 40, pourra écrire : « *Si, dès les premiers mois, on eût déféré à un grand jury,*

---

1. « Je n'ai pas trouvé un seul Français pour me parler en bien du gouvernement d'avant la guerre, qui est universellement rendu responsable de la défaite », note l'amiral Leahy, ambassadeur des U. S. A., le 26 août 1941.

jugeant d'impression, par oui ou par non, ceux sur qui, dans son malheur, un pays cherche toujours à faire peser la responsabilité de ses désastres, une condamnation immédiate eût sans doute été une triste satisfaction donnée à une opinion irritée. »

Avant lui le maréchal Pétain avait dit à Maurice Martin du Gard, lors du quatrième anniversaire de l'armistice :

« *M. Paul Reynaud ne s'est adressé à moi que lorsque la catastrophe était déjà là. Et c'est encore moi qui devais sauver ces messieurs. Ils ne s'en souviennent peut-être plus maintenant. Je reçus, à ce moment-là, de toute la France, des fonctionnaires — de leurs propres fonctionnaires — de la bourgeoisie, des ouvriers, des invitations — et en quels termes — à mettre au mur M. Reynaud et, en premier, M. Blum. Tous les Français me pressaient de les fusiller.* »

Antiparlementaire, le peuple français se réveille également antianglais.

« Les Anglais nous ont lâchés ! »

Le cri est sur presque toutes les lèvres.

« A Dunkerque, on sauvait trois Anglais pour un Français. Nous nous sommes fait tuer pour l'Angleterre. Maintenant, ils vont comprendre. »

De vieilles et historiques rancœurs remontent à la mémoire.

La propagande les exploitera.

Jeanne d'Arc ? Jeanne d'Arc, bien sûr. Et Napoléon.

On verra, sur des affiches allemandes intitulées « Notre chemin de croix », Napoléon contempler le soleil couchant de Sainte-Hélène, Jeanne d'Arc prier dans les flammes de Rouen, tandis qu'au centre de l'image un « poilu » traîne une lourde croix.

Tony Révillon raconte avoir entendu le 29 juillet 1940, dans un restaurant de Marseille, un commandant dire à deux de ses amis :

« Nos ennemis héréditaires sont les Anglais. Si les Anglais étaient vainqueurs, la république démocratique serait rétablie en France avec le suffrage universel. Nous reverrions les juifs et les francsmaçons diriger notre pays. Il ne faut pas souhaiter la victoire de l'Angleterre. »

Cette anglophobie latente, chez un peuple dont l'histoire a presque tout entière été occupée par la lutte contre l'Angleterre, paraît justifiée par les événements de mai-juin 1940, par la faible participation des Anglais au combat commun, par les erreurs politiques de l'Angleterre.

L'« odieuse tragédie » de Mers-el-Kébir, le mot est de Charles de Gaulle, va d'ailleurs fournir de nouveaux et solides arguments à tous les anglophobes.

Elle raidira non seulement la marine dans une attitude farouchement hostile à l'Angleterre, mais déconcertera ou paralysera bon nombre de Français, qui n'ont pas encore pris position et que ce massacre révolte.

Guillain de Bénouville a raconté qu'il avait tout préparé pour fuir la Corse, avec la presque totalité d'un bataillon, lorsque fut connu le drame. Le commandant du croiseur auxiliaire *Saint-Brieuc*, qui s'était mis au service des conjurés, ne vint pas les embarquer...

Il ne s'agit pas d'un cas isolé. Des hommes, qui tomberont au service de la Résistance, refuseront de partir pour Londres en 1940 sans autre raison (mais elle est suffisante) que la tragédie de Mersel-Kébir, crime autant que faute politique dont les Allemands exploiteront à la fois largement et maladroitement tous les aspects [1].

1. Que se serait-il passé en effet si, saisissant le prétexte de Mers el-Kébir, Hitler avait renvoyé chez eux tous les prisonniers

Pour un régime, comme pour un homme, il existe plusieurs manières de se définir. En procédant par affirmation ou par négation. Vichy se contente d'abord de prendre le contre-pied du régime défunt.

La note que le général Weygand remet, le 28 juin 1940, au maréchal Pétain, alors que le gouvernement est encore à Bordeaux, débute d'ailleurs ainsi :

« *L'ancien ordre des choses, c'est-à-dire un régime politique de compromissions maçonniques, capitalistes et internationales, nous a conduits où nous sommes. La France n'en veut plus.* »

Antiparlementaire, antianglais, antimaçon, antisyndicaliste, antilaïque, l'Etat Français se voudra donc autoritaire, « national », familial, paternaliste, corporatiste, moralisateur et chrétien.

« *La famille doit être mise à l'honneur... Il faut,* écrit encore Weygand, *revenir au culte et à la pratique d'un idéal résumé en ces quelques mots : Dieu, Patrie, Famille et Travail.* »

Aussi lorsque l'on interroge, en 1942, les Fran-

français et partiellement évacué la zone occupée en échange d'une alliance politico-militaire ?...

Pendant quelques jours cette possibilité fut envisagée par quelques cercles franco-allemands.

Déposant devant la Haute Cour, M. de Saint-Hardouin signala que le général Huntziger lui avait exposé qu'il n'envisagerait pas avec défaveur un renversement des alliances.

M. de Saint-Hardouin a répété son accusation devant la Commission d'enquête sur les événements survenus de 1939 à 1945 et a précisé que plusieurs membres français (des marins notamment) de la délégation française auprès de la Commission d'armistice examinaient favorablement une nouvelle politique. On peut trouver ainsi, dans les archives de Wiesbaden, des notes françaises demandant l'autorisation de finir la construction du porte-avions « Joffre » au nom de la « contribution de la France à la future flotte européenne ».

çais de zone libre sur les causes de la dénatalité, il se trouvera 223 123 personnes sur 500 000 concurrents pour affirmer que « l'insuffisance ou l'absence de religion » est la cause première du malthusianisme français [1].

Avec une extraordinaire légèreté, et pas mal d'inconséquence (car les Allemands nous ont-ils battus pour avoir mieux pratiqué le christianisme ?), de nombreux laudateurs de l'Etat Français font également de l'absence de religion la cause de nos malheurs militaires.

En chaire, des prêtres, dans les journaux, des laïcs, rendent exclusivement et abusivement responsables de la défaite l'« esprit de jouissance » des classes populaires et la déchristianisation du pays.

Ces sermons du dimanche, écoutés par une foule avide de trouver des raisons morales au subit effondrement français, rendent tous le même son. On y dénonce l'abandon des vertus chrétiennes, le reniement de Dieu, le divorce trop facile, l'enseignement de l'école laïque.

L'aumônier d'une unité de chars n'hésite pas à déclarer devant des soldats à la veille d'être démobilisés :

« Imaginons-nous ce qui serait arrivé si la justice divine ne nous avait pas frappés. Encouragés par le succès de nos armes, nous aurions été confirmés dans notre orgueil, nous aurions oublié que ce triomphe demandé à Dieu aurait été autorisé par lui. Notre victoire eût été alors l'apothéose d'une nation pratiquement devenue athée.

Messieurs, cette leçon nous était nécessaire ! »

La « justice », et presque la « sainteté » de la défaite, sont des dogmes que toute une littérature propage.

---

1. Voir, § I, p. 257.

« *Vingt ans de banquets et de discours ; de poisons patiemment accumulés ; de songes et de mensonges... Plus de films proposant des illusions étincelantes... plus de Totor le déboutonné et de Titine l'amoureuse se trémoussant au son de la java... La France a besoin du fouet* [1]. »

Quant aux anciens combattants de Lourdios (Basses-Pyrénées), lorsque, le 11 novembre 1940, ils se rendent en cortège au monument aux morts, ils ajoutent à leurs gerbes une plaque où sont gravés ces mots :

> *Pour vous avoir oubliés*
> *Nous avons été châtiés.*
> *Pardon et merci.*

Par crainte, ou par conviction, ce nouveau climat moral rallie la majorité de l'opinion.

Le besoin de se dédouaner entraîne à des actes ridicules. Le *Journal Officiel* du 11 septembre 1940 annonce ainsi que « l'Etoile Rouge prend le nom d'Etoile-Sport du Capitole ». Plus d'Etoile Rouge à Toulouse, plus de « Boule Rouge » non plus. Elle devient (*J. O.* du 16 décembre) la « Boule Rêvée du Pech », modifie ses statuts et renouvelle son bureau.

De même, la Fédération des œuvres laïques d'Indre-et-Loire s'appellera désormais « Association des œuvres scolaires et postscolaires de l'enseignement public d'Indre-et-Loire ». Plus tard, la commune de Lévy-Saint-Nom (Seine-et-Oise) changera son nom en Lévis-Saint-Nom !

La fête de Jeanne d'Arc donne lieu, dans la France entière, à d'importantes manifestations patriotiques. Pour les Français de zone occupée,

---

1. René Roques : *Le Sang de nos fautes.*

l'hommage à la sainte équivaut à un acte de résistance, Jeanne représentant, non plus l'ennemie des Anglais, mais celle de l'envahisseur quel qu'il soit. Il en va autrement en zone libre.

Le ministère de l'Information règle le déroulement de la fête d'une manière très précise prévoyant non seulement les théories de jeunes filles qui apporteront vers la statue de Jeanne des fleurs blanches, le cortège de garçons chargés de fleurs bleues et de fleurs rouges, mais aussi le texte (bien médiocre) que les récitants doivent prononcer.

Premier récitant :

> *Je crois en la France*
> *Millénaire et impérissable*
> *Accrue par ses gloires, sanctifiée par ses revers*
> . . . .
> *Je crois à la générosité traditionnelle de ses*
> *[initiatives*
> *Evangélisatrices du monde.*

Deuxième récitant :

> *Je crois en le chef aux yeux de ciel*
> *Qui pour la rédemption lente et sûre*
> *Ayant attaché son nom à la victoire*
> *Accepta de le voir*
> *Iniquement*
> *Enchaîné au désastre.*

Tandis que l'on rétablit le crucifix dans certaines écoles publiques, que la cour d'assises de Limoges condamne à 2 400 francs d'amende un juré qui a refusé de prêter serment devant Dieu, que l'on abolit la loi du 7 juillet 1904 portant suppression de l'enseignement congréganiste, que les Chartreux reviennent dans le monastère dont ils avaient été chassés en 1903, que la grotte et la basilique de Lourdes sont rendues à l'Association diocésaine, le clergé français a bien du mal à se défendre contre ces transformations dont beaucoup répondent à ses vœux, mais que les circonstances rendent inquiétantes.

Comblé, trop comblé parfois, comment ne se laisserait-il pas entraîner à soutenir un régime qui l'associe si généreusement à ses actes ?

Sur la légitimité du gouvernement du Maréchal, l'accord est total dans l'Eglise de 1940.

Il ne saurait d'ailleurs en aller autrement.

A ceux qui éprouvent des doutes, le directeur du Séminaire des Carmes répond : « *Puis-je mieux faire que de me ranger aux côtés du Souverain Pontife ? Qu'a fait le Pape Pie XII ? Quel gouvernement a-t-il reconnu pour le gouvernement légitime de la France ? Auprès de qui a-t-il envoyé le Nonce, son représentant officiel ?* »

A ceux qui critiquent le Maréchal, plusieurs prélats opposent la thèse de « *l'homme providentiel tenu en réserve par Dieu pour empêcher la France de sombrer* » (Mgr l'Evêque de Grenoble).

Le R. P. Coulet donne, en zone libre, sous le titre « Les Catholiques et la Révolution Nationale », une série de conférences qui ne sortent certes pas de l'orthodoxie vichyssoise et conseillent le « loyalisme envers le Pouvoir établi et la collaboration avec lui ».

Enfin, pendant quelques mois, la hiérarchie attend certainement du gouvernement le renouveau « moral, familial, social et religieux » hors duquel, à ses yeux, il n'est point de salut [1].

Mais assez vite, sous la pression des événements

---

1. Cf. la déclaration, en date du 1er février 1941, des Cardinaux et Archevêques faisant état du « loyalisme complet » de l'Eglise, ainsi que la lettre du cardinal Suhard en date du 10 août 1940. Cf. également la déclaration de Mgr Villevelet, évêque de Nantes : « Travail, Famille, Patrie. Nous aurions mauvaise grâce à proposer d'autres consignes » (11 février 1941).

comme sous le poids des injustices, le clergé français se divisera comme vont se diviser toutes les classes de la société française : il aura ses collaborateurs, ses attentistes, ses résistants.

On verra un prélat de Sa Sainteté à la L. V. F., des aumôniers au maquis, de nombreux prêtres dans les camps de concentration.

Le Maréchal aura, d'ailleurs, pendant plus de deux ans, un allié beaucoup plus puissant, beaucoup plus résolu que le clergé français : la Légion des Combattants, véritable pilier du régime pétainiste, pilier cimenté par tous les souvenirs de Verdun.

Car, pour des millions de Français, le Maréchal Pétain s'identifie à Verdun.

Les résistants comprennent si bien la force que représente cette « confusion » qu'ils diffusent des extraits des *Mémoires* de Joffre, de Foch et de Poincaré, peu flatteurs pour Pétain, dépouillé de son auréole de Verdun (pour Joffre c'est Nivelle le Sauveur), accusé de pessimisme excessif et presque de défaitisme. Ils diffuseront aussi cette préface que le Maréchal donna, en 1939, au livre imprudent et anachronique du général Chauvineau : « Une invasion est-elle encore possible [1] ? ».

Mais ces textes ne peuvent convaincre que des intellectuels déjà à demi convaincus.

Pour des millions d'anciens combattants de 1914-18, ils ne changent rien.

Ils ne changent rien pour la majorité des sol-

---

1. Dans cet ouvrage, le général niait notamment l'importance des blindés : « Il paraît difficile de croire que, handicapé par une mobilité nécessaire et l'extrême complication mécanique qui en résulte, le char parvienne à dominer ses deux redoutables ennemis : le prix de revient et le canon. »

dats. « *Si nous avons accepté de cesser le feu,* dit le commandant du Kersaint, *c'est parce que cet acte nous était ordonné, non par un politicien, mais par le vainqueur de Verdun.* »

Ils ne changent rien pour les paysans qui « demeurèrent le plus longtemps fidèles au Maréchal ». Il est abusif, en effet, de fonder cette fidélité, comme on l'a fait parfois, sur la « promotion sociale [1] » que vont leur valoir les restrictions et leurs conséquences.

Plutôt que d'expliquer l'attachement sentimental au Maréchal par le marché noir — conséquence inévitable de la défaite et des restrictions — ou par la renaissance d'un folklore paysan qui mettra à l'honneur, à l'occasion de fêtes des moissons, fruits, légumes, blé et vin, il faut en chercher les causes dans le rétablissement d'un ordre moral (le mot d'ordre Travail, Famille, Patrie a une plus grande résonance qu'on ne l'a dit), dans les flatteries sincères que le Maréchal prodigue à la paysannerie, ainsi que dans le souvenir des grandes heures de 1914-1918.

Après avoir été l'infanterie de la République, les paysans vont devenir celle de l'Etat Français.

C'est le 29 août 1940 que la Légion des Combattants commence son existence officielle.

Présidée par Xavier Vallat, ayant pour secrétaire général Loustaunau-Lacau, qui avait fait partie de l'état-major du maréchal Pétain, comptant

---

1. Marie Granet et Henri Michel, *Combat.* Les auteurs ajoutent : « Certes pas par conviction de la bienfaisance du « retour à la terre », mais parce que la défaite et l'occupation, en raréfiant les denrées, donnaient à ceux qui les produisaient des moyens d'action et des facilités de gain, et leur valaient une promotion sociale. »

parmi ses premiers dirigeants Heurteaux, Péricard, l'homme du *Debout les morts*, Valentin, le commandant Lapébie, Pierre Héricourt, elle réunit pour quelques mois, dans un même amour de la patrie, un même mépris des parlementaires, une même fraternité régimentaire, une même vénération pour le Maréchal, des hommes que les événements ne tarderont pas à séparer brutalement.

On y rencontre, au début, des militants venus de tous les partis politiques. Dans le Puy-de-Dôme, la présidence est assurée par le docteur Grasset, conseiller général radical-socialiste, à Toulouse par un socialiste franc-maçon, dans les Pyrénées-Orientales par un directeur d'école publique. Il s'y trouve même de nombreux juifs. Dix-huit d'entre eux, totalisant 25 blessures et 56 citations, sont reçus par Xavier Vallat, le 11 août 1941. Ces anciens combattants protestent contre la propagande antijuive qui sévit déjà à la Légion et ils ont ce mot qui illustre bien la situation morale dont jouit le maréchal Pétain : « *A ceux d'entre nous qui, en grand nombre, obéissant par discipline à la voix de notre chef, sont entrés à la Légion, devons-nous conseiller de se retirer ?* »

Après un essai d'installation en zone occupée (on ira même jusqu'à nommer les présidents des départements alsaciens), la Légion des Combattants opère seulement en zone libre et, dès le début, elle englobe systématiquement tous les anciens combattants de 1914-18 (ils constituent les neuf dixièmes des effectifs), en petit nombre ceux de 1939-40 sur qui la défaite a mis comme une tache morale... et dont près de deux millions, d'ailleurs, sont prisonniers.

On réduirait singulièrement son rôle si l'on ne voyait dans la Légion qu'une vaste association d'anciens soldats se contentant d'évoquer des souvenirs et de faire œuvre d'autoglorification.

La Légion vise, en réalité, à se substituer activement (sans les remplacer) aux partis volatilisés par la défaite. « *Du jour où le Parlement ne siégeait plus*, dire Vallat, (*une*) *abondante source de renseignements, indispensable... au pouvoir central, allait faire défaut.* » La Légion est donc chargée, dans l'esprit de ses inventeurs, « de capter tous les bruits de la terre de France ».

Et lorsque, le 28 août 1940, Xavier Vallat va exposer au Maréchal les raisons qui militent en faveur d'une association unique d'anciens combattants, il s'entend répondre :

« Je souhaitais justement avoir dans chaque commune de France un homme respecté et de bon jugement qui aurait été mon homme de confiance.

— Eh bien, Monsieur le Maréchal, avec la Légion, c'est un groupe d'hommes de confiance que vous aurez dans chaque village ! »

Pour tenir cette promesse, la Légion aura donc sa presse [1], sa propagande, ses bureaux d'action sociale qui s'intéressent aux prisonniers, aux familles, aux chômeurs, aux sportifs. Elle aura également sa morale, ses tribunaux et ses serments.

« *Je jure de servir la France avec honneur.*

Je jure de consacrer toutes mes forces à la Patrie, à la Famille, au Travail.

Je m'engage à pratiquer l'amitié et l'entraide à l'égard de tous les Français et particulièrement à l'égard des victimes de la guerre.

J'accepte librement la discipline de la Légion

---

1. Les deux premiers numéros du *Légionnaire* distribués gratuitement sont tirés respectivement à 780 000 et 830 000 exemplaires. Le troisième à 600 000.

*pour tout ce qui me sera commandé en vue de
cet idéal et pour le succès de la Révolution Nationale [1]. »*

★

On peut être chassé de la Légion — à qui le
décret du 7 mars 1942 donnera le droit de se faire
délivrer le bulletin n° 2 du casier judiciaire — pour
les causes les plus diverses.

Au cours de l'année 1941, 38 p. 100 des légionnaires radiés seront des juifs non combattants ou
des francs-maçons, 23 p. 100 des personnes
condamnées à des titres divers, 23 p. 100 des
ivrognes, 8 p. 100 des gaullistes ou des communistes.

Un légionnaire sera exclu pour avoir « défilé en
tenue d'officier à la tête des manifestations Front
Populaire », un autre pour avoir propagé « de
fausses nouvelles d'origine gaulliste et manqué
sans motif aux cérémonies et rassemblements
légionnaires ». Par contre, la peine d'un légionnaire condamné, avant son admission, à une
amende « pour constitution de stocks et hausses
illicites » sera atténuée [2].

La Légion des Combattants est chargée de diffuser l'iconographie du maréchal Pétain.

---

1. Formule de serment des légionnaires volontaires de la
Révolution Nationale. La formule de serment de la Légion se
trouve page 290. C'est en novembre 1941 que la Légion Française des Combattants deviendra « Légion Française des Combattants et des Volontaires de la Révolution Nationale », s'ouvrant
ainsi à « tous Français et Françaises non combattants... qui
prêtent le serment des légionnaires volontaires ». Les veuves de
guerre, ascendants, orphelins de guerre sont admis sans parrainage. Les juifs titulaires de la carte du combattant 1914-1918
ou décorés de la Légion d'honneur ou de la Croix de guerre
peuvent être admis comme légionnaires combattants.

2. Bulletin de la Cour Nationale d'honneur et des Tribunaux
d'honneur, 1er mai 1942.

Dans ses bureaux, on peut se procurer des cartes postales du Maréchal, dont le prix varie de 0,60 F à 2,50 F, des bustes, avec ou sans képi, quatorze sortes de photos en tirage direct (de 15 à 325 francs), des affiches et des affichettes représentant le Maréchal en noir, en couleur, avec biographie, sans biographie, ainsi qu'une quinzaine de brochures expliquant, et les secrets de notre défaite, et ceux de notre redressement.

C'est la Légion qui organise, en 1941, le transport de la Flamme de Paris à Vichy. De Vichy, la Flamme passant tous les quatre cents mètres, de coureur en coureur (ils sont plus de cinq cents dans le Puy-de-Dôme), ira jusqu'aux plus petites bourgades de la zone libre. Chaque changement de main est naturellement prétexte à manifestation politico-religieuse.

C'est elle qui, en 1942, met sur pied ce Rassemblement de Gergovie où chaque commune envoie une poignée de terre.

Sous un ciel gris, inattendu en ce mois d'août 1942, sur un sol encore détrempé par les fortes pluies de la veille, sur ce plateau de Gergovie qui domine toute l'Auvergne, près du monument qui se dresse à l'extrémité du promontoire, les délégués viennent renverser l'urne qui contient la terre de leur département.

Terre recueillie près du bûcher de Jeanne d'Arc, près du tombeau du père de Foucauld, à la tranchée des baïonnettes, au pavillon Sévigné, résidence du Maréchal de France, dans des milliers de villages sans histoire...

Le Maréchal, qu'accompagne le général Gouraud, remue cette terre symbolique, comme pour refaire une unité française qui n'existe plus depuis la fin de 1940, puis scelle une dalle à l'aide d'une truelle d'argent portant les sept étoiles.

« *Ce que nous rejetons et répudions par ce rite*

de la terre qui exprime et enclôt un serment,
écrira Henri Pichot, soldat de la Grande Guerre,
*c'est le fourvoiement de l'esprit, le dérèglement
du cœur, le cosmopolitisme de la pensée.* »

Exerçant leur action « *civique, sociale et morale
par une collaboration intime... avec les représentants du Pouvoir Central, seuls dépositaires responsables de l'autorité constitutionnelle,* les légionnaires sont *la lumière et l'aide (du Pouvoir
Central) pour tout ce qui concerne l'application
des principes de « Révolution Nationale » et ils
peuvent être qualifiés, à la requête de ces représentants, pour constituer des « cadres » d'instruction, d'animation et, le cas échéant, de
contrôle.* »

Cette citation, extraite de l'*Almanach de la
Légion* pour 1942, laisse prévoir toutes les transformations que l'on fera subir à la Légion.

Aux côtés du curé, le président de la Légion
avait voulu devenir l'autorité morale du village.
Bientôt, c'est aux côtés du gendarme que certains
se retrouveront.

Peu à peu, la Légion, cette Légion qui, hors d'un
mythe, n'a aucune unité, cette armée aux tempes
grises, va devenir la « chose » des plus entreprenants.

Lors de son procès, Darnand a raconté comment,
chargé d'organiser la Légion dans les Alpes-Maritimes, il avait recueilli 80 000 adhésions, groupé
100 000 personnes à Nice, en 1941, pour la fête
de Jeanne d'Arc, soufflé partout un enthousiasme
sans véritable objet.

Comment, en effet, des manifestations folklori-
ques et des discours forcément imprécis pouvaient-

ils satisfaire le plus « durs » des légionnaires ?

« Cette Légion, dira Darnand, n'était pas commandée, n'était pas dirigée. Chacun faisait ce qu'il voulait. Dans certains départements, elle était réactionnaire. Dans d'autres, très « maréchaliste », très « révolution nationale ». Dans certains coins du Midi, les francs-maçons avaient conservé tous les leviers de commande... »

On va donc, en recrutant parmi les jeunes, créer le service d'ordre légionnaire.

> *Pour être l'élite de la Légion,*
> *Afin de vous aider dans votre tâche,*
> *En vous guidant et en vous conseillant,*
> *Pour détruire définitivement et, s'il le faut,*
>   *par la violence,*
> *Quand nos chefs l'ordonneront,*
> *L'ANCIEN REGIME* [1]*...*

On va prêcher la violence : « *Vous tous, S. O. L. qui êtes impatients et qui appelez l'action parce que vous vivez dans un département* (les Alpes-Maritimes) *où la pourriture juive s'étale plus que partout ailleurs... Sachez que pour nous l'action est un devoir sacré, sachez qu'elle engendrera souvent la violence.* »

Les membres du Service d'ordre auront pour mission de « repérer » les auditeurs de la radio anglaise, de répondre, grâce à un petit catéchisme gouvernemental distribué ici et là, aux « bobards » des résistants ou des tièdes.

Le service d'ordre légionnaire a également pour tâche de réduire à néant les « voyantes et fakirs », de ridiculiser toutes ces prophéties qui courent le

---

1. Extrait de *La Trique*, organe de combat du S. O. L. des Alpes-Maritimes, n° 1, 1er avril 1942.
En janvier 1943 le S. O. L., qui groupait alors 25 000 membres environ, fut dissous et remplacé par la Milice, qu'assez peu de membres du S. O. L. rejoignirent.

pays et que l'on se transmet par lettre, à charge de les recopier trois fois...

Il y a la prophétie de sainte Odile, écrite dans un style biblique et suivant laquelle « *le conqué- rant aura atteint l'apogée de ses triomphes vers le milieu du sixième mois de la deuxième année des hostilités. La deuxième partie de la guerre égalera en longueur la moitié de la première. La troisième période sera de courte durée...* »

Et les bonnes gens de compter sur leurs doigts, de copier avec ferveur ces mots qui promettent le salut à Paris. « *La région de Lutèce sera sauvée elle-même, à cause de ses montagnes bénies et de ses femmes dévotes.* » Conclusion bien inattendue d'un drame épouvantable !

Il y a la prophétie de Don Bosco, qui court dès septembre 1940 et fixe à 285 jours seulement la période d'occupation.

Il y a la prédiction de saint Godefroy « parue, précisent ses propagateurs, à l'intention des scep- tiques, dans le *Moniteur* d'avril 1878 et dans la *Revue mondiale* de 1919 ».

Etonnante prophétie de saint Godefroy, où il est annoncé, pêle-mêle, que Rome brûlera et que le Pape retournera en Avignon, que les Anglais seront « les maîtres de la Germanie » qui dépo- sera les armes et demandera alors secours à la France, que « la royauté reviendra avec le onzième mois vers le pays de France pour apporter la paix et la prospérité [1] » !

Etranges prophéties pleines de bonnes nou- velles pour une France vaincue, étranges pro- phéties sur lesquelles se repose mollement toute

---

1. En 1942 des optimistes remarquent qu'il y a deux pleines lunes en avril, le 1er et le 30, le même fait s'étant produit deux mois avant la fin de la guerre de 1870 et pareillement pour celle de 1914-1918, ils concluent que la guerre sera finie deux mois plus tard...

une partie de l'opinion que tant de garanties célestes retiennent d'agir, étranges prophéties qui prennent place, dans les boîtes des facteurs, auprès de ces messages du pape Pie XII parfaitement apocryphes et que leur style seul dénoncerait [1].

Oui, les membres du service d'ordre légionnaire auront bien du mal à endiguer toutes ces manifestations de mauvaise humeur, d'ironie et d'espoir qui se développent d'autant plus vite que les maladresses du régime multiplient ses adversaires !

Le 10 juillet 1941, le commandant Paillole, l'un des chefs du contre-espionnage français, adresse, par la voie hiérarchique, un rapport sur l'état d'esprit de la zone occupée : « *L'essentiel de l'évolution est... une désaffection profonde du chef de l'Etat. Les mêmes populations qui lui avaient voué un véritable culte, fait de confiance dans son action et de vénération pour son passé, ont renoncé à l'un et à l'autre de ces sentiments* [2]. »

Le 10 août 1941, un Bordelais note sur son agenda : « *Un comité des Amis du Maréchal s'est constitué à Bordeaux... il faut encourager leurs efforts, car l'étoile du Maréchal baisse en présence de la gabegie qui s'installe partout.* »

Sans doute, la dégradation du pétainisme est-elle moins apparente, moins brutale en zone libre

---

1. « Ne craignez rien, le salut viendra aussi immanquablement que chaque matin le soleil remonte à l'horizon pour chasser les ténèbres odieuses..., etc. », tract répandu en octobre 1940 sous le titre « Message de N. S. P. le Pape Pie XII à ses bien chers enfants de France ».

Il y eut bien un message de Pie XII à la France, le 29 juin 1940, mais de ton assez neutre.

2. Cité par Pierre Nord : *Mes camarades sont morts*, tome III.

qu'en zone occupée. Mais le Maréchal y est cependant assez sensible pour s'en plaindre devant René Benjamin : « Le peuple français m'a lâché », et pour s'écrier, le 13 août 1941 : « *Dans plusieurs régions de France, je sens lever, depuis quelques semaines, un vent mauvais. L'inquiétude gagne les esprits, le désordre s'empare des âmes, l'autorité de mon gouvernement est discutée, les ordres sont mal exécutés...* »

Dans l'espoir de rétablir la confiance, le Maréchal décide de suspendre l'activité des partis politiques, qui n'en ont plus aucune d'ailleurs depuis l'armistice, de publier au *Journal Officiel* le nom des fonctionnaires maçons qui ont omis de se déclarer, et de réclamer des hauts fonctionnaires, des magistrats et des militaires, un serment que beaucoup prêteront avec cynisme... puisqu'on a la faiblesse de le leur demander [1].

Treize mois se sont écoulés depuis ces jours de juillet où le maréchal Pétain apparaissait à presque tous comme l'homme providentiel et le Sauveur. Le voici aujourd'hui qui se plaint de n'être plus suivi.

Que s'est-il donc passé ?

✱

A l'intérieur de ce chapitre, il faut sans cesse franchir en esprit la ligne de démarcation.

Ce qui est vrai en zone libre ne l'est pas en zone occupée.

Et réciproquement.

Là où l'enthousiasme aura été le plus vif, les

---

1. La formule du serment était, pour les fonctionnaires, la suivante : « Je jure fidélité à la personne du chef de l'Etat et je m'engage à exercer mes fonctions pour le bien de l'Etat et selon les lois de l'honneur et de la probité. » Un seul magistrat, M. Didier, refusa de prêter serment.

désillusions seront les plus longues à venir. Là où l'ennemi administre, réquisitionne, fusille, l'hostilité aux Allemands prend le pas sur l'hostilité à Vichy.

Vu de la zone libre, Vichy existe, dirige, et son roi est longtemps acclamé dans toutes ses « bonnes villes » par des foules, d'ailleurs, traditionnellement à gauche.

Ce n'est pas l'un des moindres paradoxes du pétainisme conservateur et clérical d'avoir été, en effet, dès le début de son existence, privé des deux bastions de la Bretagne et de l'Alsace !

Vu de la zone occupée, par contre, Vichy ressemble à ces astres éteints depuis des siècles, mais dont la lumière en voyage nous parvient encore.

C'est qu'en zone occupée, on le sait déjà, on le verra encore plus loin, l'essentiel change de nom.

L'important, ce n'est pas ce qui se passe sur le théâtre d'ombres de Vichy, ce ne sont pas ces querelles entre hôtels, ces promotions ministérielles à l'échelle d'un pays croupion, ces rêves d'une France du sud, « née le 17 juin[1] », autoritaire, désuète, folklorique et miraculeusement épargnée au milieu d'une Europe détruite.

En zone occupée, on épingle sur le mur de la salle à manger les cartes d'Afrique, d'Allemagne et de Russie. Jamais celle du département de l'Allier.

Mais franchit-on un rang de vigne, un pré, un misérable ruisseau, un sillon qui sert de ligne de démarcation, la fiction reprend alors tout son pouvoir.

---

1. « La France nouvelle est née, le 17 juin 1940, de l'acte révolutionnaire que constitue la décision du maréchal Pétain de rester en France », déclarent certaines publications officielles.

Le cœur bat plus vite en pénétrant dans cet étrange pays où flotte le drapeau français, où les jeunes soldats, à qui l'on a appris à chanter, mais qu'il est interdit d'armer convenablement, rêvent tout de même de revanche, où, comme si nous étions vainqueurs, des *Marseillaise* éclatent chaque dimanche, pour saluer des ministres qui célèbrent parfois les vertus de la défaite.

Les bruits de la guerre dérangent à peine de leurs travaux les théoriciens de la Révolution nationale. Satisfaite d'avoir évité le pire, ne subissant pas le poids, de jour en jour physiquement et moralement plus insupportable, de la présence allemande, toute une population vit ainsi un rêve éveillé.

Entre les habitants de la « zone nono » et ceux de la zone occupée, existe, pour tout dire, l'opposition classique entre arrière et avant.

D'un côté à l'autre de la ligne de démarcation, la faim reste le seul dénominateur commun.

En juin 1940, presque tout un peuple attend du nouveau gouvernement la fin immédiate des hostilités.

Ces soldats qui pensent que « les Boches vont remettre de l'ordre dans la baraque » et qui abandonnent dans les fossés capotes, fusils et canons.

Ces officiers pour qui le salut de la famille, ou des archives, passe avant le salut de la patrie.

Ces civils qui fuient depuis tant de jours et qui, chaque jour, se retrouvent plus pauvres, plus fatigués, plus affamés.

Ces hommes et ces femmes qui composent la

France de juin 1940, et que rien n'a préparés à une guerre nouvelle et difficile, n'aspirent qu'à se déchausser et à dormir.

Ils espérent que le Maréchal — magnifique image d'Epinal — obtiendra d'Hitler une paix de compromis.

Ils admettent de légers sacrifices de liberté imposés par une autorité paternelle. Puisque le drame militaire s'est dénoué en un mois, pourquoi le drame politique ne serait-il pas aussi rapidement réglé ?

Pendant quelques mois, le trouble de la majorité des Français est total. Au début de l'année 1941 encore, les préfets de certains départements, particulièrement touchés par la bataille, notent « l'indifférence amorphe » d'une grande partie de la population.

L'avocat Weil-Curiel, qui est rentré de Londres pour faire de la propagande gaulliste, croise un jour dans son escalier une de ses clientes, infirmière dans un hôpital parisien.

« Comment allez-vous, Madame Duplat ?

— Moi, ça va, mais je trouve, maître, que mon affaire n'avance pas.

— Eh ! sans doute, chère Madame, mais, depuis que je ne vous ai vue, il s'est produit un événement de nature à retarder les choses.

— Un événement ? Quel événement ?

— Quel événement ? La guerre, Madame ! »

Il y a, en France, des milliers de Mme Duplat qui ne savent que penser des événements, sinon qu'ils contrarient trop souvent leurs intérêts particuliers.

Toujours à la recherche de futurs militants gaullistes, Weil-Curiel s'entend déclarer, à Toulouse, par ses anciens amis socialistes :

« La France a perdu une guerre néfaste ; il faut se serrer autour du Maréchal. »

Lorsqu'il dit qu'il arrive tout droit de chez nos alliés britanniques, on l'interrompt :

« Ah ! nos alliés ! En effet, nos alliés ! qui nous ont trahis à Dunkerque, qui nous ont précipités dans la guerre, qui assassinent nos marins et qui veulent affamer nos enfants ! »

Vox populi.

Assommé par la défaite, tout un peuple est ainsi disponible.

Ses guides traditionnels, les prêtres, la presse et la radio répètent à l'envi, on l'a vu, que tant de malheurs sont bénéfiques, qu'il faut les accepter avec résignation et accueillir avec joie un ordre moral, un ordre qui n'épargnera personne, « *ni le gamin qui est laissé sans surveillance courant les rues... ni le mauvais serviteur de l'Etat, fonctionnaire prévaricateur, douanier voleur, agent de police trafiquant de son autorité* [1]. »

Par ailleurs, les occupants allemands, à qui l'on a donné des consignes sévères, « *défense d'exhiber sur les voitures des poupées ou des mascottes, défense de fumer en public, défense de montrer des objets de butin* », sont, en général, « corrects ».

Charitables, par pitié ou par politique, en bien des endroits, obséquieux parfois. Les préfets des départements les plus sévèrement occupés signalent encore en novembre 1940 qu'il n'est pas douteux que « *s'est manifesté chez les autorités occupantes le désir d'établir entre elles et les popu-*

1. Rapport fait devant les membres de la Xe Région économique par M. Domerc, le 23 juillet 1940, sur « le redressement français ».

lations civiles des liens de cordialité. Il est certain que des ordres ont été donnés pour que les troupes ne se départent pas d'une certaine correction... d'une amabilité propre à servir cette propagande de rapprochement ».

Mais après la stupeur et l'engourdissement qui suivent le choc opératoire, voici que les Français, plus ou moins lentement, suivant qu'ils sont, ou non, en zone occupée, se réveillent. Dans l'esprit de beaucoup d'entre eux, Vichy ne représente qu'un expédient, une cure, un cierge devant les dieux allemands de la Victoire. Un régime aussi provisoire que la capitale qu'il a choisie.

Pour Vichy, par contre, pour les hommes qui sont au gouvernement ou à l'ombre du gouvernement, il va s'agir beaucoup moins de passer que de durer. Cette volonté de stabilité, cette volonté de bâtir sur les sables de la défaite aura les plus graves conséquences.

Le régime avait été accueilli, en effet, sans défaveur par tout le personnel de la IIIe République. Les politiciens n'opposent, d'abord, aucun obstacle au régime nouveau ; au contraire, ils facilitent sa tâche. Les maires font partout voter des témoignages de respect, des ordres du jour de confiance. Juillet 1940 est le grand mois de l'unanimité française.

C'est à peine si quelques garçons volent des bateaux sur les côtes bretonnes, quelques soldats des avions. Leur départ ne dérange personne.

Le 8 août 1940, il y a, à Londres, « chez de Gaulle », 98 officiers, 113 sous-officiers, 716 hommes de troupe et 1 188 civils en instance d'incorporation ! Pas un homme politique important. Pas un chef militaire connu.

Ceux qui rentrent de Londres, diplomates, membres des missions économiques ou militaires, soldats repliés de Cherbourg et de Brest, sont, certes, beaucoup plus nombreux que ceux qui partent vers la capitale menacée[1]. Et comment oublier que, même après les combats de Syrie, 90 p. 100 des soldats, 85 p. 100 des officiers, rejoindront la France en compagnie du général Dentz ?

Mais un régime neuf peut-il conserver tous les serviteurs du régime précédent ? N'a-t-il pas vocation de satisfaire des ambitions d'autant plus fortes qu'elles auront été longtemps contrariées ? N'a-t-il pas le devoir de récompenser les fidélités à l'aide desquelles il a triomphé ? Darlan, par télégramme signé « Xavier 377 », n'a-t-il pas, notamment, promis aux marins, à qui il annonçait l'armistice, que le gouvernement « reconnaissant admirables services rendus par Marine a intention utiliser nombreux personnel à réorganiser pays » ?

Vichy cédera donc aux pressions de ceux qui se disent ses amis. Et ces amis ne représentent qu'une minorité politique dans le pays. Peu à peu, seront évincés des hommes que l'on n'avait, au début, même pas eu besoin de rallier pour les trouver aux côtés du Maréchal.

Or, à travers un homme, c'est toujours une famille que l'on atteint. C'est aussi un groupe social. Une « clientèle » parfois.

En ajoutant maladroitement à l'inévitable (restrictions, pressions allemandes) les fautes provoquées par son sectarisme et par un réalisme à courte vue, en multipliant les coups portés à des Français qui, initialement, n'étaient pas ses adver-

1. L'amiral Auphan indique que, jusqu'à la fin du mois de décembre 1940, 21 000 hommes de la marine militaire, 2 000 marins du Commerce, 7 000 à 8 000 hommes de troupe et 200 civils furent rapatriés d'Angleterre.

saires, le gouvernement de Vichy sera l'artisan, non de sa perte qui, ainsi que son salut, dépendait des seuls événements militaires, mais de son rapide déclin politique.

Le *Journal Officiel* entreprend, dès l'automne 1940, de publier une longue liste de maires révoqués et des conseils municipaux suspendus [1].

On entre dans la ronde des vengeances de village.

Révoqué, le docteur Lacroix, maire de Narbonne. Roger Stéphane va le voir et il note à la date du 4 octobre 1941 : « *L'amertume le pousse dans mes bras. Pourquoi, diable, le gouvernement s'est-il fait des ennemis d'hommes qui, sinon, l'eussent servi avec toute leur mesquine suffisance ?* » Ce n'est guère aimable, mais c'est bien vu.

Révoqué ce maire lot-et-garonnais que l'on accuse « d'avoir fait preuve de partialité dans la répartition du contingent communal d'essence ». Révoqué le maire de Saint-Georges (Cantal) pour avoir « manifesté de l'hostilité à l'œuvre de redressement national », dissous pour les mêmes raisons les conseils municipaux des Baux (Bouches-du-Rhône) et de Vinça (Pyrénées-Orientales).

A l'*Officiel* du 3 décembre 1940, 30 conseils municipaux sont suspendus, 18 à celui du 24, 19 à celui du 27. Conseils de petites villes (Thuir, Draguignan, La Roche-la-Molière, Brive, Aigues-Mortes) ou de villages, car « l'opération » pour

1. Les deux tiers des maires seront révoqués dans les villes de plus de 10 000 habitants.

Lyon, Marseille, Toulouse a été faite dès le 20 septembre.

La loi du 16 novembre a d'ailleurs placé les conseils municipaux entièrement dans la main des préfets et du ministre de l'Intérieur. Plus d'élection ; le conseil municipal est désigné sur une « liste de présentation », le maire et ses adjoints sont choisis par l'autorité de tutelle[1].

Or, les maires en fonctions n'avaient généralement pas démérité. Dans la partie du territoire envahi, ils avaient même, bien souvent, reconstitué, autour de leur mairie, un embryon d'administration, assuré le ravitaillement, veillé aux prix, fait face aux Allemands. Personnages modestes hissés, par suite des circonstances et du grand vide administratif, au premier plan des responsabilités, ils avaient efficacement rempli une tâche à laquelle ils n'étaient nullement préparés.

Les remplacer pouvait sembler de bonne guerre puisque beaucoup appartenaient à des formations de Front Populaire. C'était cependant une faute psychologique et politique. Et les nouveaux magistrats municipaux paieront lourdement (et bien souvent injustement), à la Libération, le fait d'avoir été placés par le pouvoir seul à la tête des communes françaises.

Entre le peuple et eux, plus aucun lien électif n'existait.

A l'heure des règlements de compte, celui des services rendus devait s'avérer insuffisant.

Les syndicats comptent également parmi les premières victimes du nouveau régime.

---

1. Cette règle est valable pour toutes les communes à l'exception des communes de moins de 2 000 habitants.

Au début, la C. G. T. s'efforce, elle aussi, de se mettre « au goût du jour ». Sa commission exécutive, réunie à Toulouse, se hâte de réviser sa charte constitutive.

Mais la Charte du travail, promulguée le 4 juin 1941, ne ralliera jamais qu'un certain nombre de transfuges, séduits peut-être par ces brochures qui prévoyaient l'organisation du 1er mai 1942 de façon toute militaire (H — 45 m, entrée des assistants dans la salle ; H — 30 m, allocution par le patron ; H audition, debout, du message du Maréchal).

Les syndicats dissous, remplacés par le syndicat unique et obligatoire, Vichy s'attaque à cette autre puissance : la franc-maçonnerie. Puissance occulte et dont on ignore les bornes. Les thuriféraires du régime ont tendance à la rendre responsable, non seulement des maux du passé, mais également des difficultés présentes. Communisme et gaullisme ne sont, affirme-t-on, que les paravents de la maçonnerie. L'abattre, c'est les abattre.

Et, cependant, la franc-maçonnerie a, elle aussi, fait sa soumission. Le 7 août 1940, quelques jours avant la signature du décret de dissolution du Grand Orient, le président Arthur Groussier écrit au Maréchal Pétain pour lui signaler que le Grand Orient a décidé d'interrompre ses activités.

Cette preuve de bonne volonté ne suffit pas.

Les occupants, d'ailleurs, à leur tour, entrent dans le jeu.

La première grande « exposition » allemande a la prétention de dévoiler « les secrets de la franc-maçonnerie » et d'illustrer « la fin de Carnaval ». Les Parisiens, qui la visitent, en octobre 1940, sont frappés du peu de notoriété de la plupart des noms cités. Même surprise lorsque paraît, à l'*Officiel*, une liste de fonctionnaires maçons.

On trouve, sur les rangs, beaucoup plus de
facteurs et de douaniers que de chefs de service
de ministère. Il est vrai que les propagandistes se
rattrapent en publiant la liste de tous les parlementaires maçons depuis les débuts de la
III⁰ République !

Cette chasse aux francs-maçons (ils sont 100 000
environ, dont 46 000 cotisants), où l'on cloue au
pilori ceux qui ont fait une fausse déclaration, où
l'on révoque ceux qui ont été sincères, ne va naturellement pas sans incidents douloureux, sans
reniements, sans tragi-comédie.

La lutte contre la franc-maçonnerie avait cependant laissé l'opinion généralement indifférente...
quand elle ne la satisfaisait pas. La suppression
des écoles normales primaires, celles que Pucheu
appelait « l'antiséminaire », l'interdiction de certains livres scolaires [1], l'ardente campagne menée
contre les instituteurs, jugés responsables directs
de l'abaissement du sens moral et patriotique et
responsables indirects de la défaite, les révocations
de membres de l'enseignement compromis politiquement, n'avaient, en général, ému que les inté-
ressés.

Mais ils souffraient cruellement de se voir
dénoncés par les hommes politiques, par Laval :

« Dans nos écoles, eh oui, dans nos écoles, je le
dis sans vouloir passionner le débat, il y a un mot
qui était proscrit du vocabulaire : le mot Patrie. »

Dénoncés par les militaires qui viennent témoi-

---

1. Le *J. O.* du 25 février 1941 publie un décret interdisant
notamment *Jean Christophe* de Romain Rolland (cours moyen
supérieur) et l'*Histoire de France* de Brossolette (cours moyen).
La suppression des écoles normales primaires est du 6 octobre 1940.

gner à Riom et se plaignent du trop grand nombre d'instituteurs (48 p. 100 dans certains corps d'armée) parmi les officiers de réserve.

Dénoncés par certains journalistes, « *la jeunesse de France a été pourrie jusqu'aux moelles par* [*l'*] *enseignement... Il faut de toute urgence porter le fer rouge dans le ministère de l'Education nationale.* »

Dénoncés par le chef de l'Etat.

« L'Université, dont la mission est d'éclairer les esprits, a pour premier devoir de préserver la foi chez ceux qui l'ont, et d'indiquer à ceux qui ne l'ont pas le prix qu'elle a dans la vie. Si elle ne le fait pas, elle manque à sa tâche. »

Ces accusations devaient, certes, contribuer à rassembler beaucoup d'éducateurs dans la lutte contre Vichy, mais les mesures antijuives, dont on a vu plus haut les terribles conséquences, allaient avoir une plus grande répercussion encore. Oubliant qu'il existe de profondes différences entre la police de Vichy et la Gestapo, l'opinion publique devait bientôt confondre dans une même réprobation les deux polices et les deux politiques.

Avant la guerre, les Français avaient accueilli de nombreux réfugiés d'Europe centrale.

Avec libéralité, ils leur avaient permis de vivre et de travailler sur leur sol.

Avec sympathie, ils avaient suivi les meetings organisés par les hommes politiques les plus divers (Déat avait participé à l'un d'eux) pour protester « contre les atteintes portées en Allemagne à la dignité de la personne humaine ».

Mais beaucoup de milieux sociaux (armée, commerce, professions libérales) demeuraient, soit par tradition, soit par naturelle réaction de défense, sensibles aux propagandes antisémites.

La lutte antijuive ne recueillit donc pas, au début, toute l'hostilité populaire. Limitée à des mesures mesquines (affiches sur les magasins, interdiction de commercer, brimades contre les juifs étrangers), elle provoqua même, parfois, des commentaires égoïstement favorables... Ils devaient décroître avec le temps et les persécutions.

Certes, au fond même de leur malheur collectif, quelques juifs provoquent toujours l'envie des nantis et la haine des malheureux. N'ayant rien appris et rien oublié, ceux qui ont pu se regrouper en quelques cantons privilégiés de zone libre suscitent parfois, lorsqu'ils mènent grand train, de regrettables et explicables réactions populaires.

A Megève, où le mousseux coûte 500 francs la bouteille [1], le chef communal de la Légion, le président de l'Association des familles nombreuses, des moniteurs de ski et des hôteliers écrivent, le 14 janvier 1942, à Xavier Vallat pour lui signaler que « *toute une colonie interlope s'est abattue sur Megève, occupant les chalets, accaparant tout : hôtels, terrains et produits agricoles, éblouissant et corrompant la population laborieuse. Juifs, étrangers de toute provenance et de tout acabit, patrons antisociaux, parlementaires en retraite, représentants des trusts hôteliers se disputent la proie et rivalisent dans cette ignoble surenchère... Sur 30 prisonniers rapatriés et évadés qui se trouvent à Megève actuellement, les trois quarts ne croient plus ni à la Révolution Nationale, ni à la Légion.* »

Les dénonciations ne manquent pas, on l'a vu dans un chapitre précédent, dénonciations de

_____

1. Soit en 1970 l'équivalent de 126 NF.

confrères jaloux, de concierges malhonnêtes, de maris trompés. Et avec les dénonciations, plus ou moins anonymes, des particuliers, celles des journaux (*Au Pilori, Je suis Partout*) spécialisés dans l'antisémitisme. Dénonciations de la Légion des combattants également qui n'hésite pas à faire poser, en octobre 1942, une affiche sur les murs de Luchon, dans laquelle elle demande aux « *ouvriers, paysans, intellectuels, fonctionnaires, rentiers, commerçants de jeter à la porte les juifs. Pensez qu'ils sont 2 500 000 en France non occupée* [1] *venus de tous les points de l'Europe et que, sans eux, vos rations de toutes nature seraient plus abondantes et les prix plus abordables pour tous.* »

Mais, de jour en jour, les réprobations que soulèvent les mesures antijuives sont plus puissantes, beaucoup plus puissantes que les approbations.

Beaucoup de Français pourraient reprendre, en effet, à leur compte cette lettre que reçut, le 18 janvier 1943, Darquier de Pellepoix, commissaire général aux questions juives.

« *Par préjugé, qui n'est qu'une opinion sans jugement, je détestais les juifs sans savoir exactement pourquoi, mais, depuis qu'ils sont lâchement persécutés, je dois vous dire que le mépris a fait place à la plus grande sympathie et que je suis prêt à payer de ma personne pour les défendre, parce que je suis chrétien...* »

Le maître mot est prononcé : « Parce que je suis chrétien ». Les chrétiens avaient pu, par intérêt, goût de l'ordre et des traditions, par anticommunisme aussi, soutenir le gouvernement du Maré-

1. En réalité il y a officiellement, à la date du 15 mars 1942, 109 983 juifs en zone non occupée, dont 50 639 étrangers. Plus de 10 p. 100 d'entre eux (12 717) résident dans les Alpes-Maritimes. Ces chiffres qui proviennent du recensement des israélites sont, sans doute aucun, légèrement inférieurs à la réalité.

chal, ils vont s'en séparer brutalement à l'instant des persécutions antisémites.

C'est dans le silence de nos églises de campagne qu'éclatent les lettres « à lire sans commentaires » de l'évêque de Montauban, de l'archevêque de Toulouse, de l'évêque de Marseille, de bien d'autres encore.

« Les juifs sont des hommes, les juives sont des femmes. Tout n'est pas permis contre ces hommes, tout n'est pas permis contre ces femmes, contre ces mères et ces pères de famille. Ils font partie du genre humain. Ils sont nos frères comme tant d'autres. Un chrétien ne peut l'oublier.

Les mesures antisémitiques actuelles sont un mépris de la dignité humaine, une violation des droits les plus sacrés de la personne et de la famille. »

Paroles qui portent loin, qui troublent le modeste auditoire provincial où se pressent tant de légionnaires, mais le dépassent aussi pour atteindre Vichy, et Paris, et Berlin.

A l'intérieur de l'Eglise, la vigilance n'est pas moins vive. Un journal catholique des Basses-Pyrénées publie-t-il un article antijuif, le directeur reçoit de l'archiprêtre de Pau, en septembre 1942, cette vive semonce : *« Il est inadmissible qu'un journal dirigé par des prêtres fasse si bon marché de la conscience chrétienne et de l'honneur de l'Eglise. Vous ne vous étonnerez pas que je soumette pareil scandale à l'appréciation de Monseigneur... »*

Lorsqu'ils ne les précèdent pas, les protestants rejoignent les catholiques.

Le 3 août 1942, le pasteur Bertrand a un entretien avec Mgr Beaussart. Des lèvres de l'évêque, il apprend que le cardinal archevêque de Paris a fait faire trois démarches en faveur des juifs auprès des autorités d'occupation. L'intermédiaire, qui a échoué trois fois, a été invité à s'abstenir désormais de toute intervention.

Ces échecs ne découragent que les âmes de peu de foi. Le 20 août 1942, Marc Boegner, président du conseil de la Fédération protestante de France. adresse une lettre bouleversante au maréchal Pétain. Il lui montre les juifs étrangers livrés aux Allemands comme du bétail, les hommes et les enfants privés de ravitaillement, il évoque l'émotion des Eglises de Suisse, de Suède, des Etats-Unis et termine par ce cri, hélas ! sans écho :
« *Je vous supplie, Monsieur le Maréchal, d'imposer des mesures indispensables pour que la France ne s'inflige pas à elle-même une défaite morale dont le poids serait incalculable*[1]. »

---

1. Au début, tout au moins, le Maréchal a réagi contre certaines mesures odieuses et mesquines prises par des fonctionnaires trop zélés. Il a également réussi à faire libérer plusieurs juifs anciens combattants arrêtés par les Allemands, mais, bien vite, il s'est trouvé dans l'impuissance d'agir, les Allemands opposant une fin de non-recevoir aux requêtes de son cabinet et la législation de Vichy contribuant, de son côté, à la persécution.

En janvier 1941, la tante de l'aspirant Jacques Cohen, chef du cabinet de la préfecture de la Côte-d'Or, écrivit au Maréchal pour protester contre la révocation de son neveu, en application de la loi du 3 décembre 1940 : « M. Peyrouton aurait dû se renseigner avant de prendre cette mesure ; il aurait appris que l'aspirant Jacques Cohen a été tué le 20 mai et inhumé à Abbeville. »

Le Maréchal fit répondre en disant toute son émotion.

Vichy n'aura pas le monopole de cette chasse aux morts. C'est ainsi que la notification adressée au capitaine Carré, à qui Alger reprochait son adhésion au service d'ordre légionnaire, de rejoindre Naples puis l'Afrique pour « démobilisation éventuelle », ne put l'atteindre. Le capitaine Carré venait, en effet, d'être tué en Italie le 30 janvier 1944 à la tête de son unité. Le général de Monsabert rédigea une très belle citation en sa faveur et renvoya aux « épurateurs » le texte de leur notification.

★

Mécontents les fonctionnaires révoqués et que ne protège plus aucun statut, les fonctionnaires contre lesquels, devant les parlementaires, Pierre-Etienne Flandin sonne la charge, en juillet 1940 : « *Si la France est tombée si bas, elle le doit peut-être moins à la carence des Assemblées ou aux faiblesses des gouvernements qu'à la corruption totale d'une bureaucratie qui, au fond, ne connaissait plus ses devoirs, qui ne revendiquait plus ses droits, qui ne servait plus l'Etat, mais qui se servait elle-même.* »

Mécontents les préfets et les hauts fonctionnaires remplacés par des amiraux, ce qui fera dire plaisamment que Vichy est devenu « la société protectrice des amiraux ».

Mécontents les francs-maçons ; mécontents les instituteurs ; mécontents les juifs.

Mécontents les Alsaciens et les Lorrains : ceux qui, après être revenus dans leurs villes et leurs villages, en juillet 1940, ont été chassés de chez eux par les Allemands pour cause de francophilie, jetés dans des wagons avec un léger bagage et dirigés vers la zone libre où nul ne les attend.

Mécontents également ceux qui sont restés en zone non occupée, hésitants, refaisant deux fois, trois fois leurs valises, puis remettant tout en place, ne se décidant pas à repartir vers une Alsace chargée de chaînes, préférant les difficultés de la vie en Dordogne ou en Haute-Garonne, le logement médiocre, la séparation des familles, les querelles d'accent, et parfois de religion, aux certitudes de l'asservissement.

Mécontents beaucoup d'intellectuels, même lorsqu'ils ont déjà changé leur plume de sens et chantent les louanges du nouveau régime.

L'ordre moral, cet ordre moral qui fait interdire la représentation de « Tartuffe », les inquiète. La lettre que la Légion des Alpes-Maritimes adresse à Gide en mai 1941 pour le prier de renoncer à faire une conférence provoque de vives réactions. « *Il est difficilement admissible,* écrit en effet M. de Tissot au nom de la Légion, *à l'heure où le maréchal Pétain veut développer chez la Jeunesse Française l'esprit de sacrifice, de voir monter à la tribune un des hommes qui s'est fait le champion de l'esprit de jouissance.* »

Autour de Gide, Malraux, Roger Martin du Gard, Marcel Achard, Marc Allégret, Stéphane, rassemblés à l'hôtel Ruhl de Nice, élaborent une riposte. Ils rédigent un texte court et, vu de loin, assez plat[1], mais qui n'en soulève pas moins, lorsqu'il est lu publiquement par Gide, des cris de « vive la liberté », « à bas la Légion » (il y aura, paraît-il, 165 démissions le lendemain et le surlendemain) ou encore « que M. Darnand vienne parler sur Henri Michaux à la place de Gide » !

Les parlementaires, eux-mêmes, réussissent à retourner en leur faveur une partie de l'opinion.

Ceux qui ont été arrêtés — Reynaud, Mandel, Blum, Daladier, etc. — l'ont été de manière fort peu régulière. Certains d'entre eux sont condamnés avant d'être jugés et cette entorse à toutes les lois ne satisfait nullement une opinion publique

---

1. Dans ces quelques lignes, Gide expliquait en effet que « ceux de la Légion » se méprenaient sur sa personne, son œuvre et son action. Par ailleurs, bien que sa conférence eût été autorisée par la censure, les autorités civiles et militaires, il préférait se taire plutôt que de susciter des querelles entre Français.

moins sévère pour les vaincus de 1940 à mesure que la guerre se prolonge.

Les juge-t-on enfin, dans la vieille ville de Riom, l'accusation vole en morceaux sous les coups de boutoir d'un Daladier qui connaît admirablement son dossier, bénéficie de toutes les ressources d'une longue expérience parlementaire et terrorise des généraux qui, face à leur ministre d'hier et peut-être de demain, perdent presque tous la mémoire.

Mitelhauser ne se souvient ni du chiffre des crédits militaires, ni du chiffre des chars, ni du chiffre des canons de D. C. A. !

Besson, membre du Conseil supérieur de la guerre, fait preuve de la même amnésie.

Daladier peut même se permettre le luxe d'une double prophétie. A l'audience du 25 mars 1942, il annonce « certain ultimatum d'un gouvernement étranger dont on parle et qui aurait pour conséquence la suspension du procès [1] ».

Mais, surtout, il lance au général Keller, qui sourit ironiquement à l'évocation des blindés britanniques :

« Vous pouvez vous moquer des Anglais ! Nous verrons, dans dix ou quinze mois, qui rira. On verra si ce sont les mêmes. »

Moins de quinze mois plus tard, toute l'Afrique sera évacuée par les Allemands !

Enfin, Daladier ne laisse pas passer une occasion d'attaquer le maréchal Pétain, ministre de la guerre en 1934 et, comme tel, responsable d'importantes réductions de crédits.

Aussi les consignes de censure submergent-elles quotidiennement les rédactions. Cet étrange pro-

---

1. Le procès sera suspendu en effet le 14 avril 1942 à la suite des pressions répétées du gouvernement allemand et sans doute au grand soulagement du gouvernement français.

cès, destiné à l'édification des Français, on s'emploie à en camoufler et à en dénaturer les débats !

Huit consignes générales avant le procès. *Quatre-vingt-neuf* consignes pendant les audiences. Les journaux doivent faire ressortir que les accusés sont responsables « d'avoir manqué aux devoirs de leur charge », ils doivent montrer que « ce procès ne saurait être celui de l'armée », couper toutes les phrases mettant en cause « la gestion du maréchal Pétain en 1934 », ne pas citer le nom du général de Gaulle, « supprimer toute critique du matériel allemand », etc., etc., etc.

Diffusés par les avocats de la défense, les procès-verbaux intégraux font rapidement leur tour de France et, lorsque le procès sera interrompu, aussi irrégulièrement qu'il avait été entamé, les accusés auront moralement gagné la partie !

D'abord vivre. D'abord manger.

Et parce que les Français mangent mal, ils rendent le gouvernement responsable des restrictions, du marché noir, des gaspillages, des prélèvements allemands.

Vichy tente de se défendre en publiant un tract tricolore :

Français !
Ce n'est pas la faute du Maréchal
Si tu souffres
Si tu fais la queue au ravitaillement
Si tu envoies des colis à ton fils prisonnier...

Peine perdue. Il est de plus en plus difficile de rejeter les responsabilités des restrictions sur « les chefs communistes, les chefs socialistes, capitalistes et juifs internationaux ».

Chaque jour la radio anglaise, chaque jour la presse clandestine, chaque jour le chœur des ménagères dénoncent Vichy qui décide des rations et distribue les tickets, les Allemands qui réquisitionnent et expédient vers le Reich le produit de leurs achats comme de leurs pillages.

Avec les mois, le rationnement devient de plus en plus sévère. Quelle arme puissante aux mains des adversaires politiques du régime ! Il est aisé d'exciter les femmes qui stationnent les pieds dans la neige, aisé d'évoquer les enfants malades et sous-alimentés, les ripailles des seigneurs du marché noir, les privilèges des fonctionnaires que les journaux clandestins communistes ne se privent pas de dénoncer.

Dans son numéro d'août 1943, *La Femme Comtoise* appelle ainsi à manifester contre les préfets de Besançon, Vesoul et Belfort qui touchent chacun mensuellement trente jeux de cartes d'alimentation. « *Franc-Comtoises, formez la grande armée des Mères décidées à donner à manger à leurs enfants. En masse, manifestez aux mairies et aux préfectures pour obtenir le pain que réclament vos familles.* »

Le Parti communiste se meut avec virtuosité dans cette lutte pour le ravitaillement. Ne reculant devant aucun « artifice de style », il édite des tracts annonçant que l'U. R. S. S., pays de l'abondance, peut fournir à la France tout ce qui lui fait défaut : blé, sucre, riz, charbon !...

Enfin, le Parti organise, ou exploite, lorsqu'elles naissent spontanément, les manifestations qui se produisent devant les boutiques vides et dont le déroulement relève de la stratégie de la guerre civile.

★

Rue de Ménilmontant. Il ne fait pas chaud en mars 1941. Dans les voitures des quatre-saisons, vierges de légumes, on trouve quelques petits paquets de bois à 4,50 francs le kilo.

Un homme marche. Il se fraie un passage parmi les femmes qui attendent la réouverture des magasins. Il doit descendre souvent de trottoir, contourner les files de vieux et de vieilles qui stationnent, cabas en main, ou font la causette assis sur des pliants. Le voici qui tourne rue des Amandiers. Une rue tout en boutiques. Il note le numéro d'une charcuterie : 121. Il happe des morceaux de conversation où il est question de nouilles, de rutabagas, de privations, de la mine des gosses, de la fatigue des femmes. « Si c'est pas malheureux... malheureux... malheureux. » Allons, celles-là sont disponibles.

Il descend toujours la rue des Amandiers, songeant aux détails de la manifestation proche.

Le voici près de la station de métro *Ménilmontant*. Un homme lui emboîte le pas.

« Alors, tu as les gars ? demande Jean Laffitte.

— Oui, réplique Dumont, le nouveau venu. Mes deux cyclistes seront à 4 heures, avec les tracts, au *Clairon de Ménilmontant* derrière l'église. Quant aux types du service de protection, j'ai pu en avoir neuf. Que faut-il faire ?

— Voilà. Il faut qu'à 4 h 30 précises, il y ait un lancer de tracts dans la rue des Amandiers. Les gars doivent commencer à jeter de chaque côté du trottoir, juste à la hauteur de la rue de Tlemcen, et continuer ainsi pendant une centaine de mètres en allant vers le Père-Lachaise. Ils devront venir par la rue de Ménilmontant. »

Laffitte et Dumont se mettent d'accord sur le rôle de l'équipe de protection qui devra neutraliser pendant dix minutes l'avertisseur de Police-

Secours de la rue de Tlemcen. Dumont s'éloigne.
Laffitte poursuit sa marche à la rencontre de Marcelle, la responsable des comités féminins pour la
région parisienne.

Elle lui prend le bras.

Un couple comme les autres.

Ils chuchotent.

Ils parlent d'avertisseurs, de tracts, des cars
de la police qui arriveront difficilement par la rue
de Ménilmontant, de femmes qui doivent se rassembler.

« Celles du Nord, murmure Marcelle, débarqueront au métro *Pyrénées*, elles viendront de la rue
de la Mare. Celles de l'Ouest, au métro *Belleville* ;
elles arriveront par le boulevard. Celles de l'Est, au
métro *Nadaud* ; elles viendront par la rue Sorbier.
Celles de Paris, au métro *Père-Lachaise* et celles
de la région Sud aux deux métros *Couronnes* et
Ménilmontant. Elles arriveront toutes par les deux
extrémités de la rue des Amandiers. »

Elles arrivent.

Trois cent cinquante environ, qui se dispersent
dans la rue des Amandiers, où deux cyclistes viennent de lancer des tracts. Elles crient : « A manger
aux Français... A manger aux Français... A bas
le fascisme... A bas Hitler. »

Les clients disent :

« Vous allez vous faire arrêter, vous vous rendez
pas compte. » Mais cependant, ils ramassent peu-
reusement les tracts.

Sept minutes, dix minutes, douze minutes. Impu-
nie, la manifestation prend de l'importance.

Le premier car de police débouche enfin. Sans
beaucoup de vigueur, les agents empoignent quelques femmes qui n'ont guère de peine à redescen-
dre des cars de police. Leurs compagnons hurlent :

« Vous n'avez pas honte d'arrêter une mère de
famille qui demande à manger pour ses enfants.

— Si c'est pas malheureux ! Lâchez-la ! Alors, on peut plus dire qu'on a faim. »

La manifestation a duré plus de quinze minutes. On en parlera ce soir dans tout le quartier [1].

Dans les départements du Nord, c'est sur une grande échelle que les communistes organisent ces manifestations où les nombreuses protestations contre le mauvais ravitaillement servent de prétexte à des opérations politiques qui auront leur couronnement en juin 1941.

Les meneurs ne se montrent généralement pas : ce sont les femmes qui se rassemblent devant les mairies, ce sont elles qui, dans le Pas-de-Calais, le 4 juin 1941, forment les piquets de grève, ce sont elles que les Allemands consignent à domicile jusqu'à l'heure du travail, dans le vain espoir de tarir ainsi le recrutement des manifestants.

Car, si les Allemands ont d'abord promis des suppléments de nourriture et de salaires, ils sont vite effrayés par l'ampleur du mouvement de grève qui, après la Belgique, touche la France et fait tache d'huile, gagnant de puits en puits, à Courrière, à Ostricourt, à Carvin, à Liévin, à Bruay. La grève, qui a débuté le mardi 27 mai 1941 dans une fosse des mines de Dourges où, suivant leur cahier de revendications, les ouvriers sont mécontents « des nouvelles méthodes d'exploitation et du manque de ravitaillement », est générale, le 7 juin, c'est-à-dire quarante-huit heures avant la reprise

1. J'ai emprunté les détails sur la manifestation de la rue des Amandiers au livre de Jean Laffitte : *Ceux qui vivent.*
D'autres manifestations eurent des conclusions tragiques, notamment celle de la rue de Buci au cours de laquelle des agents de police furent tués. Le Tribunal d'Etat prononça plusieurs condamnations à mort contre des manifestants.

du travail qui s'accomplit sous la pression contra-
dictoire des arrestations (1 800) et des augmenta-
tions de salaires (18 francs par jour), ainsi que
de rations[1].

Autre sujet de sérieux mécontentement : le Service obligatoire du Travail. Il précipite, on l'a
vu, les jeunes vers les maquis, mais il décide
aussi bien des tièdes et des attentistes à prendre
parti.

Les propagandes allemandes et gouvernementa-
les se montrent d'autant plus impuissantes à per-
suader les Français qu'il est de leur devoir d'aller
travailler dans les villes allemandes dévastées par
l'aviation anglaise, que l'Eglise prend assez rapidement parti contre le S. T. O.

A Roubaix, à Lille, à Tourcoing, devant des centaines de jeunes gens et de jeunes filles, le cardinal
Liénart évoque « avec douleur » les absents,
« contraints de quitter leur foyer pour aller travailler en Allemagne, sur les côtes ou ailleurs ».
Il dénonce le « joug du travail que les autorités
occupantes nous imposent, au mépris de la liberté
de la personne humaine ». Il délie les jeunes du

1. A Rossi, dans son livre *Psychologie du parti communiste
français*, affirme que cette grève des mineurs « n'a pris à aucun
moment le caractère d'une lutte contre l'occupant » et que
« le fond et le cadre de la grève sont essentiellement économiques » (p. 411). Affirmation excessive. Un extrait d'un rapport
du préfet du Nord, en date du 7 juin 1941, extrait publié par
la Délégation Française auprès de la Commission d'armistice
de Wiesbaden, signale en effet : « De nombreux tracts communistes distribués un peu partout au cours de la nuit (du 4 au
5 juin) incitaient les travailleurs à la grève générale. Ces tracts,
comme toujours, invoquaient aussi bien les difficultés de ravitaillement, l'insuffisance des salaires, que la nécessité de se
révolter contre le gouvernement de Vichy et l'esclavage allemand. »

devoir d'obéissance : « On peut se dérober sans péché au Service obligatoire du Travail. »

Paroles qui valent bien des actes, qui ébranlent tout l'édifice de la propagande allemande et poussent certains collaborateurs à réclamer l'envoi du cardinal Liénart derrrière des barbelés !

....

A toutes ces raisons de mécontentement, il s'en ajoute enfin une, capitale : la présence sur notre sol de l'armée et de la police allemandes.

A partir de novembre 1942, lorsque les Allemands occupent toute la zone libre, Vichy n'est plus qu'une petite principauté, semblable à celles que les grandes nations conservent parfois sur leur territoire, pour la seule joie des philatélistes.

Presque plus personne ne se réclame d'un attentisme sans arguments depuis que la flotte est au fond de l'eau, l'Empire aux mains des gaullistes.

Les passions s'exaspèrent. La vérité, pour 40 millions de Français, est une plante qui pousse partout ailleurs que sur le sol de la patrie.

Les familles se déchirent et, par procuration, c'est Londres, Moscou et Berlin, dont les pères et les enfants se font les champions.

Entre les deux camps il n'y a plus ni estime, ni politesse.

Les jours de juillet quarante sont enfuis.

Egalement ceux de l'été quarante et un, lorsque l'on pouvait caresser le rêve d'une France arbitre entre des combattants épuisés.

Chacun va à l'extrême de l'engagement. Les compagnons d'armes de juin 40, ceux qui fuyaient ensemble, dans le même trou, les bombes allemandes, se séparent pour se haïr.

Maquis. Milice.

Les tièdes, les prudents, qui constituent l'immense troupe des indécis, se mettent en mouvement, aspirés, inspirés par l'approche du dénouement.

Voici revenu le temps de la guerre civile.

CHAPITRE VIII

RÉSISTANCE ET COLLABORATION

La guerre de 1940 n'a pas été seulement la guerre des chars et des avions, mais aussi celle des propagandes.

Il est donc impossible d'étudier l'évolution de l'opinion publique en ignorant la presse chargée de l'informer... même si, rationnés de nouvelles, soupçonnant partout le mensonge, l'hypocrisie, l'omission, les Français doivent chercher ailleurs les informations qui leur font défaut...

La presse de zone occupée est presque entièrement sous la coupe des Allemands qui disposent du papier, de l'encre et du plomb, diffusent et supervisent les informations et les photos, distribuent des subventions et finissent par contrôler totalement 49 journaux et périodiques, parmi lesquels on trouve aussi bien des quotidiens politiques (*La France socialiste, Aujourd'hui*) que des hebdomadaires (*Au Pilori*), des journaux de mode (*Le dimanche de la femme*), de cinéma et de bricolage.

Le 27 novembre 1940, le préfet de police Langeron, qui examine les tirages des journaux revenus à Paris quelques jours après l'occupation de la ville et des feuilles nouvelles, nées de la défaite, a cette réflexion justifiée : « *Je jette les yeux sur le relevé mensuel des tirages de la presse. Il reflète un peu les préférences du public et beaucoup le degré de protection des autorités occupantes* [1]. »

La pression allemande s'exerce par le truchement des officiers de la Propaganda-Staffel qui ne se cantonnent nullement dans la censure des opérations militaires, mais, en convoquant quotidiennement les représentants des journaux, imposent le corps des caractères typographiques dans lequel on imprimera les discours du Führer, l'importance des titres, signalent les livres et les films dont il faut parler et dictent, dans tous les domaines, la vérité officielle : celle de Berlin [2].

1. Voici les principaux tirages parisiens à cette date. *Paris-Soir* (qui a reparu sous direction allemande le 23 juin, le *Paris-Soir* de Prouvost restant à Lyon), 970 000 exemplaires ; *Le Matin* (qui reparaît le 17 juin), 532 000 ; *L'Œuvre*, 196 000 ; *Aujourd'hui*, 110 000 ; *La France au Travail*, 92 000 ; *Le Cri du Peuple*, 35 000. On le voit, les « anciens » conservent aisément la tête, bien qu'ayant perdu sur les tirages de 1939.

2. L'organisation de la Propaganda-Staffel est calquée sur celle de l'armée d'occupation. Il existe à Paris une « Oberpropaganda », 52, avenue des Champs-Elysées, les autres régions sont dirigées depuis Saint-Germain-en-Laye, Angers et Dijon. Dans chaque ville importante, on trouve enfin un service de la Propagande.

Penchons-nous maintenant sur la table des officiers de la Propaganda, feuilletons leurs consignes journalières, qui constituent un copieux et fort instructif dictionnaire d'interdictions.

Dans la liste des *quarante-six* consignes allemandes du 18 février 1943, notons, pêle-mêle, qu'il est défendu de parler de l'Alliance Française, de l'Alsace-Lorraine, des Anglo-Saxons (« employer le terme anglo-américains »), des automobiles de la Croix-Rouge française, des frais d'occupation, de la Jeunesse ouvrière chrétienne, des divergences de vues entre Laval et Doriot, du beau et du mauvais temps.

Il est également interdit (consigne 17) de mentionner, dans les convois funèbres, que le défunt est mort en captivité et « recommandé » « *de ne pas mettre en vedette les jugements et condamnations pour adultères, lorsque la victime est un prisonnier de guerre* ».

Enfin, il y a cette affreuse consigne n° 7, véritable avis de décès de quatre grands pays : « *Ne plus employer les termes Autriche, Pologne, Yougoslavie et Tchécoslovaquie. L'Autriche fait partie de l'Allemagne. Il n'y a plus de Tchécoslovaquie, mais une marche de l'Est. Il n'y a plus de Pologne, mais un gouvernement général. Il n'y a plus de Yougoslavie, mais la Serbie et la Croatie.* »

Le bureau de presse allemand censure les discours du maréchal Pétain (discours du 9 octobre 1940), impose la place des communiqués allemands et italiens, ordonne enfin, dans l'espoir de mieux prendre les Français au piège, de « ne pas grouper les nouvelles de guerre, mais de les mélanger à d'autres nouvelles, de façon à inciter les lecteurs à les lire ».

Plus que toute autre chose au monde, la propagande allemande craint le sous-entendu... dont s'emparerait l'esprit malin des Français.

Le chef de la Propaganda-Staffel d'Orléans, qui lit sur une morasse que « de jeunes vandales ont brisé des lampes électriques », s'écrie :

« Ach non, Monsieur, pas vandales ! Vandales, ce sont nos grands-parents. »

Et, le 27 avril 1943, la consigne devient officielle : « Ne plus employer le terme « vandalisme » en parlant des destructions, afin d'éviter de rappeler les Vandales, ancêtres des Germains. »

Même méfiance, au moment de la campagne pour la livraison des métaux non ferreux. Le lieutenant Dornemann, qui dirige la Propaganda-Staffel de Bordeaux, signale « qu'il faut éviter les slogans qui prêtent à confusion, tels que : « Donnez des métaux afin de préparer des produits utiles à l'agriculture, comme l'arséniate de plomb qui tue le doryphore... car le doryphore dévore les pommes de terre [1]. »

Et en face ? Que se passe-t-il en face, dans cette zone que les Allemands défendent (consigne du 7 décembre 1940) d'appeler « zone libre » parce qu'à leurs yeux elle n'est que « la zone non occupée » ?

Certes, les journaux de « la zone non occupée » ont le droit de publier les communiqués anglais [2], le devoir de reproduire *in extenso* les discours du Maréchal, ils peuvent louvoyer, garder leurs dis-

---

1. On sait que les soldats allemands, à cause de leur appétit et notamment de leur amour des pommes de terre, étaient communément comparés à des doryphores.

2. Quelques mois après l'occupation de la zone libre, cette publication sera interdite et des tartuffes fabriqueront la consigne suivante : « Les commentaires des opérations sont autorisés, mais ils devront être d'une stricte objectivité et ne jamais présenter un caractère hostile aux puissances occupantes et à leurs alliés. »

tances vis-à-vis du vainqueur, jouer un jeu tout en demi-teintes, en phrases à double ou triple sens, publier des pages littéraires et des chroniques médicales à la place d'éditoriaux, il n'en reste pas moins qu'ils sont étroitement surveillés par des censeurs français que leur passé n'a presque jamais préparés à cette tâche subtile.

Recrutés parmi d'anciens officiers, ou des marins frais débarqués, ces hommes, parfois courageux dans la guerre, sont toujours timorés dans la paix.

Et les bandelettes qui garrottent la presse de zone libre, pour être françaises, n'en sont pas moins insupportables.

Le but premier de la censure est d'empêcher que la presse ne gêne les bons rapports franco-allemands. On impose donc silence sur les difficultés qui se multiplient entre Berlin et Vichy. Silence sur l'Alsace et sur la Lorraine : « *Interdire toute information de quelque nature que ce soit à propos des mesures prises par les autorités occupantes à l'égard des Alsaciens-Lorrains* [1]. »

Silence sur les péripéties de la guerre lorsqu'elles sont en faveur des alliés : « *Les chefs de censure veilleront à ce que les journaux n'insinuent pas que le temps travaille pour les Anglo-Saxons et qu'ils évitent les considérations trop nettes sur la durée éventuelle de la guerre.* »

Comme en zone occupée, les journaux devront reproduire certaines dépêches, mettre en valeur certaines phrases favorables à la collaboration. C'est ainsi qu'après une conférence du professeur

---

1. Consigne du 5 janvier 1942. Mais il est vrai que la consigne 26, en date du 1er juin 1943, indique que « les cartes de France et de l'Empire ne doivent, en aucun cas, être amputées des territoires qu'elles comportaient en 1939 ».

Grim « *les journaux devront citer obligatoirement les paroles suivantes prononcées par le président Laval lorsque le chef du gouvernement a reçu le professeur Grim :*

« *J'aime la France et j'aime la paix. Vous aimez l'Allemagne et vous voulez que la paix règne entre nous. Si nous réussissons — et nous réussirons —, la jeunesse de nos deux pays, plus tard, nous sera reconnaissante et les mères nous béniront.* »

« *Le membre de phrase* « *les mères nous béniront* » *devra figurer obligatoirement dans le titre.* »

Enfin, les censeurs s'instituent gardiens de l'« ordre moral », vestales du culte Pétain. Lorsque l'amiral Darlan reçoit les préfets à Vichy, la censure interdit d'employer le mot « banquet » et prie les journaux de signaler que « les tickets réglementaires ont été réclamés » !...

Lorsqu'un scandale éclate, elle l'étouffe. Les journaux ne devront rien dire « de l'affaire du Secours National d'Auch » où, hélas ! cigarettes, biscuits, chocolat et sucre destinés aux prisonniers ne quittaient pas la ville...

Malheur à qui n'observe pas scrupuleusement les consignes écrites et ces « consignes d'intention » aussi mouvantes, imprécises et subtiles que la politique qui les inspire.

Henry Bordeaux, malgré son conformisme, attire sur *Le Petit Journal* les foudres de la censure pour avoir fait, à contretemps, l'éloge du général Giraud et du capitaine de Bournazel. Maurras, parlant de Lucien Rebatet, est obligé de remplacer le mot « fripouille » par « gribouille ». *Paris-Soir* est condamné à imprimer en aussi gros caractères articles imposés et articles non politiques.

Chaque jour, entre Vichy et Lyon, où la plupart des journaux se sont regroupés dans de pitoyables conditions matérielles, il y a ainsi des tragédies de poche, des drames dans un verre d'eau, d'interminables discussions téléphoniques au cours desquelles la rouerie des uns cherche à vaincre l'entêtement et la pusillanimité des autres.

Cette censure à la tâche impossible permet tout de même à la presse de zone libre d'être assez différente de la presse de zone occupée pour que les Allemands en interdisent le passage à la ligne de démarcation.

Puisque le temps supprime creux et bosses de l'histoire, on pourrait croire à une sorte d'uniformité de la presse française pendant l'occupation.

Malgré les informations interdites et les informations imposées, le contrôle permanent de la censure, la partialité des agences de presse, il n'en est rien.

Face à la collaboration, à la guerre germano-russe, le ton, d'un journal à l'autre, passe de l'enthousiasme et de la frénésie (*l'Œuvre, Aujourd'hui, Je suis Partout*), à l'assentiment plus ou moins guindé, à la réticence plus ou moins avouée. Pour certain rédacteur en chef du *Petit Parisien*, dont *Je suis Partout* écrira fort sérieusement qu'« il possède un assez joli titre de gloire, celui d'être le premier journaliste français qui se soit fait traiter d' « hitlérien », combien d'autres luttent, rusent, minimisent !

Cela est vrai dans beaucoup de journaux des provinces occupées qui reproduiraient, s'ils l'osaient, le texte par lequel *Le Petit Havre* rend compte, en 1941, de l'anniversaire d'Hitler.

Ces quelques lignes définissent assez exactement la position attentiste de beaucoup de journalistes de province, non seulement sur cet événement en particulier, mais sur les événements en général. « *Pour nous, qui nous sommes imposé une obligation de n'être actuellement qu'un organe d'information et n'entendons nous mêler, dans l'état présent des choses, à aucune politique intérieure et extérieure, nous laissons à chacun sa liberté de juger et nous voulons, en toute objectivité, ne retenir actuellement qu'un fait : Adolphe Hitler est né en 1889 à Braunau, en Basse-Autriche, et c'est aujourd'hui son anniversaire [1].* »

Les différences sont encore plus sensibles si l'on compare attentivement presse de Paris et presse de Vichy.

M. Dupont, de Paris, achète *Paris-Soir* le 25 juin 1942. Il paye son journal (une seule feuille) un franc. La première page est, à 80 p. 100, consacrée aux événements militaires ou à l'Allemagne. Sur deux colonnes en tête, le journal annonce « *le désastre de Libye. En vingt-six jours de combat, les Anglais ont perdu plus de 100 000 hommes* ». D'autres titres célèbrent les succès des sous-marins allemands et la fin de la résistance soviétique dans le secteur nord de Sébastopol. Un « pavé » incite les lecteurs à composer « la chanson de route de la Légion Tricolore » et à envoyer leurs œuvres à *Paris-Soir*. Rudy Cantel commence un reportage sur les ouvriers français travaillant en Allemagne ; l'éditorial consacré au deuxième anniversaire de la signature de l'armistice évoque « les deux années perdues » par la faute de Vichy.

M. Dupont, de Paris, lit la seconde page. Encore des opérations militaires, un billet de René Martel sur les volontaires de la Légion, quelques

---

1. D'ordre des Allemands, l'auteur de ce courageux billet fut immédiatement licencié.

petites nouvelles sportives, la liste des spectacles, le feuilleton, le tableau de la Bourse, trois douzaines de petites annonces et « le carnet de la ménagère ». Un seul fait divers.

M. Dupont, de Lyon, achète le même jour *Paris-Soir*, édition de Lyon. Un franc. Une feuille. Le journal (qui est, lui, le véritable *Paris-Soir*, replié en juin 1940) s'efforce de ruser, d'éviter les affirmations excessives. La rédaction des titres fournit des indices intéressants. M. Dupont, de Lyon, apprend ainsi qu'« au sud de Sébastopol, la pression germano-roumaine croît d'heure en heure ». Le « désastre anglais » en Libye, annoncé à grands cris à Paris, est camouflé sous le titre suivant : « Les troupes de l'axe vont-elles attaquer l'oasis de Djaraboub ? » Les commentaires militaires d'Henry Bidou sont réticents et mesurés. M. Dupont, de Lyon, est choqué cependant par l'importance donnée à la réception du professeur Grim par le président Laval. Mais il ne sait pas que l'article et son titre ont été imposés — on l'a vu — par la censure.

Deuxième page. M. Dupont, de Lyon, lit avec satisfaction une colonne d'échos politico-militaires où le rédacteur laisse prévoir toute l'importance future de l'intervention américaine. Il hausse les épaules en voyant que « les pêcheurs du Rhône ramènent des esturgeons dans leurs filets ». Ce n'est pas pour moi, songe-t-il. Et il a raison. Comme dans le *Paris-Soir* pro-allemand, cinémas, feuilletons, annonces classées, bourse. Un seul fait divers.

Dans la presse de Vichy, comme dans celle de Paris, crimes passionnels et hold-up n'ont plus droit de cité.

★

Les restrictions de papier, dont les attributions sont entre les mains allemandes, l'occupation de la zone libre où les deux censures se superposent désormais, les défaites nazies, qui entraînent un raidissement de la censure, la mise en place, un peu partout, de journalistes dévoués à la collaboration ou l'élimination de ceux qui prétendent briser le flot de la propagande par des astuces de mise en page ou par la multiplication des chroniques historiques entraînent cependant, d'année en année, un amaigrissement et un alignement de la presse.

Même en juillet 1944, l'alignement sur les ultras de la collaboration sera cependant loin d'être achevé partout, mais existe-t-il beaucoup de Français pour s'intéresser encore à cette presse monotone, plate et rationnée ?

A l'exception de certains hebdomadaires — pâture de convaincus — et notamment de *Je suis Partout*, feuille techniquement bien faite, dont les collaborateurs ne manquent certes pas de talent, mais sont entraînés souvent par anticommuniste, antigaullisme, antisémitisme aux plus viles délations, à l'exception de quelques quotidiens où écrivent des éditorialistes passionnés et traqués, les journaux ne sont plus lus que par habitude et leur tirage s'effondre au cours des années [1].

On ne croit plus « ce qui est écrit dans le journal » et d'ailleurs beaucoup de bonnes gens ont pris l'habitude de dire à leur marchand :

« Donnez-moi le menteur », ce qui est une façon comme une autre de montrer que personne n'est

---

1. Le contingentement contribua d'ailleurs à cette diminution de tirage. Mais *Paris-Soir*, par exemple, passe de 970 000 exemplaires en novembre 1940 à 700 000 en juillet 1941, puis à 300 000 (contingentement) en juillet 1942.

dupe de ces feuilles aux nouvelles périmées, fausses ou dirigées [1].

Alors que se déroule la plus grande guerre de l'histoire, la rubrique la plus lue n'est pas celle des opérations militaires, car tous les Français en savent, sur ce point, bien davantage que leur journal, mais celle du ravitaillement.

Apprendre que l'on obtiendra 250 grammes de pâtes alimentaires contre remise du ticket-lettre DO de la feuille de denrées diverses d'avril, que les conserves de volailles sont débloquées, que le ticket GA donne droit à 25 grammes d'huile, voilà qui importe davantage que les élucubrations des stratèges en chambre qui veulent, en juillet 1944, prouver l'invincibilité de l'armée allemande, comme ils avaient prouvé, en juin 1940, l'invincibilité de l'armée française.

Si l'on veut connaître la vérité, on peut toujours tenter de se procurer, au marché noir, quelque exemplaire du *Journal de Genève*, qui se vendra jusqu'à 100 francs en 1943.

Si l'on souhaite vibrer patriotiquement, il faut lire ces journaux clandestins qui circulent mystérieusement, ces tracts jetés par des cyclistes pressés ou par des avions.

Ephémère, ce qui est normal lorsque l'on songe à tous les périls qui la menacent, localisée sur-

---

1. Un rapport adressé à Vichy, en 1943, signalait que la propagande par voie de presse se révélait le plus souvent inefficace :

« 1. Parce que la majorité du public estime que la presse est tendancieuse, jugulée et orientée par l'occupant et que, par conséquent, elle doit être considérée comme nulle et non avenue.

« 2. Parce que beaucoup de gens, déjà dressés contre le gouvernement, voient en elle un organe gouvernemental. »

tout à la zone non occupée [1], enfantée par de toutes petites équipes qui écrivent, éditent, transportent, se dispersent ou sont dispersées, et dont les tentatives journalistiques ont parfois un côté estudiantin, la presse clandestine n'en jouera pas moins un rôle considérable dans l'évolution de l'opinion publique.

De ces milliers de graines jetées, quelques-unes germent, quelques autres grandissent. Mais le départ est toujours parfaitement humble : polycopie ou machine à écrire.

L'arrivée (l'arrivée en 1944 sur les presses des anciens journaux) dépendra de la chance beaucoup plus que du talent.

L'important, dans cette affaire-là, ce n'est pas de bien écrire, mais de passer à travers les filets policiers. C'est si vrai qu'en janvier 1942 *Franc-Tireur* porte, en sous-titre, « Mensuel dans la mesure du possible et par la grâce de la police du Maréchal ».

Au début, pas d'argent. *Franc-Tireur* est « fondé » à Lyon avec 10 000 francs en caisse. Frenay dispose de moins encore lorsqu'il crée les *Petites Ailes*. Et ce n'est pas la seule difficulté. Bertie Albrecht, la secrétaire de Frenay, veut-elle passer du stade de la machine à écrire à celui de la ronéo, il lui faut acheter pour 2 000 francs une machine d'occasion car, pour s'en procurer une neuve, une déclaration à la police serait obligatoire.

De quelques dizaines d'exemplaires, les *Petites Ailes* passent alors à 500. Si l'on découvre un imprimeur, on a franchi une importante étape et le

---

1. Où le danger est moindre, ce qui facilite bien des choses par exemple lorsqu'il s'agit de se procurer du plomb, de l'encre, parfois du papier. D'autre part, certains journaux de zone libre, *Le Progrès de Lyon*, par exemple, « fournissent » à la presse clandestine beaucoup de ses rédacteurs.

tirage bondit de 500 à 5 000 ; mais les risques sont immenses.

Des journaux meurent. D'autres grandissent, ont presque de véritables équipes rédactionnelles, des services de diffusion, des problèmes à la fois comparables à ceux de tous les journaux et autrement ardus. Lorsque les *Petites Ailes* ont pris le titre *Combat* (novembre 1941), le journal comprend un directeur, Frenay ; deux éditorialistes, Georges Bidault et Claude Bourdet ; un rédacteur en chef, Cerf-Ferrière, puis Pascal Pia ; une secrétaire de rédaction, Jacqueline Bernard ; des services d'impression et de diffusion qui n'ont plus à s'occuper des deux cents ou trois cents exemplaires du début, mais, en 1943, au cinquantième numéro, de 50 000, en 1944 de 100 000. Par mois, bien entendu [1].

Le journal clandestin ne propose pas des informations, mais des mots d'ordre, des slogans, il donne à tout un immense public — car on se le passe de main en main sans le détruire — des piqûres d'orgueil, de haine, de patriotisme.

Entre les diffuseurs comme entre les lecteurs, s'établit une confusion admirable, Le catholique reçoit *l'Humanité* et le communiste diffuse les *Cahiers du Témoignage Chrétien ;* on recopie et on médite les slogans que répandent des feuilles dont on ne connaît ni les rédacteurs ni les imprimeurs, mais seulement la volonté de résistance.

« *Vivre dans la défaite, c'est mourir tous les jours* », la phrase de Napoléon se trouve en épigraphe des *Petites Ailes.* « *Un peuple n'est*

1. *Combat* aura cinquante-huit numéros de décembre 1941 à la Libération. D'autres clandestins, dont le tirage a été évalué à 300 000, sortiront mensuellement sur les presses de *Combat.*

vaincu que lorsqu'il a accepté de l'être. » Foch,
en épigraphe de *Liberté*. « *Dans la guerre comme
dans la paix, le dernier mot est à ceux qui ne se
rendent jamais. Clemenceau* », en épigraphe de
Combat.

★

A côté des journaux clandestins, plus faciles
à fabriquer et à diffuser, les tracts, de typo-
graphie médiocre, de toute origine, mais que l'on
découvre partout en zone occupée, sur les bancs
du métro, dans les jardins de banlieue, collés
sur les murs des maisons où concierges, propriétaires et locataires sont invités par la police
à les faire disparaître immédiatement.

Un collaborateur de *Je suis Partout* a imaginé
de suivre, une nuit, à la trace, un diffuseur gaulliste. Voici le reportage du journaliste-policier
Henry de Brillouet :

« *Il est 22 h 30. Les rues de cette ville de grande
banlieue, dans laquelle j'enquête, sont calmes et
sombres. Parfois, passe à toute allure une voiture
ou un side-car de la Wehrmacht.*

*L'homme que je file se promène tranquille-
ment, les mains dans les poches, longeant les
maisons avec l'air le plus innocent du monde.
Mais, à chaque fois qu'il arrive devant une
porte, il s'arrête, regarde rapidement à droite,
puis à gauche, et tire rapidement de sa poche
un morceau de papier, qu'il glisse dans la boîte
aux lettres. Puis il reprend sa promenade innocente, tandis que je le suis, me glissant de porte
en porte, d'arbre en arbre...*

*L'idéal assurément, ce serait de pouvoir m'empa-
rer d'un de ces tracts — car ce sont des tracts
que l'homme que je file met dans des boîtes aux
lettres et l'homme est un militant gaulliste —*

afin d'en connaître le texte. Et l'idéal serait d'accoster l'homme sous un prétexte quelconque (et même sans prétexte du tout) et de le faire parler...

Continuons notre filature... Ah! le voici qui tourne dans une rue, de sorte que j'échappe à sa vue comme il échappe à la mienne. Profitons-en. Je m'approche d'une porte. Ce qu'il faut, c'est que le tract soit mal enfoncé dans la boîte afin que je puisse le saisir. Ici rien. Ah! voici... Je prends rapidement le tract, le déplie et le parcours, à la lueur de ma lampe de poche. C'est naturellement un appel qui voudrait être vibrant à la révolte contre les troupes d'occupation et contre le gouvernement du Maréchal.

Reprenons la poursuite. En quelques pas, je parviens au coin de la rue dans laquelle mon homme a disparu et je l'aperçois qui continue son travail à une centaine de mètres de moi. Il m'entend et prend un air dégagé, l'air du promeneur solitaire qui prend le frais en attendant d'aller savourer un repos bien gagné...

Je m'approche et, lorsque je suis tout près de lui, je murmure :

« Verdun. »

C'est le mot de passe des gaullistes pour cette semaine.

Le visage de l'homme s'éclaire. Il a 25 ans environ et l'air d'un bureaucrate, d'un fonctionnaire. Il me dit :

« C'est vous, le nouveau, qui êtes envoyé par Audoux.

— Oui.

— Alors, voici des tracts et de la craie. Faites la rue Gambetta et la rue des Marchés et n'oubliez pas les V et les croix de Lorraine sur les murs partout où vous pourrez.

— Entendu.

*— Et attention aux patrouilles. Ne tombez pas
dans les pattes des Fridolins.*

— Vous pensez... Je vais faire attention. »

*Nous nous séparons avec la poignée de main
des conjurés... Bien entendu, je profite du plus
proche égout pour y précipiter les tracts et même
l'innocente craie. »*

En vérité, journaux et tracts clandestins
seraient, au début, impuissants à lutter seuls
contre la propagande des Allemands, de la presse
de collaboration, de Vichy.

A cette propagande quotidienne s'oppose la
contre-propagande quotidienne de la radio
anglaise dont se nourrit, dont s'abreuve jusqu'à
l'ivresse, jusqu'à l'abandon de tout sens critique, une foule considérable.

Les heures des émissions françaises de la
B. B. C. (12 h 30 et 21 h 15 notamment) provoquent presque partout rassemblement familial
et amical. Malgré les défaillances des moyens de
transport, on se hâte pour être à l'heure de Londres. Une « histoire drôle » le prouve :

« *Vous savez ce qui s'est passé l'autre soir,
près du Luxembourg ?* demande un des interlocuteurs. *Il était 21 h 20. Un juif a tué un soldat
allemand, l'a éventré et lui a mangé le cœur.*

*— Impossible ! Triplement impossible ! Un
Allemand n'a pas de cœur. Un juif ne mange pas
de porc. Et, à 21 h 20, tout le monde écoute la
radio anglaise. »*

C'est vrai. Tout le monde écoute la radio anglaise. Alors, toutes conversations arrêtées, cœurs
battants, penchés autour du poste, tendus vers
cette voix lointaine que les brouillages alle-

mands rendent presque inaudible, mais qui émerge cependant de l'insupportable bruit de fond, à portée de la main une carte des batailles, les Français se livrent aux joies sincères de la stratégie en chambre et aux espoirs fous de libération.

C'est un hebdomadaire collaborationniste, *La Gerbe*, qui a le mieux décrit peut-être la fièvre qui, à l'heure des *Français parlent aux Français*, saisit presque toute la population.

« — La radio anglaise ! »

Tout le monde aussitôt se tait. Nous sommes dix à table mais toutes les conversations s'arrêtent. Seul un jeune homme qui n'a pas entendu continue à parler, penché vers sa voisine. Le maître de la maison, qui s'est levé pour tourner les boutons de son poste, le rappelle fermement à l'ordre :

« Voyons, mon cher, c'est l'heure de la radio anglaise. »

Le jeune homme rougit, baisse le nez dans son assiette. Plus un bruit. Le maître d'hôtel se tient au garde-à-vous. Tournés tous vers le cadre lumineux de l'appareil, nous attendons la voix de Londres.

Je regarde les convives autour de moi. Tous, l'an passé, se sont enfuis. Concours de vitesse et concours d'égoïsme... Mais, aujourd'hui, il n'y a pas plus braves que mes compagnons. Bien attablés, sirotant leur calvados, digérant un excellent gigot du marché noir, ils n'ont plus peur de rien : ils sont des héros, pensez donc, ils écoutent Londres.

Changement de décor :

Dans un petit café de Ménilmontant, des hommes discutent autour du comptoir... Soudain, l'un d'eux jette un coup d'œil à la pendule et s'approche de l'appareil de T. S. F.

« Vous permettez, patron ? C'est pour avoir Londres. »

Autour de lui, on s'esclaffe, on se congratule.

« Ah ! il n'a pas froid aux yeux, celui-là ! »

Le journaliste a tort de se moquer des « braves auditeurs ».

Tous les Français qui « prennent » Londres ne sont pas des fuyards de juin 1940. Et certains deviendront des héros.

Il n'y a certes guère d'héroïsme à écouter la B. B. C. — encore que les Allemands punissent sévèrement les auditeurs pris sur le fait [1] — mais l'écoute quotidienne transforme l'auditeur passif en partisan actif.

On répète les slogans, on suit les consignes lancées par le général de Gaulle et ses porte-parole, on cherche à percer le mystère des « messages personnels » et, peu à peu, on se retrouve plongé dans l'action directe.

Ayant retourné contre les Allemands l'arme de la guerre psychologique, les Anglais s'en servent avec maîtrise. Pendant deux ans, c'est sur le front de la propagande qu'ils remportent leurs seules victoires. Persuadés de l'importance de la radio, ils lancent sur la France occupée un tract qui donne, non seulement toutes les heures des émissions en langue française (il y en a douze par jour), mais également des conseils de prudence aux sans-filistes, invités à remplacer l'antenne extérieure par un branchement sur un tuyau de gaz ou d'eau et à conserver soigneusement camouflé un poste non déclaré à la police.

---

1. Les Allemands punissent. Les Français aussi. En novembre 1941, la Cour d'appel d'Aix-en-Provence condamne quatre auditeurs de radio anglaise à des peines de quinze jours à trois mois de prison ; à Bordeaux, le P. P. F. distribue des tracts de menace dans les boîtes aux lettres dans l'espoir d'inquiéter les auditeurs de Londres.

Ce tract prend place dans la masse des tracts et « papillons » de toute origine, diffusés pendant des années et qui permettent de mieux connaître encore les soucis de la vie quotidienne, puisque les rédacteurs de tracts se doivent d'être psychologues.

Tracts gaullistes — le premier apparaît le 3 octobre 1940 [1] — d'abord sommaires mais qui prennent bientôt, sur le mode ironique, le contre-pied de la propagande vichyssoise.

Philippe Henriot fait-il un discours public à Lyon, les mouvements de résistance diffusent immédiatement ce tract moqueur : « *En exclusivité, les tournées Laval présentent le grand fantaisiste de la Radio nationale, Philippe Henriot, dans un numéro étourdissant de fou rire. Une seule représentation.* »

La profession de foi de Clausewitz en 1812 : « *Je me refuse... à espérer puérilement conjurer la colère du tyran en désarmant volontairement... Je crois et je confesse qu'un peuple n'a rien de plus haut à respecter que la dignité et la liberté de son existence* », est polycopiée à des milliers d'exemplaires.

Les victoires de l'armée grecque font fleurir des petits papillons vengeurs : « Si vous voulez visiter l'Italie, engagez-vous dans l'armée grecque. »

Enfin, le slogan de Vichy est ainsi dénaturé : « Travail : Introuvable. Famille : Dispersée. Patrie : Humiliée. » Le même slogan interprété

1. Tout au moins d'après le préfet de Police Roger Langeron que l'on imagine bien renseigné. Collé sur les murs de Paris, il était ainsi rédigé : « Français, ralliez-vous au mouvement de la France Libre. Vive de Gaulle ! »

par les communistes devient : « Travail : Forcé. Patrie : Vendue. 200 Familles », et l'on pourrait, en comparant les deux formules, se livrer à une instructive étude sur le dynamisme respectif, le recrutement, le public, des gaullistes et des communistes au début de l'année 1941 [1].

Tracts communistes qui, d'abord, attaquent presque uniquement Vichy et ne critiqueront vigoureusement les Allemands qu'après l'entrée en guerre contre la Russie.

Edités en série, d'après des modèles fournis aux cadres [2], ces tracts sont intelligemment orientés vers les problèmes les plus angoissants de l'heure : responsabilité de la défaite, chômage, ravitaillement, prisonniers.

Au peuple de Paris, mal remis de l'exode et de la défaite, les communistes affirment qu'ils n'ont été pour rien dans la guerre. Aux Français coupés de Vichy par la ligne de démarcation, le Parti propose : « Thorez au pouvoir : tel est le cri du peuple de France », ou encore : « Ni Londres, ni Berlin. La France aux Français ! Thorez au pouvoir. »

Sur les marchés vides, dans les queues qui se forment le long des boutiques, des femmes abandonnent des tracts dont le texte est stupéfiant pour qui conserve encore son sang-froid. Mais « ventre affamé n'a point d'oreilles ». Le parti communiste peut donc présenter aux ménagères l'U. R. S. S. comme « le seul pays en Europe où il n'y a ni manque de produits alimentaires ni cartes de rationnement ». Il peut lancer impunément, en octobre 1940, des tracts réclamant un pacte commercial avec la Russie, « seul moyen

1. Le slogan gaulliste date de décembre 1940, le communiste de mai 1941.
2. D'après Pierre Nicolle, *cent mille tracts quotidiens* seraient diffusés en zone occupée par les communistes en octobre 1940.

d'éviter la diminution de la ration de pain ».

Dans un peuple qui n'a plus faim de vérité, mais de formules et d'espoir, nul ne s'inquiète de la vérité des formules.

Radio anglaise, journaux et tracts clandestins seront donc à l'origine de ces « manifestations silencieuses » par lesquelles, principalement en zone occupée, s'exprime tout d'abord l'esprit de résistance. Grâce à eux l'on connaît les consignes, les heures et les lieux de rendez-vous de ces journées qui ont pour prétexte un anniversaire glorieux : 14 juillet, 11 novembre ; une fête populaire : 1er janvier, 1er mai.

14 juillet 1941 où Françaises et Français, avec précision, avec patience, cherchent à composer une harmonie tricolore. Les hommes ont moins de moyens que les femmes. Ils arborent des pochettes, des rubans, de minuscules bouquets à la boutonnière. Mais leurs compagnes, qui se promènent lentement sous les yeux indulgents des gardiens de la paix, sous les regards irrités des Allemands, étalent, avec orgueil, leurs robes de patriotes : « *Jamais les gens ne s'étaient regardés avec tant de soin*, écrit Jean Guehenno, retour d'une promenade dans Paris. *Chacun travaillait à reconnaître les inventions des autres. Les souliers bleus, les bas blancs, la robe rouge de l'une, la veste rouge, le sac bleu, les gants blancs de l'autre. Que d'efforts dérisoires, mais non pas perdus après tout. Cette attention des uns aux autres finissait par créer la joie d'une communion.* »

A Gisors, une jeune fille est ceinte d'une écharpe tricolore, un jeune garçon a coiffé un chapeau de paille peint aux couleurs nationales. Exemple entre cent mille autres.

En juillet 1942, ces manifestations se renouvellent ; elles ont plus d'ampleur encore et iront croissant jusqu'en 1944 où, près de Paris, deux cents personnes chantant *La Marseillaise* vont se recueillir, dans le cimetière d'Ivry, sur le carré des fusillés, tandis qu'à Gentilly, à Vitry, à Chevreuse, à Aulnay-sous-Bois, à Meudon, dans vingt communes de banlieue encore, des fleurs sont déposées devant les monuments aux morts par des manifestants armés parfois de mitraillettes.

A Bourg-d'Oisans enfin et dans d'autres villages momentanément délivrés par le maquis, la fête nationale est célébrée librement, la cérémonie aux monuments aux morts s'accompagnant de défilés et de discours.

La première manifestation populaire antiallemande d'importance a lieu à Paris le 11 novembre 1940.

Manifestation d'étudiants, qui défilent sur les Champs-Elysées en criant : « Vive de Gaulle », et que les Allemands dispersent rapidement en tirant quelques coups de mitraillettes dirigés vers le sol et qui ne feront aucun mort [1].

Manifestation dont la propagande s'empare et dont le retentissement sera énorme. La radio anglaise annonce onze morts, chiffre qu'adopte immédiatement la France entière. Irrités, les Allemands adressent au préfet de Police une note interdisant les cours dans toutes les facultés, ordonnant le retour en province des étudiants qui ne possèdent pas un domicile familial à Paris, exigeant que tous les étudiants se présentent quotidiennement aux commissariats de police.

Tandis que les étudiants parisiens font circuler des mots d'ordre de rassemblement pour le

---

1. Malgré ce qu'affirmera en 1948 encore la propagande communiste.

11 novembre 1940, Christian de Mondragon et Michel Dabat, deux étudiants nantais, réussissent l'ascension de la cathédrale Saint-Pierre. De Mondragon attache au paratonnerre un drapeau tricolore dont il découpe un petit morceau d'étoffe rouge qu'une fois arrivé au sol il partagera avec Dabat [1].

Pour un autre 11 novembre, l'avocat Weil-Curiel dépose, dans la nuit, devant la statue de Clemenceau, une gerbe accompagnée d'une gigantesque carte de visite d'un mètre de long, en carton blanc, entourée d'un ruban tricolore et portant ces mots : « Le général de Gaulle. »

Dans la journée, Weil-Curiel effectue un pèlerinage devant la statue qu'il n'a pas eu, on s'en doute, le temps d'observer, lorsque, nerveux, pressé, guettant l'avenue silencieuse et la porte éclairée d'un commissariat voisin, il se hâtait de déposer les fleurs. La carte de visite a naturellement été enlevée (un photographe complice en a cependant pris l'image de bon matin), mais *sa* gerbe est toujours là, entourée de petits bouquets tricolores que les marchandes ambulantes, aussi astucieuses que ces musiciens qui jouent *La Marseillaise* dans le métro, ont préparés par milliers, comme si elles avaient été touchées, elles aussi, par les consignes de la Résistance.

Les Parisiens fleurissent également la statue de Strasbourg, la statue de Jeanne d'Arc, la dalle consacrée, à Notre-Dame, aux soldats britanniques tombés sur le sol français...

A Tulle, le jour même de l'entrée des Allemands en zone libre, le 11 novembre 1942, plusieurs milliers de manifestants vont en cortège au monu-

---

1. Le drapeau fut amené à 11 h 30 par les pompiers. Arrêté pour une tout autre affaire, Michel Dabat sera fusillé en 1941 comme otage à Nantes.

ment aux morts. Mme Edmont Michelet, son der-
nier-né dans les bras, ses autres enfants autour
d'elle, marche en tête de la manifestation que les
Allemands dispersent...

Les Français apprennent avec délices l'art de la
manifestation. La B. B. C. tantôt les jette en foule
autour d'un monument (celui de Jeanne d'Arc en
mai), tantôt leur interdit de sortir. Le 1er janvier
1941, par exemple, à 14 h 55, toutes les rues se
vident et les soldats allemands se retrouvent presque seuls à déambuler dans des cités aux habitants soudains évanouis.

Les Français manifestent dans les cinémas pendant le passage des actualités allemandes, si bien
qu'il faut laisser les lumières allumées et placer
des agents dans la salle ; ils boycottent, avec succès parfois, les films de propagande nazie puisque, à Lyon, la municipalité doit suspendre les
représentations du *Juif Süss* ; ils huent Pierre
Laval lorsqu'il paraît sur l'écran. Un spectateur
applaudit-il — c'est le cas de M. Jean-Marie San-
cey à Lyon encore — il est pris à partie par la
majorité de la salle qui l'oblige à battre en
retraite tandis que le directeur du cinéma lui
dit :

« Vous n'avez qu'à cesser vos réflexions et sortir. »

Ce sont des foules enfin qui accompagnent
jusqu'au cimetière certains résistants ou les aviateurs alliés abattus par la D. C. A. allemande.

Après que le père Corentin Cloarec a été tué
par la police allemande, 30 000 Parisiens défilent
6, rue Marie-Rose, devant son corps. Le jour de
l'enterrement, 6 000 personnes sont présentes et
iront du couvent Saint-François jusqu'à l'église.

A Toulouse, lorsque l'abbé Naudin enterre l'étudiant Edmond Guyaux, qui a été fusillé, ficelé à un arbre, car ses blessures l'empêchaient de tenir debout, il pavoise l'église avec des drapeaux tricolores et le convoi est suivi par une foule énorme. Quelques jours plus tard, un milicien toulousain est-il tué, nul de sa rue ni de son quartier ne se dérange pour le service funèbre.

Mêmes réactions à Tournus (Saône-et-Loire) où, le 28 mai 1944, l'enterrement de deux indicatrices de la Gestapo a lieu dans la plus totale solitude. Mais, lorsque le Canadien John Welmouth est descendu, le 3 mai 1942, au-dessus de Saint-Malo, c'est une sage-femme, Mlle Claudel, qui fait sa toilette mortuaire. Elle alerte quelques amis qui, eux-mêmes, en alertent d'autres et, finalement, plusieurs milliers de Français accompagnent, deux jours plus tard, le cercueil de la chapelle Saint-Sauveur jusqu'au cimetière [1].

Ainsi, les Français, souffrant de l'occupation allemande, ont-ils leurs manifestations, leurs cérémonies qui dépassent, sinon en importance, du moins en intensité patriotique les cérémonies organisées en zone libre par la Légion. Ces manifestations ont, de surcroît, le piment de l'illégalité et du danger. Tandis que les unes iront décroissant d'ampleur et de foi, à mesure que s'évanouit l'illusion de la zone libre, les autres seront de plus en plus nombreuses, prenant prétexte du plus mince incident pour se développer.

1. Mlle Claudel fut condamnée à dix mois de prison. Plusieurs de ses « complices » furent également punis de peines allant de six à dix mois de prison.

En dehors de toutes ces actions organisées, le sentiment de milliers d'anonymes s'exprime quotidiennement par des graffiti sur les murs. Croix de Lorraine, slogans « Patience, Confiance » en octobre 1940, l'Angleterre paraît à la veille du désastre, « rectifications » apportées aux affiches allemandes, croix gammées sur la porte ou la boutique des collaborateurs, inscriptions dans les urinoirs : « A bas les Boches », « Si vous voulez enlever le vert-de-gris, servez-vous du brillant de Gaulle », « A bas les cartes d'alimentation, vive Thorez ».

Enfin, au printemps 1941, on voit partout fleurir les V de la victoire anglaise. Victoire encore lointaine, peut-être hypothétique, à l'heure où les Allemands fêtent l'anniversaire de leur conquête de la France par la conquête de la Yougoslavie et de la Grèce, mais victoire tellement espérée que le peuple français de zone occupée croit en rapprocher le jour en multipliant les V tracés hâtivement à la craie, au crayon, au minium, sur les murs et les routes, les V découpés dans des tickets de métro.

Pour contre-attaquer, les Allemands adoptent eux aussi le V, dans la nuit du 20 au 21 juillet. En allemand, victoire se dit « Sieg ». Qu'importe, ils annexeront le mot latin « victoria » dont le V gigantesque, sans bavures, répondra ainsi, sur leurs camions, sur les murs des locaux réquisitionnés, sur la Chambre des députés et sur la Tour Eiffel, aux insolents, aux maladroits, aux innombrables petits « V » semés par les gaullistes.

Plus tard, les deux chiffres 18 = 43, dessinés sur les murs, voudront être, pour tous les soldats allemands, le signe annonciateur des défaites prochaines.

Battus par les chars et les avions allemands, les Français prennent leur revanche dans le domaine de l'esprit.

Elles sont innombrables les histoires qui circulent et créent, immédiatement de l'un à l'autre, un climat de complicité, de pré-résistance, en somme.

Histoire de ce vieux petit monsieur distingué, installé dans un autobus complet. Dans un tournant un peu trop vif, tous les voyageurs de la plate-forme sont précipités les uns sur les autres. Dans le mouvement, un soldat allemand écrase de sa botte le pied d'un Français qui, surpris, a une réaction malheureuse et gifle l'Allemand. Tout le monde s'interpose. Le contrôleur accourt. Du fond de l'autobus, le vieux petit monsieur distingué se fraie un chemin et, parvenu difficilement jusqu'au soldat allemand, le gifle à son tour de toutes ses forces.

Stupeur. Amusement. Scandale. Les trois héros du drame sont conduits au commissariat de police. On interroge l'auteur de la première gifle.

« Enfin, Monsieur, pourquoi avez-vous giflé Monsieur ?

— J'ai les pieds très sensibles. Monsieur m'a fait mal ; surpris par la douleur, j'ai eu ce réflexe malheureux dont je m'excuse.

— Malgré cette réaction un peu vive, dit le soldat allemand, j'admets cette explication et je suis prêt à excuser Monsieur... Mais, l'autre gifle...

— Oui, dit le commissaire en se tournant vers le vieux petit monsieur distingué, personne ne vous avait marché sur les pieds, vous étiez assis dans le fond de l'autobus. Alors, pourquoi ce geste insolite ?

— Oh ! C'est bien simple, répond le vieux petit monsieur. Quand j'ai vu qu'on giflait l'Allemand, j'ai cru que les Anglais avaient débarqué. »

Histoire drôle en 1941, histoire qui « collera » à la réalité en août 1944...

De l'un à l'autre, on se pose des devinettes :

« Savez-vous quel est le comble de la disette pendant l'occupation ?

— ...

— C'est de nourrir deux millions de vaches et de manquer de lait. »

« Pourquoi le général de Gaulle est-il allé à Londres ?

— ...

— Il est allé chercher la clef anglaise pour déboulonner l'Axe. »

« Comment appelle-t-on le maréchal Pétain ?

— ...

— Voyons, vous ne devinez pas ? Saint-Philippe qu'on roule. »

On récite *Le Songe de Laval*, parodie du *Songe d'Athalie*, que le journal *France*, de Londres, publie le 13 janvier 1941 et que des résistants bretons recopient à de nombreux exemplaires :

C'était pendant l'horreur d'une profonde nuit,
L'ombre de Clemenceau devant moi s'est mon-
[*trée*
Comme au jour de sa mort tout de noir habillée.

> *Tremble ! Tremble ! dit-il, monstre indigne de*
> [*moi.*
> *L'affreux Adolphe Hitler l'a emporté sur toi...*

L'ordre nouveau — cet « ordre » que les Allemands appuient sur leur Gestapo — est le thème de cette histoire féroce où deux vagabonds tiennent les premiers rôles.

Ils s'interrogent, discutent à perdre haleine, tentent de donner une définition de l'ordre nouveau et, faute d'y réussir, interrogent un officier allemand ·

« L'ordre nouveau, mon ami, répond l'officier au clochard le plus audacieux, eh bien, voilà : quand les capitalistes seuls ont une auto, c'est la ploutocratie ; quand les capitalistes et les petits bourgeois ont une auto, c'est la démocratie ; quand tout le monde aura une auto, ce sera l'ordre nouveau. Compris ?

— Bon, j'ai compris, dit à son copain l'un des vagabonds. Quand les capitalistes seuls font les poubelles, c'est la ploutocratie ; quand les capitalistes et les petits bourgeois font les poubelles, c'est la démocratie et, quand tout le monde fera les poubelles, ce sera l'ordre nouveau ! »

Et, lorsqu'il s'agit de collaboration, l'histoire est encore plus courte : « La collaboration ? Donne-moi ta montre, je te donnerai l'heure. »

Décembre ramène toujours ces curieuses prières de Noël qui se modifieront avec les années. Voici celle de l'an 1940 :

> *Noël n'aura pas lieu cette année*
> *La Sainte Vierge et le petit Jésus sont évacués*
> *Saint Joseph est en camp de concentration*
> *L'étable est réquisitionnée*
> *Les anges ont été descendus par la D. C. A.*

Les Rois mages sont en Angleterre
La vache est à Berlin et l'âne à Rome
L'étoile a été repeinte en bleu par ordre du chef
[*d'îlot* [1].

Même pendant les jours où la victoire allemande paraît le mieux assurée, les Français continuent à espérer contre toute espérance et colportent des bruits incontrôlables suivant lesquels les hôpitaux de Dieppe, d'Amiens et de Rouen regorgent de soldats allemands très grièvement brûlés. Pour les uns, les Anglais auraient fait échec à une tentative de débarquement en incendiant la mer préalablement recouverte de pétrole. Pour les autres, les Allemands ont été électrocutés par des fils à haute tension.

Le 6 décembre 1940, *Au Pilori* rapporte, pour s'en moquer, cette réflexion entendue dans une queue devant une maison d'alimentation de Neuilly :

« Moi, je ne mange plus de poisson depuis qu'une de mes amies a trouvé dans une dorade un pouce d'Allemand. Vous pensez ! Avec tous ces soldats tués lors des tentatives de débarquement en Angleterre, cela n'a rien d'étonnant [2]. »

1. A la fin de l'année 1942, circule, dans la Marne, la variante suivante : « Diocèse de Reims. Mes bien chers frères, En raison des circonstances actuelles, j'ai le regret de vous annoncer qu'il n'y aura pas de fête de Noël cette année :
    Saint Joseph est dans un camp de concentration
    Les moutons ont été envoyés en Allemagne
    Pour le ravitaillement de la population
    Les bergers sont réfractaires, etc.
2. Toujours au cours de l'hiver 1940-1941, circule la définition suivante du soldat allemand : « C'est un cochon maigre d'Allemagne, engraissé en France, salé dans la Manche et mis en boîte en Angleterre. »

On dit « ils sont corrects », parce que l'on attendait une armée de soudards s'acharnant sur des villes et des femmes conquises. On dit « ils sont corrects », en s'efforçant de ne pas regarder ces musiques bruyantes qui défilent sur les Champs-Elysées sous la conduite d'un tambour-major géant, de ne pas voir les drapeaux, les panneaux de signalisation, les roides sentinelles, les sapins qu'en décembre les Allemands plantent sur les places publiques.

Dans ses *Conseils à l'occupé*, diffusés en juillet 1940, Jean Texcier met d'ailleurs en garde les Parisiens contre la tentation de la politesse, du sourire, de la complaisance : « *Pas de précipitation, ignore leur langue, n'assiste pas à leurs concerts ni à leurs parades. Ils sont très « causants ». Ayant caressé les enfants, ils sourient à la mère et bientôt gémissent sur le sort de la France. Alors suit le boniment : « Pauvres Fran-« çais, vous avez été entraînés dans une funeste « guerre par un gouvernement de coquins à la « solde de l'Angleterre... » Les camelots leur offrent des plans de Paris et des manuels de conversation ; les cars déversent leurs vagues incessantes devant Notre-Dame et le Panthéon ; pas un qui n'ait, vissé dans l'œil, son petit appareil photographique. Ne te fais pourtant aucune illusion : ce ne sont pas des touristes* [1]. »

Oui, on dit « ils sont corrects », mais bientôt l'on ajoute « mais ils prennent tout » et c'est encore l'occasion d'une histoire, celle de deux agents de l'Intelligence Service qui, aux premiers

1. Parmi ces trente-trois « Conseils à l'occupé », tous conseils de résistance, il en est un, cependant, qui fait exception, le conseil n° 6 : « S'il te demande du feu, tends ta cigarette. Jamais, depuis les temps les plus lointains, on n'a refusé du feu, pas même à son ennemi le plus immortel. »

jours de l'occupation, circulent dans Paris habillés en officiers de la Wehrmacht.

Des policiers allemands les arrêtent :

« Inutile de nier, vous êtes des espions anglais.

— Exact, avouent flegmatiquement les deux Britanniques. Comment nous avez-vous reconnus ?

— Facile, vous êtes les seuls à ne pas porter de paquets... »

En deux mots, tout est dit sur la fureur brouillonne avec laquelle les Allemands dévalisent la France de 1940 et du bonheur de vivre. Et c'est vrai qu'ils ont abandonné le fusil pour les cornets de pêches juteuses, les raisins gras, les jouets, les colifichets, les parfums, les vêtements, pour tout ce qui se mange, tout ce qui s'emporte en permission, tout ce qui s'expédie.

« Vous êtes les seuls à ne pas porter de paquets »; le trait va loin.

Car, en zone occupée, avec les jours qui passent, le poids de la présence allemande se fait brutalement sentir. Le soulagement avec lequel l'armistice a été accueilli se dissipe aussi rapidement que se précisent les exigences allemandes.

Sans doute, dans les départements les plus frappés par la guerre l'opinion apparaît-elle, en apparence du moins, quelque peu engourdie.

« *Ce qui caractérise les rapports avec l'occupant*, signale le préfet des Ardennes, le 13 janvier 1941, *c'est une sorte d'indifférence amorphe du côté français avec une tendance à l'empressement servile dès que se manifeste la moindre pression. Servilité née de la crainte, d'une crainte qui, dans les premiers jours de l'occupation, était le terrain le plus favorable à une collaboration sans réserve.* »

Sans doute, le préfet du Loiret, qui envoie chaque semaine un rapport au commandant de la

Feldkommandantur d'Orléans, signale-t-il davantage de vols de bicyclettes (21 du 7 au 10 septembre 1941) et de volailles (34 du 10 au 14 octobre 1941) que d'incidents politiques, mais il ne faut pas se fier trop aveuglément à ces textes officiels qui, volontairement ou non, masquent souvent la vérité.

Sans doute encore est-il vrai que, partout, l'inscription « Man spricht deutsch » a remplacé « English spoken » et que, en novembre 1941, à l'école Berlitz, 7 920 Parisiens suivent les cours d'allemand et 625 seulement les cours d'anglais, mais il ne faut prêter qu'une importance relative à cet empressement alimentaire.

Il y a d'autres indices, on l'a vu, qui montrent plus sûrement l'évolution de l'opinion publique en zone occupée.

Peut-il d'ailleurs en être autrement ?

En mars et avril 1941, avant l'attaque de la Russie, avant les représailles, le S. T. O., les maquis, les déportations, les préfets énumèrent longuement déjà, à l'intention du gouvernement, tout ce qui est susceptible d'irriter une population démunie et malheureuse.

La ligne de démarcation coupe la France en deux, l'Alsace et la Lorraine sont annexées, la société Ostland occupe les terres des Ardennais, les départements du Nord sont toujours rattachés à la Belgique, dans la Manche les maires doivent organiser la garde des terrains d'aviation et, en Meurthe-et-Moselle, improviser un système de guet pour la D. C. A.

Les réquisitions de logements font rage. Elles sont estimées à 100 millions pour la Charente-Inférieure, plus de 50 millions pour le Morbihan et le Calvados. L'armée allemande fait payer à la France, non seulement les immeubles qu'elle occupe, mais aussi les bateaux réquisitionnés pour les exercices de débarquement, le matériel chirurgical des hôpitaux, la nourriture de ses soldats, le ravitaillement à destination de l'Allemagne, les frais de pilotage des bateaux de guerre et d'installation de maisons de tolérance.

S'il n'y a pas encore de soldats allemands tués, déjà des câbles téléphoniques sont coupés, des véhicules incendiés, des Français fusillés pour activité d'« espionnage » ou pour « insultes » à l'armée allemande.

Les villes sont frappées d'amendes, le couvre-feu avancé. « *A partir d'aujourd'hui et jusqu'à nouvel ordre*, écrit Jean Guehenno, *nous ne pourrons plus sortir entre 5 heures du soir et 5 heures du matin, les métros sont arrêtés à 5 h 30, les restaurants fermés... Il est 5 h 30, je regarde tomber le jour. Pas un bruit, pas un souffle. C'est Paris !*

« *Derrière les vitres* (« *pendant toute la durée* « *du couvre-feu, les fenêtres devront être fer-* « *mées* », *commande l'autorité*), *les gens de la maison d'en face regardent comme moi la rue vide. Nous nous faisons des signes. Solidarité de prison.* »

Une étude sur « neuf mois d'occupation » adressée, le 5 mai 1941, par le général Doyen au général Huntziger, étude qui s'efforce de saisir sur le vif les réactions de l'opinion publique en zone occupée, souligne que « les progrès de la misère et ceux des propagandes anglaise et communiste » vont de pair, et s'achève sur ces mots révélateurs : « *C'est enfin le « fait de l'occupa-*

« tion » qui infuse peu à peu aux Français la haine de l'Allemand, aussi bien de celui qui, très correctement, impose son intervention à l'administration et aux entreprises françaises et vide le pays de sa substance, que du militaire qui ne se gêne pas pour obtenir une douzaine d'œufs par la menace ou pour se chauffer avec les meubles qu'on a mis à sa disposition. »

Entre une histoire que l'on colporte et une bombe que l'on pose, il y a bien du chemin.

Entre l'écoute vespérale et attentive de la radio anglaise que l'on décrypte derrière le brouillage : « Ici Londres ti-ti-ti-ti-ti. Les Français ti-ti-ti parlent aux Français », et l'impression de tracts clandestins, il y a bien du chemin.

Entre une haine diffuse, impersonnelle (« Les Français sont des bigorneaux rancuniers », dit un collaborateur), et une haine précise qui anime un bras, fait agir une arme, il y a bien du chemin.

Mais ne peut-on pas écrire qu'attentistes, auditeurs de la radio anglaise, mécontents, sont des opposants et qu'à ce titre ils gênent les développements de la politique allemande ?

A condition que l'on s'entende sur les mots, le général Weygand a raison lorsqu'il affirme : « Permettez-moi de sourire quand on parle de quelques hommes qui ont fait de la résistance. Ce sont tous les Français qui ont fait de la résistance, sauf quelques traîtres, et les traîtres, les vrais collaborateurs, sont l'exception. » Les Allemands n'ont cessé de le confirmer d'ailleurs tout au long de leurs rapports[1] ; l'immense majorité de la population française, surtout de zone occupée, est antiallemande, même lorsqu'elle « cause », commerce ou trafique avec l'ennemi.

Elle résiste donc, mais passivement, discrètement, protégeant avant tout sa situation, ses biens et ses intérêts, ce qui est un réflexe naturel, se cantonnant, pour le reste, dans un « attentisme » prudent, justifié par l'incertitude d'une situation militaire très longtemps favorable à l'Allemagne.

Entre cette masse et son levain, il existe une immense différence.

Entre ceux qui « rouspètent », qui boudent, qui gémissent, qui pleurent, qui volent les Allemands et, par haine de l'ennemi, s'enrichissent un peu plus, entre ceux qui égarent ou ralentissent un dossier, faisant de leur négligence habituelle vertu, et ceux qui agissent, aucune comparaison numérique n'est possible[2].

1. Abetz, en décembre 1940, note que « de nombreux rapports ont été envoyés à Berlin qui indiquent le nombre standard de 80 p. 100 de gaullistes parmi la population française ».
Le 30 novembre 1942, le correspondant à Genève de la « National Zeitung » écrit, parlant du sabordage de la flotte française : « Cette trahison généralisée s'explique exclusivement par le fait qu'un très grand nombre de Français — qu'ils soient ou non au service de l'Etat — sont extrêmement douteux et dignes de la plus grande méfiance. Ces Français ne voient, dans la magnanimité, la courtoisie, l'amitié ou la politesse qu'on leur témoigne du côté allemand, qu'un signe de faiblesse qui ne saurait modifier leur attitude. »
2. « A entendre parler de la Résistance aujourd'hui — je veux dire de la résistance active — écrit Guillain de Benouville, on pourrait croire que la majorité de la population y est venue d'un coup et s'y est violemment engagée. Cela n'est pas la vérité. Ceux qui, depuis le début, se sont consacrés à la résistance active... savent combien ils furent peu nombreux dans les temps des débuts comme dans ceux de la fin. »

La première résistance, celle de l'automne et de l'hiver 1940, est le fait de quelques centaines d'hommes sans liaisons.

S'ils sont bien peu nombreux ceux qui ont écouté l'appel du général de Gaulle (Claude Bourdet l'entend le 24 juin, Henri Frenay ne le connaît qu'à la mi-juillet, Tony Révillon note que personne ne lui parle du Général le 18 et le 19 juin et qu'il n'écrit son nom sur son carnet que le 25 [1], ils sont bien moins nombreux encore ceux qui, dans la métropole, répondront à cet appel dont nul ne sait qu'il est prophétique, si beaucoup le trouvent romantique, inutile et désespéré.

Tout commence, on l'a vu, par quelques tracts, par quelques journaux clandestins, par une aide apportée aux prisonniers évadés. En zone nord, comme en zone sud, la résistance est d'abord affaire d'intellectuels (professeurs, écrivains, prêtres, avocats) qui recrutent et organisent à l'intérieur même de leur profession, de leur faculté, de leur paroisse, et qui, lorsqu'ils poussent des antennes dans des villes voisines, recherchent naturellement des correspondants de même formation, de même situation sociale, de même vocabulaire.

Les premières réactions des Français « résistants » sont de colère et de stupeur, plus tard seulement elles seront d'action et de renseignement.

Pendant les premiers mois d'occupation, les Français, en somme, « refont connaissance ». On ne se divisera plus désormais en capitalistes et prolétaires, laïques et calotins, gauches et droites, mais en vichyssois et antivichyssois, mais en collaborateurs et résistants.

---

1. Si bien que l'on peut dire que c'est le communiqué du gouvernement français du 21 juin 1940, signalant et condamnant le départ du général, quelques jours plus tôt encore secrétaire d'Etat à la guerre, qui avertit le mieux le peuple français de l'acte du général de Gaulle.

Des frères se séparent de leurs frères, des amis de leurs amis et toutes ces divisions familiales multipliées casseront le pays en deux parties inégales.

Par contre, au hasard de réflexions échangées dans le métro, au restaurant, dans une file d'attente, des inconnus font alliance avec des inconnus. Ils n'ont souvent ni le même parti, ni la même foi, ni la même origine sociale. L'hostilité envers l'Allemagne constitue leur signe de ralliement. En voici un exemple symptomatique.

Son jeune fils, Guy, est parti rejoindre de Gaulle lorsque le docteur Vourc'h reçoit une circulaire de la Cité universitaire de Paris réclamant des précisions sur les intentions du jeune homme.

Le docteur répond à la place de son fils :

« Situation actuelle :

— Je l'ignore, écrit-il, sans doute s'efforce-t-il d'atténuer le déshonneur français si bien soigné à Vichy.

— Devez-vous revenir ?

— Oui, après la victoire. »

La lettre postée, le docteur Vourc'h se demande, avec une pointe d'inquiétude, s'il n'a pas eu tort de céder à ce premier mouvement de fierté et d'orgueil.

Une semaine plus tard, le 5 novembre 1940, il est tranquillisé lorsqu'il ouvre la lettre suivante, en provenance de la Cité universitaire :

Monsieur,

Voulez-vous me permettre de vous dire, à titre personnel, mes félicitations. Votre fils est de ceux à qui nous devons de garder espoir et confiance, de ceux à qui nous devrons de retrouver un jour notre fierté d'être Français.

J'ai tout lieu de penser qu'il retrouvera, là où tous nous souhaiterions être, quelques-uns de ses camarades de la Cité.

Croyez, je vous prie, Monsieur, à toute ma sympathie.

Jeanne Thomas,
Secrétaire de la Cité Universitaire.

En qualité de Française et de Bretonne, je m'associe aux sentiments exprimés par notre secrétaire pour la belle conduite de votre fils.

L. Valladon.

Bravo pour votre fils dont la place est enviable.

Simone Meillon.

J'associe pleinement mes félicitations à celles qui précèdent.

S. Flament.

Je me joins à mes collègues et suis pleinement heureux du geste heureux de votre fils.

G. Gatinet.

Etablissant la *Chronologie de la résistance française*, le Comité d'histoire de la Deuxième Guerre mondiale dresse, pour les six mois qui terminent l'année 1940, le rapide bilan suivant :

19 au 26 juin : Départ des hommes de l'île de Sein.

Courant juillet : Groupe Musée de l'Homme, premières croix de Lorraine.

12 août : Premier manifeste Frenay, création des premiers groupes Frenay, Chevance. Réorganisation du Deuxième Bureau. Parution de Quand même.

Septembre : Parution de tracts clandestins, début de trois réseaux.

20 octobre : Fusillade du bûcheron Hérault pour sabotage (Oise).

Octobre : Conseils à l'occupé, Pantagruel, Arc.

11 novembre : Manifestation étudiants.

25 novembre : Premier numéro Liberté.

Novembre : Libération, *premier numéro tapé par Pineau. Deux fusillés. Somme pour sabotage. Premier courrier de Rémy. Mourgues fusillé à Bordeaux pour sabotage.*

Décembre : Attaque soldat par Bonsergent. Parution Petites Ailes, Mouvement de Libération, Formation O. C. M.

1er janvier : Heure de silence. Début action. Ceux de la résistance.

Peu de choses et peu d'hommes, on le voit. A peine une égratignure sur la cuirasse allemande. Assez cependant pour que toute la terre soit ensemencée, pour que germent ces mouvements qui deviendront, après des regroupements imposés par les Anglais, qui ne veulent disperser ni leurs armes ni leurs fonds, *Libération Nord,* l'*Organisation Civile et Militaire, Combat, Franc-Tireur, Front National*[1].

La première vague de la résistance est intellectuelle et militaire. La seconde sera ouvrière.

Pendant les mois qui ont suivi la défaite de la France, le parti communiste s'est généralement gardé de toute attaque contre l'Allemagne, alliée de la Russie soviétique. Il dirige ses tracts contre Vichy, clérical et militaire, contre Vichy qui maintient en prison les communistes arrêtés par Daladier en 1939, contre « les fauteurs de guerre » que l'on s'apprête à juger à Riom, et n'épargne ni de Gaulle, ni les émigrés de Londres.

---

1. Sur tous les mouvements de résistance, on lira avec profit les études publiées par le Comité d'histoire de la Deuxième Guerre mondiale.

Fidèle à la ligne politique des Soviets, il n'éprouve aucune admiration pour la lutte que mène l'Angleterre et ses vœux vont logiquement à l'anéantissement des deux adversaires, anéantissement qui accélérerait le triomphe du communisme.

Tout change le 22 juin 1941, lorsque l'Allemagne attaque l'U. R. S. S.

Quelques jours plus tard, le commissaire spécial des Ardennes signale que l'on voit apparaître des « Vive Staline » sur les murs de l'annexe sedanaise des Aciéries de Longwy et qu'au fur et à mesure que se prolonge la résistance russe « les communistes reprennent contact avec la foule dont ils avaient été tenus éloignés depuis la dissolution de leur parti ».

La guerre russo-allemande accélère la crise de conscience française. Quel est l'ennemi le plus dangereux, l'Allemand ou le Soviétique ? Suivant la réponse qui sera donnée, réponse qui bouleverse toutes les anciennes prises de position, les uns se jetteront dans la collaboration, les autres dans la résistance et tous iront jusqu'au bout de leur engagement.

Un commissaire de police français note, le 5 juillet, que la satisfaction de voir les Allemands entrer en Russie provient de ce que « *la population considère qu'il s'agit là d'une nouvelle épreuve imposée aux troupes allemandes. C'est, là encore, un sentiment de germanophobie qui l'emporte sur l'antipathie nourrie par la majorité de la population à l'égard des Soviets.* »

Remarque particulièrement exacte.

Nourris d'histoire napoléonienne, les Français voient, dans les premiers triomphes allemands, l'annonce de la défaite future. Cette armée qui, de victoire en victoire, s'enfonce toujours plus loin dans les steppes, ils ne peuvent s'empêcher de la comparer à la Grande Armée de l'Empereur. La presse allemande, traduite en français, a beau expliquer longuement que « l'histoire ne se répète pas » et que « le sort de Napoléon n'attend pas Adolf Hitler[1] », ils changent d'autant moins facilement d'avis que les Allemands marquent le pas devant Moscou, lorsque débute l'hiver russe.

Alors, transmis par la B. B. C., mais aussi par les soldats allemands qui reviennent de l'Est, par les correspondants de guerre, par les volontaires français engagés, à partir de l'automne, dans la lutte contre le bolchevisme, parviennent d'affreux récits sur la sauvagerie de la nature et des combats.

« *La Légion*, écrit Marc Augier qui se bat en Russie, *la Légion[2] connaît les difficultés qui eurent raison des soldats de 1812. Les chevaux tombent bien avant les hommes. Le train de combat se disloque. Bêtes et choses sont bientôt happées par la neige et rendues à la grande paix des vaincus... Halte. Une vingtaine d'hommes, alignés au bord du fossé, se soulagent. Auprès de chacun, se tient un camarade qui garde ses moufles. C'est lui qui reculotte le copain dont les doigts sont raidis, parce qu'il a dû, tout à l'heure, déboutonner ses bretelles et dégraffer son pantalon, avec les mains nues.* »

1. *Signal*, numéro de décembre 1941. « Depuis le 22 juin 1941, les adversaires de l'Allemagne ont trouvé, pour leurs soirs d'oisiveté, un excellent sujet de conversation : ils établissent un parallèle entre Adolf Hitler et Napoléon. L'un, disent-ils, finira comme l'autre a fini... »

2. Il s'agit de la Légion des Volontaires Français contre le bolchevisme.

Malgré de si rudes conditions de lutte, les Allemands progressent, se maintiennent devant Moscou, capturent des villes par dizaines, des chars par milliers, des hommes par millions. Leurs victoires sont clamées, sur les places des villes françaises, par des haut-parleurs installés au-dessus de panneaux où sont affichées les cartes du front.

Ce n'est pas assez d'exploiter le succès des premiers mois. Il faut exploiter aussi cette peur du communisme qui habite le cœur de tous les possédants. L'Allemagne organise donc, et promène à travers la France entière, l'exposition « Le Bolchevisme contre l'Europe ». Exposition chargée tout à la fois d'effrayer et de rassurer. La Russie menace, mais l'Allemagne veille et il faut l'aider.

Déception. La plupart de ceux dont on attendait le ralliement se réfugient dans l'abstention polie ou hostile. L'exposition se déplace-t-elle à Lille, en juin 1942, le secrétaire administratif du Comité d'action antibolchevique doit faire savoir au Sonderführer Eggert « l'hostilité du clergé, l'hostilité de tout ce qui touche au gouvernement de Vichy, l'hostilité des gens désignés par ce même gouvernement pour occuper des postes importants, l'hostilité des anciens milieux syndicalistes ». Pour constituer un comité d'honneur, le préfet du Nord a pressenti douze personnes. Six ont refusé immédiatement. Les six autres se sont récusées quelques heures plus tard.

Entre l'ennemi inconnu et l'occupant haï, la bourgeoisie française n'aura presque aucune hésitation. Le travail communiste en sera facilité.

Habitués à la clandestinité, habitués à la discipline, ne refusant aucun sacrifice, ayant l'art de se faire partout des alliés, rejetant momentanément dans l'ombre leurs thèses révolutionnaires, annexant des mouvements qui étendront leur influence — le « Front National », par exemple, qui rassemblera, sous la discrète houlette communiste, des hommes aussi différents que Georges Bidault, Mgr Chevrot, Pascal Pia, Mauriac — ne reculant nullement devant les attentats dont ils savent qu'ils feront fusiller des innocents et lever des combattants, les communistes imposent à la résistance un rythme neuf.

Ils s'inquiètent beaucoup moins d'espionnage au profit des alliés que d'action directe et de propagande politique.

Alors, naissent et meurent, parfois très vite, de petites feuilles qui s'adressent à toutes les classes sociales de la population.

Le Coup de Pioche est destiné aux cellules de la rocade Lagny-Melun ; l'*Autobus* aux membres de la T. C. R. P. ; *Bibendum* aux ouvriers de chez Michelin ; *l'Echo des Aciéries* aux travailleurs de Gennevilliers ; *Le Galibot* aux jeunes mineurs ; *La Marseillaise* aux gendarmes. L'*Observatoire du canton de Sèvres*, *Le Réveil de Maison-Laffite-Sartrouville*, *La Voix des femmes du 18ᵉ*, *l'Echo du canton de Boissy-Saint-Léger*, *Le travailleur de l'Oise*, *La Tribune du 10ᵉ* ont des parutions plus ou moins éphémères mais sont parfaitement localisés.

Ces quelques titres suffisent du moins à donner une idée de l'extrême diversité de la presse communiste[1], habile d'ailleurs, à se dissimuler lorsqu'il le faut. Le paysan reçoit-il une brochure sur les engrais et les désinfectants, il s'aperçoit bien vite qu'il s'agit d'une brochure truquée et remplie de conseils de résistance.

1. Cf. le catalogue des périodiques clandestins diffusés en France de 1939 à 1945 (Bibliothèque Nationale).

La deuxième vague de la résistance est communiste.

La troisième, qui déferle à partir du mois de décembre 1941 (lorsque les Etats-Unis entrent en guerre), mais surtout à partir du moment où ils débarquent en Afrique du Nord (novembre 1942), sera composée de millions d'« attentistes », « braves » gens qui n'ont jamais collaboré, ne se sont jamais engagés fortement ni dans un sens ni dans l'autre, mais qui savent que le vent a tourné et que le destin a maintenant désigné le vainqueur.

Nul ne s'y trompe.

Lorsque Weygand quitte Vichy, le 12 novembre 1942, il a un dernier entretien avec Pierre Laval [1].

« Monsieur, vous faites une politique déplorable ; vous avez contre vous 95 p. 100 des Français et vous avez joué le mauvais cheval, parce que l'Allemagne est battue. »

Pierre Laval réplique immédiatement :

« 95 p. 100 des Français, mais vous plaisantez ! C'est 98 p. 100 des Français que j'ai contre moi, mais je veux faire leur bonheur malgré eux. »

Phrase qui demeure secrète, mais les journalistes de la collaboration n'ont pas d'illusions et, en janvier 1943, *Je suis Partout* parle des « 90 p. 100 des Français qui croient à la victoire juive ». Encore douze mois et les rédacteurs du même journal donneront, salle Wagram, sous le titre : *Nous ne sommes pas des dégonflés*, une conférence qui sonne, en vérité, le glas des espoirs de victoire allemande.

Devant 10 000 auditeurs, qui ont le courage de leurs angoisses et de leur passion, Cousteau s'écrie :

1. Le général Weygand sera arrêté par les Allemands dans l'après-midi du 12 novembre.

« Les événements de l'année écoulée ont sans doute été fâcheux pour la France et pour l'Europe.

« Mais ils auront eu au moins un résultat utile. Ils auront provoqué dans les rangs des révolutionnaires nationaux une véritable épuration. Nous n'aurons pas eu besoin de perdre notre temps à dépister les tièdes, les timides et les mous. Nous n'aurons pas eu besoin de les chasser. Les fascistes en peau de lapin se sont éliminés d'eux-mêmes. Au rouge soleil des victoires soviétiques, on a vu fondre leurs cohortes tapageuses, on a vu les matamores en pantoufles de la révolution nationale, les Déroulède de l'Europe unie, les tranche-montagnes de l'ordre nouveau s'esbigner tout soudain aussi discrètement que possible, à pas feutrés, en rasant les murailles. »

Pour cette partie de la population, qui n'a jamais précédé mais suivi l'événement, la diatribe colorée de Cousteau est exacte.

Persuadés qu'ils ne rallieront pas les masses françaises, sachant que le plus gros de l'héritage de Vichy leur échappe, sachant aussi qu'ils sont moralement et physiquement condamnés[1], les partisans extrêmes de la collaboration s'efforcent du moins, avec l'aide et l'argent de l'Allema-

1. Pierre Villette, grippé, mais qui a préparé un texte pour la réunion de la salle Wagram, écrit : « Aujourd'hui, vous avez devant vous une brochette de condamnés à mort. Tous ceux qui sont à cette tribune ont reçu soit leur petit cercueil, soit des lettres encadrées de noir leur annonçant qu'ils seraient fusillés dès l'arrivée des troupes d'invasion anglo-américaines. »
Le 1er avril 1944, un certain nombre de journalistes collaborateurs eurent l'idée d'organiser au Cercle aryen « le banquet des condamnés à mort » ; « ce fut très gai, écrit Oltramare : nous avions tous ce ton de crânerie goguenarde qu'affectent les briscards promis au casse-pipe ».

gne, d'exploiter les erreurs et les échecs des Alliés.

Ils dénoncent Katyn, mettent à la charge du communisme toutes les exactions qui se commettent en France, affichent des photos de « terroristes » juifs et étrangers, dans l'espoir d'établir une confusion nuisible à la résistance, enfin exploitent ces bombardements, trop souvent aveugles, qui ravagent la France. Malheureux, blessés, ruinés, les Français se détacheront-ils enfin de la cause alliée ?

Après chaque raid meurtrier, Philippe Henriot, que tant de Français, pris malgré eux au charme de son talent d'orateur, écoutent en le haïssant, Philippe Henriot, que son orgueil fait chavirer, dénonce « la conjuration du matérialisme anglo-saxon et de la barbarie asiatique ».

Aux mutilés d'hier, frénétiquement, il promet de nouvelles mutilations.

La guerre est devenue pour lui, comme pour cet Herold Paquis qui, chaque jour, annonce à Radio-Paris que « l'Angleterre comme Carthage sera détruite », qui déclare que « la France périra dans un hoquet de « chewing » et de sang », la guerre est devenue le combat du Bien et du Mal.

Et, pour ces hommes dévoyés et envoûtés, les armées allemandes, les S. S., Hitler, tous ces responsables de l'agonie de l'Europe et de la mort de millions d'hommes, incarnent le Bien.

Certes, les bilans des bombardements sont lourds. Rien que pour les journées des 26 et 27 mai 1944, il y a 600 morts à Lyon, 870 à Saint-Etienne, 1 976 à Marseille, 240 à Paris, 380 à Avignon, 300 à Chambéry et bien des chefs résistants protestent énergiquement auprès de Londres contre ce qu'ils qualifient parfois de « travail d'ivrogne » !

Mais l'irritation et la colère des populations atteintes sont en général de courte durée. Les Français souffrent les bombardements comme un mal nécessaire à leur libération et ne se laissent nullement entraîner par la propagande des collaborateurs et des Allemands.

Un informateur au service des Allemands, qui a rédigé, en mars 1942, un rapport sur le bombardement de la banlieue parisienne, conclut ainsi avec une pointe de mélancolie :

« *Nombreux sont encore les Français qui ont, dans la nuit du 3 au 4 mars, « ergoté » sur le bombardement et sur les nécessités militaires de cette agression, sans toutefois s'élever contre cet acte de cruauté.*

« *En général, si l'on tâte l'opinion publique, l'indignation n'est pas assez répandue.*

« *D'autre part, il nous a été signalé que les juifs allaient de groupe en groupe parmi les sinistrés pour leur expliquer que cette agression, dont ils étaient victimes, était nécessaire. C'est, d'après ces juifs, le seul moyen d'obliger les Allemands à quitter Paris. Pas un de ces sinistrés ne corrigea les juifs comme ils l'auraient mérité.* »

Si l'on tient pour exacts les chiffres de 90, 95 ou même 98 p. 100 de Français opposés, plus ou moins intensément, plus ou moins activement à la victoire allemande, combien va-t-il rester de collaborateurs véritables ?

A la Libération, les vengeances déferleront sur les villages, les syndicats, les professions, comme avaient déferlé, en 1942, les lettres de dénonciation [1]. Vengeances qui troubleront l'opinion publique et conduiront à une fausse comptabilité du crime.

On additionnera injustement des hommes coupables de fidélité envers le maréchal Pétain et d'affreux dénonciateurs, des patrons, des maires, des professeurs dont on guette la place ou le domicile et des miliciens responsables des crimes les plus odieux. Les imprudents paieront au même titre que les coupables.

Des hommes, habiles à se dédouaner, possesseurs de certificats de résistance de complaisance, se sauveront au bénéfice du double jeu.

D'autres seront victimes de faux résistants, qui n'ont jamais souffert sous les Allemands, mais qui justifient par le sang un patriotisme tardif.

Il est donc impossible d'établir le nombre des collaborateurs d'après les chiffres d'une répression d'abord trop rapide, trop lente ensuite, presque toujours aveugle et passionnée.

Trente ou quarante mille Français, au moins, seront exécutés sommairement avant ou après la Libération [2], 57 954 jugés par les cours de justice, 69 797 par les chambres civiques ; 120 000 fonctionnaires et officiers seront épurés, des dizaines de milliers de nos concitoyens seront arrêtés pour quelques semaines ou quelques mois puis libérés sans jugement, des dizaines de milliers encore, gênés dans leur profession, meurtris dans leur honneur.

---

1. La justice française réagira parfois contre les dénonciations calomnieuses. Le 9 octobre 1941, la Cour d'appel d'Angers condamne ainsi George S... à 50 000 francs de dommages-intérêts ; la Cour d'appel de Paris, le 26 novembre 1941, condamne un dénonciateur à un an de prison et le Tribunal correctionnel de Clamecy inflige la même peine au nommé Paul S...

2. Chiffre cité par R. Aron, après une longue et sérieuse étude. Cf. *Histoire de la Libération*.

Pour les uns, la sentence est méritée, pour les autres, le déni de justice est éclatant.

Il n'est guère plus valable, si l'on souhaite recenser les « collaborateurs », de se baser sur le chiffre des adhésions aux mouvements de collaboration.

L'adhésion est l'acte extrême, et ne compter, dans un camp comme dans l'autre, que ceux qui ont rallié un mouvement, une milice, un maquis, une armée, ne donnerait qu'une imparfaite idée des réactions de l'opinion publique.

Il n'y aura jamais grand monde, en effet, dans ces groupements collaborationnistes qui recrutent, en zone sud, parmi ceux que Vichy déçoit par son attentisme, sa timidité et son cléricalisme, en zone nord, parmi les amoureux de la force immédiate ou les tenants du fascisme.

20 000 adhérents environ pour le Rassemblement National Populaire que dirige Marcel Déat ; autant à la Milice et, parfois, ce sont les mêmes ; un peu plus sans doute pour le P. P. F., parti constitué depuis 1936 par Jacques Doriot et dont les meetings groupent, jusqu'à la fin de 1943, des foules considérables au *Vel'd'Hiv*, dont les « bataillons d'assaut » défilent sur les Champs-Elysées...

Si, à Paris, ces mouvements, qui calquent leur vocabulaire sur le vocabulaire de la propagande allemande, réclament l'entrée en guerre aux côtés de l'Allemagne et souhaitent une Europe où la France vassale ne sera plus qu'un maigre rameau de l'arbre allemand, si, à Paris, ces mouvements recrutent quelques milliers d'adhérents, en province, leurs difficultés sont nombreuses.

Entre le début d'août et le début de novembre 1943, tous les préfets de l'ancienne zone nord signalent de nombreuses démissions parmi les membres du P. P. F. On boude les réunions de la collaboration. 120 personnes seulement assistent, à Saint-Quentin, à une conférence sur la franc-maçonnerie. A Laon, le conférencier parle devant 25 auditeurs. A deux exceptions près, les réunions du P. P. F., qui ont lieu dans l'Eure, groupent de 12 à 35 personnes. La section d'Evreux compte 20 membres, celle de Verneuil 10.

Dans le Loir-et-Cher, le R. N. P. a, en tout et pour tout, 211 inscrits, la Milice 142 hommes.

A Reims, en octobre 1943, le P. P. F. veut-il faire distribuer des tracts et barbouiller la chaussée d'inscriptions « Doriot vaincra », il doit faire venir de Paris dix individus armés.

De ces mouvements de collaboration, naîtront deux formations militaires qui combattront directement aux côtés des Allemands ; l'une sur le front de l'Est : il s'agit de la Légion des Volontaires Français contre le Bolchevisme ; l'autre sur le front du maquis : il s'agit de la Milice.

Les Allemands affirment, en août 1941, que la L. V. F., dont le gouvernement de Vichy a, le 7 juillet, admis le principe, compte déjà 11 000 volontaires et 1 560 officiers, dont 600 aviateurs. Mais il s'agit là de chiffres manifestement gonflés, les effectifs de la L. V. F., qui combat en uniforme allemand, n'ayant jamais dépassé 5 000 hommes dont 1 500 environ, à partir de novembre 1941, luttent en permanence sur les arrières du front russe.

Ces hommes, parmi lesquels on ne trouve que quatre officiers d'active, ces hommes partis de leur caserne de Versailles dans des wagons couverts de graffiti : « Vive l'Europe. A bas Staline », appartiennent à tous les milieux de la collaboration, comme à tous les milieux sociaux.

On rencontre pêle-mêle à la L. V. F. des aventuriers amoureux de toutes les guerres, quelques chômeurs attirés par la solde relativement élevée et qui espèrent ne jamais dépasser Versailles, des fanatiques de l'anticommunisme, heureux de pouvoir mettre d'accord leurs pensées et leurs actes, des excités, des misérables, des malfaiteurs, des sincères, des héros de deux guerres, des soldats comme ce commandant Edgar Puaud, qui abandonne l'Indochine en mai 1940 pour rejoindre la France où il veut, à toute force, se battre contre l'Allemand et que l'on retrouve quelques années plus tard à la tête de la Légion Tricolore [1], comme le lieutenant Bassompierre qui, à l'armistice, dit à ses hommes : « J'emploierai toute ma vie à préparer la revanche », des bourgeois comme Barbe, notaire à Tarbes, Boudet Gheusi, avocat à Nice, des naïfs qui s'engagent, enfin, dans l'espoir de faire libérer un parent...

Sur sa page de couverture, le journal allemand *Signal* expose la photo de Mgr Mayol de Lupé avec cette légende, qui est un fer rouge, sur les plaies de tous les Français : « *De la Légion d'Honneur à la Croix de Fer... Sa poitrine est couverte de seize décorations françaises et étrangères, mais il est particulièrement fier de deux d'entre elles : la rosette d'officier de la Légion d'honneur obtenue en 1938 et la Croix de fer allemande gagnée sur le front de l'Est.* »

Les hommes de la L. V. F., dont l'ambassadeur

---

1. La L. V. F. prit, à partir du 16 juillet 1942, le titre de « Légion Tricolore » et il fut question de substituer l'uniforme français à l'uniforme allemand et de reconquérir les territoires coloniaux passés à la dissidence. Ces projets ne furent jamais réalisés et les quelques volontaires qui avaient rejoint la Légion Tricolore furent envoyés combattre en Russie.

de Brinon, qui en a le parrainage, brocardera les
« qualités » militaires, sont haïs d'une population
qui méprise ces mercenaires, à qui il faut cependant inconscience et courage pour braver, en
France l'impopularité, en Russie la rigueur des
combats. Du moins n'ont-ils généralement pas de
sang français sur les mains.

On ne peut en dire autant des miliciens, dont
l'action contribuera à attiser la guerre civile.

La Milice est née de la Légion des Combattants
ou, plus exactement, elle s'en est « dégagée »,
d'abord sous le nom de Service d'ordre légionnaire, rejetant, on l'a vu, sous l'impulsion d'hommes d'action comme Darnand, la mollesse et l'attentisme de la Légion.

Bassompierre — auteur des 21 points de la
Milice — Bassompierre, qui sera fusillé à la Libération, a raconté comment par fidélité à une
parole donnée en 1940 au Maréchal, par haine du
bolchevisme, volonté d'en préserver la France, il
s'est laissé entraîner à prendre d'importantes responsabilités au S. O. L. d'abord, à la L. V. F.
ensuite, à la Milice enfin. Milice qui n'est qu'une
police supplétive destinée à venir en aide, sur le
sol de France, à l'armée allemande en lutte contre
les maquis.

Dans le château d'Uriage, les garçons qui, au
temps où Vichy existait encore, venaient faire
retraite sous la direction de Dunoyer de Segonzac,
ont été remplacés par les miliciens qui font serment « de consacrer toutes leurs forces à faire
triompher l'idéal révolutionnaire de la milice française ». Devant ces hommes Abel Bonnard, ministre de l'Education nationale, s'écrie : « L'opinion
n'est qu'une énorme femelle. Je reconnais et salue

en vous l'élément mâle de la nation »... et ils se lancent, avec une passion que les défaites allemandes excitent encore, à la chasse aux militants gaullistes, aux communistes, aux maquisards.

La guerre civile fait rage dans certaines régions de France, et *Combats* publie un appel aux miliciens : « *Milicien, les représailles valent mieux que les plus beaux discours. Milicien, prends bien soin de tes armes. Il y va de la sécurité. Milicien, les camarades tombés n'ont que faire de vos regrets. Ils attendent des actes.* »

Un comité « antiterroriste », composé de miliciens, réplique, à Lyon, aux actions de la résistance. On trouve sur la route de Vienne, en octobre 1943, le corps du docteur Jean Long, exécuté en représailles comme gaulliste. Un mois plus tard, sur la route de Limonest, celui de M. Antonin Jutard ; en mars 1944, sur la route nationale n° 7, celui de M. Martin Chevillon sur lequel une pancarte explique : « Cet homme paie de sa vie l'assassinat d'un national. Le Comité national antiterroriste de la région lyonnaise. »

Les « antiterroristes » lyonnais lancent à deux reprises des bombes dans la brasserie de l'Etoile, massacrent Victor Basch et sa femme, tous deux âgés de quatre-vingt-un ans. Ailleurs, les miliciens assassinent le sénateur Paul Laffont, président du Conseil général de l'Ariège, et n'oublient pas de s'emparer des provisions familiales : jambon, saucissons, conserves, miel, haricots, vins fins.

Sur un juif tué, on épingle le texte suivant : « Terreur contre terreur. Un juif paie de sa vie l'assassinat d'un national. » « Terreur pour terreur », c'est aussi le titre d'un tract du Comité national antiterroriste distribué à Lyon en novembre 1943.

Puissamment « aidés » par les Allemands qui

massacrent (30 000 fusillés) et déportent (6 500 déportés pour le seul département du Puy-de-Dôme sur lesquels 780 reviendront), les mouvements collaborationnistes sont pris dans l'engrenage d'une effroyable chasse à l'homme.

Les organisations de résistance se transmettent des listes de suspects. La *Voix du Nord* dénonce ainsi Mme D..., vingt-trois ans. « Très élégante, genre masculin, portant des culottes l'hiver, elle voyage beaucoup. C'est dans le Nord, en particulier, qu'elle a opéré jusqu'ici. Son mari, capitaine, est prisonnier en Allemagne. Elle a un amant officier allemand. »

Les radios ennemies qui se querellent (Londres inaugure les « avertissements sans frais » et Radio-Paris réplique par les « Avertissements aux résistants ») annoncent les morts des représailles futures.

Le 11 janvier 1943, Radio-Londres diffuse le texte suivant : « Fougère, le gros restaurateur de la rue de Sèze (à Lyon), votre fiche est prête et vous serez appelé à rendre des comptes. » Le 26 avril, à 22 heures, une bombe explose contre les volets de l'établissement et, quelques minutes plus tard, Fougère, appelé au téléphone, entend : « Ici les chevaliers du coup de balai. Tenez-vous à carreau. On vous cassera la gueule. A bon entendeur, salut. » Un huissier, président du groupe « Collaboration » de Lyon, est tué dans son étude ; le directeur de l'office allemand d'Annemasse, sa femme et sa mère sont massacrés par des jeunes gens qui ont revêtu l'uniforme de deux gardes mobiles arrêtés quelques heures plus tôt par le maquis ; aux pancartes « gaullistes », sur les cadavres des inconnus, répondent ainsi, un peu partout, les pancartes « collaborateurs ».

Les antisémites se plaignent de recevoir des appels téléphoniques menaçants.

Entre 8 heures et 9 h 30 chaque matin, le docteur Fernand Q..., qui habite Saint-Ouen, est
appelé ainsi par un mystérieux correspondant qui
le traite de « vendu », de « boche » et lui signale
que ses jours sont comptés ainsi que ceux de sa
femme... et de la femme de chambre.

Les collaborateurs reçoivent, en guise d'avertis-
sement, soit un petit cercueil, soit des allumet-
tes ; leurs maisons s'ornent de croix gammées
(quelques-uns, découvrant cet emblème lorsqu'ils
rentrent chez eux, ont le triste courage de saluer
à la mode hitlérienne), d'inscriptions « Mort au
traître », « A bas les boches ».

Des femmes que la rumeur publique accuse
d'entretenir des relations avec les Allemands sont
abattues [1], les miliciens capturés sont immédiatement fusillés, des hauts fonctionnaires (tel le préfet régional Parmentier) sont condamnés à mort
« à la requête du Comité d'action contre la déportation par la cour martiale de la résistance » et
la sentence envoyée à tous les préfets de France.

« *Le gaullisme est partout*, écrit Déat, *qu'il procède d'un conservatisme bourgeois ou d'une
idéologie pseudo-révolutionnaire.* »

Et, de Brinon : « *Les hommes de la IIIe République restent dans les préfectures, dans les mairies, dans les administrations.* »

Convaincus que la France de Vichy, telle qu'ils
l'avaient rêvée, anglophobe, mais américanophile,
ne collaborant que pour mieux préparer sa revanche, est maintenant impossible, les fidèles du

---

1. A la Libération, on estimera, dans le seul département de
l'Eure, que mille femmes se sont ainsi compromises.

maréchal Pétain abandonnent discrètement la Légion des Combattants.

En août 1943, la chute des effectifs par rapport à 1942 est de 20 p. 100 dans le Tarn, 20 p. 100 dans l'Hérault, 40 p. 100 en Corrèze. Dans l'Indre-et-Loire, il y avait 1 200 légionnaires en 1941, il n'en reste plus que 130 en 1943... Les notes d'informations d'inspiration gouvernementale consacrées à l'« activité communiste en France » signalent une recrudescence de sabotages, de vols et d'attentats idéologiques.

En juin 1944, beaucoup de petites villes, que se disputent maquis d'un côté, troupes allemandes et miliciens de l'autre, offrent un aspect révolutionnaire et chaotique.

Voici, par exemple, racontée par Benjamin Valloton, la journée du 8 juin dans le petit village de Tournus (Saône-et-Loire) :

Vers 10 h 45, plusieurs membres d'un groupe de la Résistance, armés de mitraillettes et de revolvers, pénètrent dans le bureau de poste et s'emparent de l'argent contenu dans le coffre-fort et les tiroirs des deux guichets (soit 6 495 francs). Puis ils se rendent à la Caisse d'épargne, d'où ils emportent 7 800 francs.

A peu près à la même heure, un autre groupe cambriole le bureau de poste de Boyer et s'empare d'une somme de 5 815 francs.

Dans la soirée, le bruit se répand en ville, sans que ces nouvelles soient confirmées, que la mairie et le bureau de poste de Saint-Gengoux-le-National sont occupés par les « maquisards » ; qu'une rencontre entre des Allemands et des jeunes gens de la Résistance a eu lieu à Cuisery, ainsi que des escarmouches à Pont-de-Vaux, où les troupes d'occupation auraient pris comme otages et fusillé le docteur Valdoire, le vétérinaire Tierry et Mᵉ Vialet, notaire ; que la route de Mâcon est

barrée à Fleurville par les Allemands ; qu'à Beau-
mont-sur-Grosne, la plupart des hommes se sont
enrôlés dans les groupes de la Résistance.

Traqués, prisonniers de leurs passions, de leurs
discours ou de leurs crimes, obligés de suivre dans
leur retraite les troupes allemandes qui entraînent avec elles, contre son gré, le gouvernement
de Vichy, les collaborateurs les plus compromis
vivent, en août 1944, des heures tragiques et
lamentables.

Darnand a rassemblé dans l'Est, près de la frontière allemande, 6 000 hommes que suivent 4 000
femmes et enfants. Il faut de l'argent à cette
troupe. A Belfort, la Milice s'empare — contre
un bon de réquisition — de 300 millions qui assureront, plus tard, l'existence des exilés en Allemagne.

Car l'Allemagne, bombardée, chancelante, pres-
sée de toutes parts, est devenue l'espoir de plusieurs milliers de collaborateurs.

L'actrice Corinne Luchaire, fille de Jean
Luchaire, directeur du journal collaborationniste
Les Nouveaux Temps, a raconté son départ de
Paris en août 1944.

La famille Luchaire — trois filles : Florence,
Monique, Corinne et son bébé Brigitte, la mère,
et René Arrieu, fiancé de Florence — quitte
l'avenue des Ternes pour la gare de l'Est.

A peine a-t-elle fui l'appartement qu'il est occupé
par des F. F. I. armés de mitraillettes.

Gare de l'Est, les Luchaire sont dirigés vers
un train, rempli de soldats allemands appartenant aux Hitlerjungend. Un demi-wagon a été
réservé aux civils français (journalistes pour la
plupart). Le commandant Constantini, de la

L. V. F., « un homme qui a le génie de la désorganisation », affirme Corinne Luchaire, assure la
direction du petit groupe de Français.

Les heures passent. Le train ne bouge pas. Il
est gardé par des Feldgendarmes qui empêchent
les voyageurs de sortir. La nuit arrive. Les
Luchaire attaquent les provisions dont ils ont eu
l'heureuse idée de charger une énorme valise.
Corinne Luchaire, qui n'a pas assez de langes
pour la petite Brigitte, demande aux policiers
allemands la permission d'aller faire une lessive.
Dans un seau, au buffet, elle lave quelques linges
qu'elle revient étendre sur des ficelles dans le
couloir du wagon.

La nuit s'écoule et le train ne bouge toujours
pas. Au matin, les fuyards apprennent que toutes
les voies ont été bombardées et que les chances
de départ sont compromises. Ces Français pâlissent alors et tremblent de ne pouvoir, au plus
tôt, gagner l'Allemagne.

Vingt-quatre heures encore. Enfin, le convoi
s'ébranle ; à mesure qu'il s'éloigne, l'espoir renaît
dans la petite troupe. Les plus compromis, les
plus frénétiques, évoquent ces armes secrètes
(qui toutes n'étaient pas illusoires) et dont ils
attendent un prompt retour dans une France définitivement ruinée.

A trente kilomètres de Paris, le train stoppe
brusquement. Des maquisards attaquent le
convoi ; d'un côté et de l'autre, on échange des
rafales de mitraillettes. Lorsque l'assaut a été
repoussé et que le train peut repartir, c'est tous
les deux ou trois kilomètres qu'il faut s'arrêter
pour fuir et se mettre à l'abri des avions.

A 6 heures du matin, tout le monde fait toilette
dans un ruisseau — Corinne et ses sœurs se
déshabillent pour enfiler leur maillot de bain —
puis l'avance continue cahin-caha, traversée d'in-

quiétudes, de joies puériles, de séances de reptation dans les fossés, de marche difficile sur les voies.

Enfin, les Luchaire et leurs compagnons arrivent à Strasbourg où ils pensent pouvoir attendre une victoire allemande, qu'ils espèrent d'autant plus follement qu'elle seule peut les sauver encore.

Etrange cortège que celui de cette troupe de collaborateurs fuyant à travers la France d'août 1944.

Exode combien différent de l'exode de 1940.

Oui, il y a des avions dans le ciel, des villes bombardées, des routes mitraillées, mais toute la France éclate en *Marseillaises*, les ruines sont décorées de tricolore, ce n'est pas un peuple maussade et angoissé qui coule sur les routes, mais quelques milliers d'hommes et de femmes à qui la patrie ferme ses portes.

Dans les villes où l'on prend d'assaut les bâtiments allemands, où l'on couvre de crachats les portraits d'Hitler, où des femmes tondues sont exhibées devant les hystériques, où l'on tiraille sur les toits contre des ombres, où l'on exhume les fusillés de leurs fosses communes, dans les villes et les villages des foules crient, chantent, boivent, pleurent de joie, jouent de la mitraillette et du brassard, affichent la photo du général de Gaulle, brandissent des drapeaux et des armes, mendient des cigarettes américaines, acclament la fin du cauchemar, des restrictions, de la peur, de la honte.

De l'abîme de la défaite, merveilleusement, a surgi la victoire.

Victoire pour laquelle bien peu de Français ont

travaillé tout au début, lorsque l'Angleterre songeait à replier son roi et ses vaisseaux sur le Canada.

Victoire à laquelle tout un peuple adhère aujourd'hui intensément, oubliant qu'il a été ce peuple de juin 1940 écrasé sur les routes et qui exigeait l'armistice, ce peuple de 1941 qui acclamait le maréchal Pétain et se pressait aux fêtes de la Légion, pour ne se souvenir que de sa révolte devant les excès des Allemands, les abandons du gouvernement, les bassesses de la collaboration et faire preuve d'un courage désordonné, d'une passion révolutionnaire et d'une foi patriotique dont, connus ou inconnus, des milliers de martyrs portent, devant l'histoire, la paternité.

Octobre 1958-Mars 1961.

BIBLIOGRAPHIE

A l'instant d'établir la liste des principaux ouvrages consultés pour la réalisation de ce livre, je tiens à remercier vivement le Directeur et le personnel de la Bibliothèque de Documentation Contemporaine, 5, rue Auguste-Vacquerie (Paris). Tous ceux qui désirent étudier la Première et la Deuxième Guerre Mondiale passent nécessairement rue Auguste-Vacquerie où ils sont assurés de trouver un fort sympathique accueil.

Mes très vifs remerciements également au Centre de Documentation Juive Contemporaine, rue Geoffroy-L'Asnier (Paris), qui m'a très largement et très sympathiquement ouvert ses archives considérables. Grâce au C. D. J. C., j'ai été en mesure de consulter un grand nombre de documents inédits, extraits notamment des dossiers de l'Ambassade d'Allemagne à Paris, de la Délégation Générale du Gouvernement Français, de l'Institut d'Etudes des Questions Juives, du Commissariat général aux Questions Juives, etc.

A Paris, également, M. Pierre Henry, secrétaire général de l'Association pour défendre la mémoire du maréchal Pétain, comprenant l'intérêt de cet ouvrage, m'a très aimablement ouvert sa bibliothèque et ses archives.

Le Comité d'Histoire de la Deuxième Guerre Mondiale, que dirige M. Michel, a réalisé sur cette période de notre histoire un travail considérable dont on trouvera la synthèse dans la « Revue d'Histoire de la Deuxième Guerre Mondiale » et dans la collection « Esprit de la Résistance ».

Il ne m'est pas possible de donner ici la très longue liste de tous les documents manuscrits consultés, non plus que les noms des journaux publiés, soit à Paris, soit à Vichy, des journaux clandestins, des brochures de propagande et d'information du Gouvernement français, etc., qui ont été, à maintes reprises, utilisés pour ce travail. Malgré son importance, cette bibliographie reste donc incomplète.

TÉMOIGNAGES ORAUX ET ÉCRITS

M. Robert Aron, dont on connaît le travail remarquable et la grande probité, m'a très aimablement accueilli et guidé. Qu'il soit ici remercié, ainsi que toutes les personnes qui, grâce à leurs souvenirs et aux documents en leur possession, ont contribué à la documentation de cet ouvrage, et particulièrement :

A BORDEAUX. — Mme Claudie Planet ; MM. Arpin, Betge-Brezets, Brard, Catala, Chauvenet, Dartigues, Desgraves, Gil Dulout, Gaucher, Hirsch, F. Lattapy, A. Mollat, de Naurois, Paret, L.-G. Planes, Thomas, Tourné, Védère.

A FOIX. — MM. Benazet, Goizé.

AU HAVRE. — Mmes Leroy, Tardif ; MM. Barriaux, Calet, Cayreux, Pierre Courant, Lacheray (lieutenant), Lagrange, Le Guillanton (capitaine), Reiniche (commandant), Lecordier (caporal), Hate, Pesson.

A LIMOGES. — MM. Hilaire, abbé Paul Manigaud, Villejoubert.

A METZ. — MM. Bruge, Fluckinger, Gamen, Henry, Kempnich, Kumpnich, Weydert.

A MONT-DE-MARSAN. — MM. Blochet, Dubos, Laporterie.

A MONTOIRE. — MM. Renard, Savoureux.

A NANCY. — Mgr Mansuy, M. l'abbé Rousselot, M. Worms.

A NANTES. — MM. Eve, Jean Merrien.

A ORLEANS. — MM. Germain Maure, Monnier, Secrétain, Thauvin, Trémorin.

A PARIS. — Mmes Jacqueline Amar, Claude Cézan, Chevallet, Renée Claudel, Y. Deletang-Tardif ; MM. Robert Aron, J. Bergier, Blavet, Pierre Claudel, Czertok, Desjacques, Estèbe, Gallet, Girard, Guignard, Pierre Henry, Laurent, Lavagne, général Leschi, Loupias, Mazor, colonel Merz, Modiano, général Mollard, S. A. I. le prince Napoléon, Pujol, Scapini, Schnerson, J.-J. Sempé, Pierre Taittinger, Vourc'h (G.), Zamanski.

A SAINT-NAZAIRE. — MM. Lautran, Marcillac, Mlle Tahier.
A L'ILE DE SEIN. — MM. Follic, M. et Mme Le Gall.
A TOULOUSE. — M. Fusil, Mme Gayral, abbé Naudin.
A VICHY. — MM. Brunet, Côte (chanoine), Dillenseger, Feuillade (commandant), Mazerol, Pougnié, Sauvanet, Tosello, ainsi que M. l'abbé Aoustin (Saint-Nicolas-de-Redon), M. l'abbé Auvray (Bermonville), Mme Baucheron (Argenton), M. Beaulieux (Saint-Martin-de-Lamps), Mgr Bejot (Reims), MM. Benharoche (Biarritz), Berthod (Aix-les-Bains), Cazalis (Dax), M. et Mme Callian (Dax), MM. Darqué (Hendaye), M. l'abbé Depierris (Saint-Lary), Dr Desse (Quimper), Ducom (Verdun), Dumas (Saint-Martin-d'Oyde), Farge (Thenon), Révérend Père Fleury (Poitiers), Fougerit (Saint-Denis-du-Pin), Gandilhon (Châlons-sur-Marne), Gaudin (Concarneau), Guillet (La Rochelle), Mme Krebs (Concarneau), Mlle Laget (Calais), M. l'abbé Lagrue, MM. Ledrich (Thionville), Mercier (Ambazac), Moreel (Dunkerque), Nobecourt (Rouen), M. l'abbé Pavin (Petit-Mars), MM. Picard (préfet du Haut-Rhin), Planchet (Libourne), M. le général Pommies (Arbus), Révérend Père Ranson (Bray), M. l'abbé Raymond (Noirmoutier), Révérend Père Richard (Saint-Brieuc), MM. Robinet (Mézières), Rohou (Caen), Rossier (Annecy), Soulié (Grenoble), Soublin (Fécamp), Schmitz (Gandrange), Vourc'h (Plomodiern), Weil (Montpellier).

ABETZ (Otto), *Histoire d'une politique franco-allemande* (Stock).
ABETZ (Otto), *Pétain et les Allemands. Mémorandum d'Abetz sur les rapports franco-allemands* (Gaucher).
ACÉVÉDO (C. de), *A notre corps défendant* (Paul Dupont).
Activité des organisations juives en France sous l'occupation (Ed. du Centre).
ADREY (Georges), *Journal d'un replié.*
AIMÉ (Denise), *Relais des Errants* (Desclée de Brouwer).
ALEXANDRE (Maxime), *Présumé révolutionnaire* (Sagittaire).
Annuaire statistique de la Ville de Paris (Imprimerie Nationale).
ANTHÉRIEU (Etienne), *Le drame de l'armée de l'Armistice* (Ed. des Quatre-Vents).
ARBELLOT (Simon), *La Presse française sous la francisque* (L'Echo de la Presse et de la Publicité).
ARGENSON (Marquis d'), *Pétain et le pétinisme* (Ed. Créator).
ARMAND (Chanoine), *La dure épreuve du loyalisme français* (Ed. I. G. C. Saint-Etienne).

ARNOULT (Pierre), *Les Finances de la France et l'occupation allemande* (Presses Universitaires).

ARON (Robert), *Histoire de Vichy 1940-1944* (A. Fayard).

ARON (Robert), *Histoire de la Libération* (A. Fayard).

ARON (Robert), *Le piège où nous a pris l'Histoire* (Albin Michel).

ASSAILY (Gisèle d'), *S. S. A. Journal d'une conductrice de la Section Sanitaire Automobile* (Julliard).

AUDIAT (Pierre), *Paris pendant la guerre* (Hachette).

AUGIER (Marc), *Les Partisans* (Denoël).

AUPHAN (amiral), *La lutte pour la vie 1940-1942* (Les Iles d'or).

AUPHAN (amiral), et MORDAL (Jacques), *La Marine française pendant la Seconde Guerre Mondiale* (Hachette).

BAISTON (Robert), *L'ombre des cocardes* (Sève, Lyon).

BARDOUX (Jacques), *La délivrance de Paris* (A. Fayard).

BARDOUX (Jacques), *Journal d'un témoin de la Troisième* (A. Fayard).

BASSOMPIERRE (Jean), *Frères ennemis. Le Sacrifice de Bassompierre par Charles Ambroise Colin* (Amiot-Dumont).

BAUDIN (Louis), *Esquisse de l'économie française sous l'Occupation* (Ed. politiques, économiques et sociales).

BAUDIN (Paulette et Louis), *La consommation dirigée en France en matière d'alimentation* (Librairie générale de Droit et de Jurisprudence).

BAUDOT (Marcel), *L'Opinion publique sous l'Occupation ; l'exemple d'un département français* (P. U. F.).

BEAU DE LOMÉNIE (Emmanuel), *La mort de la Troisième République* (Ed. du Conquistador).

BEAUCLAIR (André), *Notre drame* (Ed. Internationales).

BEGUIER (Lieut-col.), *Les étapes d'un régiment breton. Le 71e R. I.* (Berger-Levrault).

BENJAMIN (René), *Le grand homme seul* (Plon).

BENJAMIN (René), *Le Maréchal et son peuple* (Plon).

BELLIGAT (Roger), *Naissance d'un bataillon de francs-tireurs et de partisans français*.

BENOIST-MÉCHIN, *La moisson de 40* (Albin Michel).

BENOIST-MÉCHIN, *Soixante jours qui ébranlèrent l'Occident*, 2 vol. (Albin Michel).

BERGÉ (François, dit DENFER), *Le pétinisme, étrange vertu* (Ed. du Livre Français).

BERGERET-HERMAN (Grégoire), *Messages personnels* (Bière, Bordeaux).

BERNARD (Henry), *Un ermite en exil* (A. Fayard).

BETHÉGNIES (Robert), *Le sacrifice de Dunkerque* (Yves Demailly).

BETZ (Maurice), *Dialogue des prisonniers* (Emile Paul).

BILLIG (Joseph), *Le commissariat général aux questions juives* (Ed. du Centre).

BLANCHARD, *Le retour à la Terre* (Les Livres Nouveaux).

BODIN (Léon), *Les journées tragiques d'Ecueillé* (Arrault, Tours).

BOPP (Marie-Joseph), *L'Alsace sous l'occupation allemande* (X. Mappus, Le Puy).

BOUCHARDON (Pierre), *Souvenirs* (Albin Michel).

BOURGET (Pierre), *Témoignages inédits sur le maréchal Pétain* (A. Fayard).

BOURGET (Pierre) et LACRETELLE (Charles), *Sur les murs de Paris* (Hachette).

BOUTANG (Pierre) et DUBREUIL (H.), *Amis du Maréchal* (Fernand Sorlot).

BOUTHILLIER, *Le drame de Vichy*, 2 vol. (Plon).

BOUVARD (Jean), *Dans ma sous-préfecture* (Lyon, Audin).

BOVERAT (Fernand), *Niveau d'existence et charge de famille* (Librairie de Médicis).

BRASILLACH (Robert), *Journal d'un homme occupé* (Les sept couleurs).

BREDÈCHE (Raymond), *Carnet de route d'un maquisard* (Ed. de l'Etape, Grenoble).

Bulletin de statistique générale (Imprimerie Nationale).

CADIER (Henri), *Le calvaire d'Israël et la solidarité chrétienne* (Ed. Labor).

Cahiers d'Histoire de la Deuxième Guerre Mondiale (nos 1, 3, 4, 14, 15, 16, 17, 21, 26, 32) (Presses Universitaires).

CAILLAUD (Paul), *Nantes sous les bombardements* (Ed. du Fleuve).

CALET (Henri), *Les murs de Fresnes* (Ed. des Quatre-Vents).

CANLORBE (Pierre), *Le service de Santé de la Résistance* (A. Legrand).

CARCOPINO (Jérôme), *Souvenirs de sept ans* (Flammarion).

CASSOU (Jean), *La mémoire courte* (Ed. de Minuit).

CASSOU (Jean), *Le Pillage par les Allemands des œuvres d'art et des bibliothèques appartenant à des juifs en France* (Ed. du Centre).

Catalogue des périodiques clandestins (Bibliothèque Nationale).

CATHERINE (Robert), *Economie de la répartition des produits industriels* (Presses Universitaires).

CATOIRE (Maurice), *La direction des services de l'Armistice* (Berger-Levrault).

CÉ (Alain de), *L'évasion d'un saint-cyrien* (Les Œuvres Nouvelles, New York).

CERNAY (Louis), *Le Maréchal Pétain, l'Alsace et la Lorraine* (Les Iles d'Or).

CHAMSON (André), *Le puits des miracles* (Gallimard).

CHANTAL (Jean), *Allons Français, va au village !* (Ed. Sorlot).

CHANTEREL (Etienne), *Les heures difficiles de 1940.*

CHANLAINE (Pierre), *Un régiment régional, le 211e.*

CHAUMET (André), *Les buts secrets de la Relève et du S. T. O.* (Ed. C. E. A.).

CHOMBART DE LAUWE, *Pour retrouver la France* (Ed. Ecole des Cadres, Uriage).

CLÉMENT (G.), *Avec l'Alsace en guerre* (Istra).

CONDROYER (Daniel), *Equipe* (Ed. Françaises Nouvelles).

CORDAY (Pauline), *J'ai vécu dans Paris occupé* (L'Arbre).

COROSI (Lucien), *Un village français en 1944* (La Nouvelle Edition).

COSTON (Henry), *La Franc-Maçonnerie sous la Troisième République* (C. A. D.).

COTEREAU (Jean), *L'Eglise et Pétain* (Ed. de l'Idée Libre).

COULET (R. P.), *Les catholiques et la Révolution Nationale* (Apostolat de la Prière).

COURANT (Pierre), *Au Havre pendant le siège* (A. Fayard).

COUROUBLE (Alice), *Amie des Juifs* (Bloud et Gay).

CRÉMIEUX-DUNAND (J.), *La vie à Drancy* (Gedalge).

CRÉMIEUX-DUNAND (J.), *La vie des internés* (Gedalge).

DANSETTE (Adrien), *Histoire de la Libération de Paris* (A. Fayard).

DARLAN (Alain), *L'Amiral Darlan parle* (Amiot-Dumont).

DÉAT (Marcel). *Le parti unique* (Aux Armes de France).

DEBOUZY (Roger), *A marée basse* (Debresse).

DEBU-BRIDEL (Jacques), *Les Editions de Minuit, historique et bibliographie* (Ed. de Minuit).

DEGEM (Gustave), *Malgré nous* (Alsacia).

DELAGE (Jean), *Espoir de la France. Les chantiers de jeunesse* (Quillet).

DELAGE (Jean), *Grandeur et servitude des chantiers de jeunesse* (A. Bonne).

DE LATTRE (Maréchal de France) : ouvrage collectif (Plon).

Délégation Française auprès de la commission allemande d'armistice, 5 vol. (Imprimerie Nationale).

DEMARNE (Michèle), *La barque de Dante*.

DESCHAUMES (Guy), *Vers la croix de Lorraine* (Flammarion).

DESCOTTES (Edouard), *Quatre ans sous la botte*.

DESFEUILLES (André), *L'évasion du Prince Napoléon* (Ed. J. Peyronnet).

DÉVILLE (Jacques) et WICHÉNIE (Simon), *Drancy la juive* (A.L.E.).

DEVILLIERS (Daniel), *L'Etendard évadé* (Berger-Levrault).

DONCŒUR (Paul), *Péguy, la révolution et le sacré* (A l'Orante).

DOUEIL (Pierre), *L'Administration locale à l'épreuve de la guerre* (Recueil Sirey).

DUBOIS (Edmond), *Paris sans lumière* (Payot).

DUMAS (Pierre), *Saint-Jean, terroriste* (Delmas, Bordeaux).

DU MOULIN DE LABARTHÈTE (H.), *Le temps des illusions* (A l'Enseigne du Cheval Ailé).

DUPUY (Ferdinand), *Quand les Allemands entrèrent dans Paris*.

DURAND (Suzanne), *Mon journal des temps difficiles* (Cahiers du nouvel humanisme).

DUTOURD (Jean), *Au bon beurre* (roman) (Gallimard).

ECCARD (Frédéric), *Mes Carnets. Avec les Alsaciens évacués en Périgord* (Dernières Nouvelles de Strasbourg).

Enseignements de la Guerre de 1939-1945 dans le domaine de la nutrition. Un symposium tenu sous la présidence d'E. J. Bigwood (Masson).

ESCHOLLIER (Raymond), *Maquis de Gascogne* (Milieu du Monde).

ESDRAS-GOSSE (Bernard), *Le Havre 1939-1944* (Association Prisonniers de guerre).

ESQUILLAT (Pierre), *Le ravitaillement de la France en temps de guerre*.

Evénements survenus en France de 1933 à 1945. Témoignages et documents recueillis par la Commission d'enquête parlementaire, 9 vol. (P. U. F.).

FABRE (Marc-André), *Avec les héros de « 40 »* (Hachette).

FABRE-LUCE (Alfred), *Double prison* (édité par l'auteur).

FABRE-LUCE (Alfred), *Journal de la France 1939-1944*, 2 vol. (Constant Bourquin).

FABRY (Jean), *De la place de la Concorde au cours de l'Intendance* (Ed. de France).

FARGE (Yves), *Rebelles, soldats et citoyens* (Grasset).

FÉRAL, *Esquisse sommaire de l'histoire de Montauban sous l'Occupation* (Actes du 79e Congrès des Sociétés savantes).

FERNET (Vice-Amiral), *Aux côtés du Maréchal Pétain* (Plon).

Février (André), *Expliquons-nous* (A. Wast et Cie).

Flavian (C. L.), *Ils furent des hommes* (N. E. L.).

Folliet (Joseph), *Pour comprendre les prisonniers* (Ed. du Seuil).

Fontenice (Georges), *Commentaires sur les émissions de la B. B. C. à Londres*.

Fouquières (A. de), *Cinquante ans de panache* (Pierre Horay). *La France et son Empire dans la Guerre*, 3 vol. (Ed. littéraire de France).

Fleury (Mgr), *Le renouveau religieux chez les P. G.*

Francs-tireurs et Partisans de la Haute-Savoie (Ed. France d'abord).

Frossard (André), *La Maison des Otages* (A. Fayard).

Frossard (L.-O.), *Du syndicat à la corporation* (E. L. F.).

Galinier (Fanny), *Manger pour vivre* (Ed. du Grand-Pavois).

Galtier-Boissière (Jean), *Mon journal pendant l'Occupation* (La Jeune Parque).

Garcin (Paul), *Interdit par la censure* (Lugdunum).

Gaulle (Charles de), *Mémoires de guerre* (Plon).

Gazave (Jean), *La terre ne meurt pas* (Villefranche de Rouergue).

Gelezeau (A.), *Le Ve siège de La Rochelle.*

Gérard, *Le juif, ce qu'il est, ce qu'il veut, ce qu'il a fait* (Union française pour la défense de la race).

Gernoux (Alfred), *Chateaubriant et ses martyrs* (Ed. du Fleuve).

Gex-Leverrier (Madeleine), *Une Française dans la tourmente* (Emile Paul).

Gibrin (Commandant Ch.), *Dix causeries radiodiffusées sur la Protection familiale contre les bombardements* (Lavauzelle).

Gildas (G.), *Radio Toulouse* (Champion).

Girard (Louis-Dominique), *L'Appel de l'île d'Yeu* (André Bonne).

Girard (Louis-Dominique), *Montoire, Verdun diplomatique* (André Bonne).

Giraudoux (Jean), *Armistice à Bordeaux* (Ed. du Rocher, Monaco).

Glath (Paul), *Du pays de Bitche à la Charente-Maritime.*

Godin (H.), et Daniel (Y.), *La France, pays de mission* (L'Abeille).

Granet (Marie) et Michel (Henri), *Combat. Histoire d'un mouvement de Résistance* (P. U. F.).

Groussard (Colonel), *Chemins secrets*, 2 vol. (Bader-Dufour).

Guehenno (Jean), *Journal des années noires (1940-1944)* (Gallimard).

GUERRY (Mgr), *L'Eglise catholique en France sous l'Occupation* (Flammarion).

GUILLAIN DE BÉNOUVILLE, *Le sacrifice du matin.*

GUILLAIN DE BÉNOUVILLE, *Vie exemplaire du commandant d'Estienne d'Orves* (Plon).

GUILLAUME (Paul), *Au temps de l'héroïsme et de la trahison* (Orléans, Imprimerie Nouvelle).

GUILLEMARD (J.), *L'enfer du Havre* (Ed. Médicis).

HAUTECLOQUE (Françoise de), *La guerre chez nous* (Ed. Colbert).

HEITZ (Robert), *Mon ami Hans* (Chez l'auteur).

HENRIOT (Philippe), *Et s'ils débarquaient ?* (Ed. du Centre d'études de l'Agence Inter-France).

HERBIER-MONTAGNON (Germaine L'), *Disparus dans le ciel* (Fasquelle).

HERVAL (René), *Ba aille de Normandie. Récits de témoins*, 2 vol. (Ed. de Notre Temps).

HIRSON, *Evasion de France* (F. Nathan).

HOFFET (Frédéric), *Psychanalyse de l'Alsace* (Flammarion).

HOOVER-INSTITUTE, *La vie de la France sous l'Occupation*, 3 vol. (Plon).

IOTA (sœur), *Le vieil Hostel Dieu de Notre-Dame des Anges 1651-1946* (Ed. Coquemard, Angoulême).

IPPECOURT, *Les chemins d'Espagne* (Gaucher).

ISORNI (Jacques), *Témoignages sur un temps passé* (Flammarion).

JACOB (Max), *D'un carnet de notes* (N. R. F.).

JACQUES (Anne), *Pitié pour les hommes* (Le Seuil).

JANON (René), *J'avais un sabre* (Charlot).

JOUBERT (J.), *La Libération de la France* (Payot).

JOURDAN (Louis), HELFGOTT (Julien), GOLLIET (Pierre), *Glières. Première bataille de la Résistance.*

JUNGER (Ernst), *Journal, 1941-1943* (Julliard).

KAMMERER (Albert), *La vérité sur l'Armistice* (Ed. Médicis).

KENT (Victoria), *Quatre ans à Paris* (Le livre du jour).

KERLO (Marie), *Ceux-ci n'ont pas rampé* (Imp. des Orphelins d'Auteuil).

KNOUT (David), *Contribution à l'histoire de la résistance juive en France* (Ed. du Centre).

LABUSQUIÈRE, *Vérités sur les combattants* (Lardanchet).

LAFFARGUE (André), *Le général Dentz* (Les Iles d'or).

LAFFERRE (Dr Max), *Les heures dures. Le siège de Brest* (Librairie Le Goaziou, Quimper).

LAFFITE (Jean), *Ceux qui vivent* (Ed. Hier et Aujourd'hui).

LANGERON (Roger), *Paris, Juin 40* (Flammarion).

LAPLAGNE (Robert), *Les jours maudits* (Les documents contemporains).

LAURE (général), *Pétain* (Berger-Levrault).

LAZARUS (Jacques), *Juifs au combat* (Ed. du Centre).

LEAHY (Amiral William D.), *J'étais là* (Plon).

LEBOUCHER (Dr Marcel), *De Caen à Oranienbourg* (Imp. Ozanne).

LECLÈRE (J.-P.), *Souvenirs d'exil* (Mutelet, Metz).

LE DIUZET (Alain), *Dans les barbelés* (Saint-Brieuc).

LEFÈVRE (Roger), *Raz de marée* (Baudinière).

LEFORT (Max), *Prisonnier au Stalag III B* (Texier, Poitiers).

LE GENTIL (René), *La tragédie de Dunkerque* (Magne, Lisieux).

LEIXNER (Léo), *Von Lemberg bis Bordeaux*.

LELONG, *Du sang sur le rail* (Ed. Rivet).

LE RAY (Lieut.-col.), *Le département de l'Isère, de la défaite à l'occupation allemande* (Actes du 77e congrès des Sociétés savantes).

LERECOUVREUX, *Résurrection de l'armée française* (Nouv. Editions latines).

LEROY (Louis), *La terre aux jeunes paysans* (Debresse).

LESAUNIER (Maurice), *La conscience catholique en face du devoir civique actuel*.

LHOTTE (Céline), *Et pendant six ans* (Bloud et Gay).

LORRAINE (J.), *Les Allemands en France* (Ed. du Désert, Oran).

LOTH (Gaston), *Un département breton, le Morbihan, sous l'effroyable tyrannie allemande*.

LUBETZKI, *La condition des juifs en France sous l'occupation allemande* (C. D. J. C.).

LUCHAIRE (Corinne), *Ma drôle de vie* (Ed. Sun).

MAESTU DE BODUER, *Retour de Stalag* (Les Cahiers du Berry, 1943).

MALLET (Alfred), *Pierre Laval*, 2 vol. (Amiot-Dumont).

MARILLIER (abbé M.), *Maquis au val de Saône*.

MARTELLI (Georges), *L'homme qui a sauvé Londres* (Julliard).

MARTIN DU GARD (M.), *Chronique de Vichy* (Flammarion).

MASSON (André), *Entre deux mondes* (Pierre Lagrange).

MASSU (Commissaire), *L'enquête Petiot* (A. Fayard).

Ouwerx (Dr Paul), *Les précurseurs du communisme ; la Franc-Maçonnerie peinte par elle-même*.

Pas Compris, *Recueil d'histoires des chansonniers parisiens* (Les Œuvres Françaises).

Peabody (Polly), *A travers les deux zones* (Keliger, Hudson, Kearns, Londres).

Perraud-Charmantier, *La guerre en Bretagne* (Aux Portes du Large).

Perrigault (Jean), *Les passeurs de frontière* (Ed. de la France au combat).

Persécution des juifs en France et dans les autres pays de l'Ouest présenté par la France à Nuremberg (Ed. du Centre).

Pesquidoux (Joseph de), *En pays gascon* (La Palatine).

Pierre (abbé), *23 mois de vie clandestine* (conf. au Palais de Chaillot).

Pétain (Maréchal), *Paroles aux Français* (Lardanchet).

Pineau (Christian), *La simple vérité* (Julliard).

Pinelli (Noël), *Les journées de juin 1940 à Paris*.

Piquet (Georges), *Presses clandestines* (Fernand Nathan).

Planes (L.-G.), et Dufourg (R.), *Bordeaux, capitale tragique* (Médicis).

Poliakov (L.), *La condition des juifs en France sous l'occupation italienne* (Ed. du Centre).

Poliakov (L.), *L'étoile jaune* (Ed. du Centre).

Polonski (Jacques), *La Presse, la propagande et l'opinion sous l'occupation* (C. D. J. C.).

Pomiane (Dr de), *Cuisine et restrictions* (Corréa).

Porte du Theil (J. de la), *Les chantiers de jeunesse*.

Pour la Milice, Justice ! par un chef de corps de la Milice (Ed. Etheel).

Procès de la Collaboration (Les) (Albin Michel).

Procès de la Radio (Les) (Albin Michel).

Procès de Xavier Vallat présenté par ses amis (Le) (Ed. du Conquistador).

Procès du maréchal Pétain (Le), compte rendu sténographique, 2 vol. (Albin Michel).

Pucheu (Pierre), *Ma vie* (Amiot-Dumont).

Quereillahc, *J'étais S. T. O.* (France Empire).

Queval (Jean), *Première page, cinquième colonne* (A. Fayard).

Ravon (Georges), *Des yeux pour voir* (Flammarion).

REBATET (Lucien), *Les Décombres* (Denoël).

REINE (Charles), *Sous le signe de l'étoile* (Brentano's).

RÉMY, *Dix marches vers l'espoir* (Presses de la Cité).

Renseignements généraux sur la France après quatre ans d'occupation ennemie (Ed. par l'Entraide française 1945).

Requête aux Nations Unies sur les violations des droits de l'homme (Union pour la Restauration et la Défense du Bien Public).

REYNAUD (Paul), *La France a sauvé l'Europe,* 2 vol. (Flammarion).

RIBERS (Paul), *Flèches ouvrantes* (Baudinière).

RIFFAUT (Madeleine), *Les carnets de Charles Debarge* (Ed. Sociales).

ROGER-FERDINAND, *Les « J 3 »* (Réalités).

ROQUES (René), *Le sang de nos fautes* (Albin Michel).

ROSSI (A.), *La guerre des papillons, quatre ans de politique communiste (1940-1944)* (Les Iles d'or).

ROSSI (A.), *Physiologie du Parti Communiste Français* (S.E.F.I.).

ROUÈCHE (Dr), *Etat sanitaire de la population infantile, pendant l'exode 1940.*

ROUSSET (David), *Le pitre ne rit pas* (Ed. du Pavois).

SACHS (Maurice), *La chasse à courre* (Gallimard).

SAINT-BONNET (G.), *Vichy-capitale* (Ed. Mont Louis).

SAINT-EXUPÉRY (A. de), *Pilote de guerre* (Gallimard).

SALLERON (Louis), *La Charte paysanne.*

SANDY (Isabelle) et DUFOUR (Marguerite), *Le Cardinal Saliège* (Spes).

SCHAEFFER, *L'Alsace et la Lorraine 1940-1945* (Lib. de Droit et de Jurisprudence).

La Seconde Guerre Mondiale (Larousse).

SERRIGNY (général), *Trente ans avec Pétain* (Plon).

SERVAGNAT, *La Résistance dans l'arrondissement d'Epernay.*

SIMIOT (Bernard), *De Latre* (Flammarion).

SIMONET (Roger), *Les produits de remplacement* (P. U. F.).

Soldats du Feu, Sapeurs-pompiers du Havre.

SORDET (Dominique), *Naissance de l'anglophilie.*

SOREL (Jean-Albert), *Le chemin de croix* (Julliard).

STÉPHANE (Roger), *Chaque homme est lié au monde* (Sagittaire).

TAITTINGER (Pierre), *Et Paris ne fut pas détruit* (N. E. L.).

TANANT (Pierre), *Vercors* (Arthaud).

TEXCIER (Jean), *Ecrit dans la nuit* (La Nouvelle Edition).

THÉRIVE (André), *L'envers du décor* (La Clé d'Or).

TONY-RÉVILLON (M.-M.), *Mes carnets* (Odette Lieutier).

TOUDOIRE (Maurice) et VÉRON (Pierre), *Marché noir et hausse illicite* (André Bonne).

TRACOU (Jean), *Le Maréchal aux liens* (André Bonne).

TRARIEUX (Jean), *Journal d'un homme de courses* (A. Fayard).

TRUFFY (abbé Jean), *Les mémoires du curé du maquis de Glières*.

TURPIN (Michel) et MALOIRE (Albert), *Le 24e bataillon de chasseurs* (Berger-Levrault).

VAILLAND, *La hiérarchie des salaires*.

VALLAT (Xavier), *Le nez de Cléopâtre* (Ed. des Quatre Fils Aymon).

VALLOTON (Benjamin), *Fascistes et nazis en Provence* (Mercure de France).

VALLOTON (Benjamin), *Ceux d'Etobon* (Metthez frères).

VALLOTON (Benjamin), *Journal de Jules Perret* (Mercure de France).

VARILLON (Pierre), *Le sabordage de la flotte* (Amiot-Dumont).

VAUCHER (Robert), *Quand le Maréchal Pétain prend son bâton de pèlerin* (Presse française et étrangère 1941).

VERGEOT et AUBÉ, *Rapport sur le problème agricole français* (Chaix).

VERGNET (Paul), *Les Catholiques dans la résistance* (Ed. Les saints pères).

VERNOUX (le général M.), *Wiesbaden 1940-1944* (Berger-Levrault).

VIBRAY (Tony de), *Avec mon groupe de reconnaissance* (Les ordres de chevalerie).

Vichy contre le Maréchal (brochure de propagande éditée par le R. N. P.).

VIDALENC (Jean), *L'exode de mai-juin 40* (P. U. F.).

VINCENT (François), *Histoire des famines à Paris*.

WALTER (Gérard), *La vie à Paris sous l'occupation* (A. Collin).

WEIL-CURIEL (André), *Le temps de la honte*, 3 vol. (Ed. du Myrthe).

WEILL (Dr Joseph), *Contribution à l'histoire des camps d'internement dans l'anti-France* (Ed. du Centre).

WELLERS (Georges), *De Drancy à Auschwitz* (Ed. du Centre).

WEYGAND (Jacques), *Le serment* (Flammarion).

WEYGAND (Maxime), *Mémoires* (tome III, *Rappelé au Service* [Flammarion]).

TABLE DES MATIÈRES

A l'assaut des gares — D'où vient l'argent ? — L'attaque du train de la Banque de France — Le pauvre armement des maquis — Un dangereux complexe d'invulnérabilité — Le vocabulaire du maquis — Quelle. action mener ? — Les règlements de comptes — La guerre civile : un reportage sur un repaire de « terroristes » — Les représailles allemandes — La progression des sabotages — L'enterrement de Tom — La fin de l'infirmerie du Vercors — La victoire du maquis.

En juillet 1940, pour de nombreux Français, la guerre continue — Les populations accueillent avec joie les avions anglais — L'imprudence cause de nombreux morts — Les pompiers moins nombreux qu'avant-guerre — A la recherche des blessés et des morts — Soigner, nourrir, vêtir, reloger... et enterrer les morts — Les difficultés de la vie quotidienne — L'exode de dix-huit heures' — Pendant la bataille de France — Saint-Nazaire : deux mille habitants — Une nuit dans un abri — Le drame de l'école Catherine-Graindor — La tragédie du tunnel Jenner.

A Paris, en juin 1942, on arrête les non-juifs qui portent l'étoile — Mme de Brinon est exemptée du port de l'étoile jaune — Les premières mesures antijuives — Combien de juifs et où sont-ils ? — Les querelles à l'intérieur du judaïsme — Pas de juifs parmi les vendeurs de billets de Loterie nationale — Rapt à Château-Lafite — 21 903 œuvres d'art volées — Les lettres anonymes — Roméo et Juliette 1942 — Les camps de concentration — Le petit manuel à l'usage des équipes chargées des arrestations — Les drames du Vel'-d'Hiv' — La chasse aux enfants — Les juifs persécutés écrivent au maréchal Pétain — Les Italiens protègent les juifs contre les Allemands...

IMPRIMÉ EN FRANCE PAR BRODARD ET TAUPIN
Usine de La Flèche (Sarthe).
LIBRAIRIE GÉNÉRALE FRANÇAISE - 6, rue Pierre-Sarrazin - 75006 Paris.

ISBN : 2 - 253 - 02452 - X   ⟠ 30/3243/0